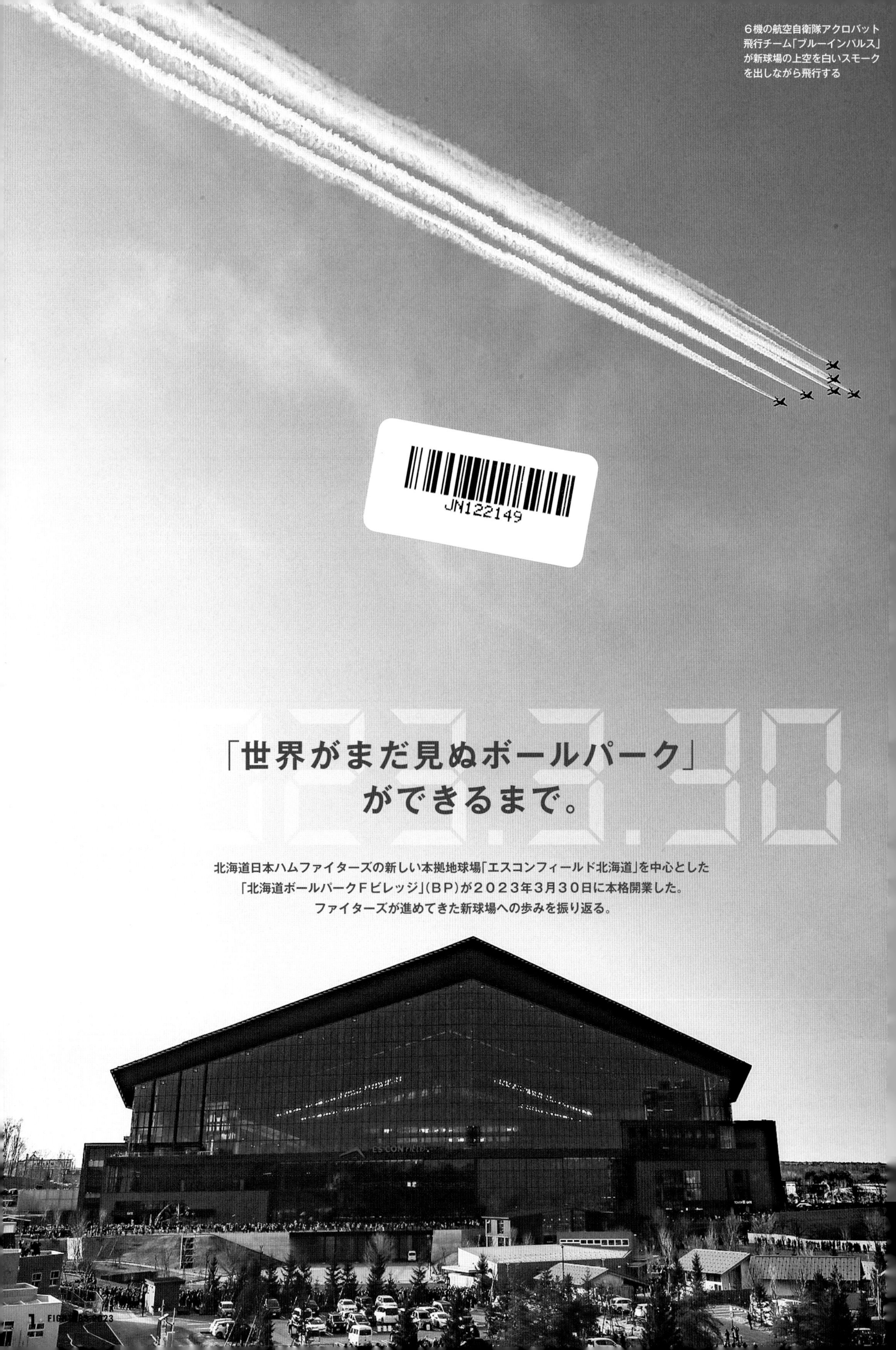

6機の航空自衛隊アクロバット飛行チーム「ブルーインパルス」が新球場の上空を白いスモークを出しながら飛行する

「世界がまだ見ぬボールパーク」がアきるまで。

北海道日本ハムファイターズの新しい本拠地球場「エスコンフィールド北海道」を中心とした「北海道ボールパークＦビレッジ」（ＢＰ）が２０２３年3月３０日に本格開業した。ファイターズが進めてきた新球場への歩みを振り返る。

NEW HOME STADIUM
開業ドキュメント
2023 DOCUMENT

2018年6月 新球場を核とするボールパークの建設が正式に決まった北広島市の「きたひろしま総合運動公園」予定地

2020　2019　2018

2019年10月7日 ボールパークの建設予定地で造成工事が始まった。草地や雑木林が広がる現地では、樹木の伐採や抜根、伐採した樹木の重機による運び出しが本格化

2020年5月26日

新球場「エスコンフィールド北海道」の建設工事が５月に着工し、北広島市東部の小高い丘にある約35 ヘクタールの敷地で始まった。土地の造成工事では、土を運ぶトラックが盛んに往来し、重機による掘削が行われた

2020年12月25日

着々と進む「エスコンフィールド北海道」の建設現場

2021年8月12日

「エスコンフィールド北海道」の特徴的な三角屋根の形が浮かび上がる。
奥に広がるのは北広島市の市街地

2021

2021年12月10日

「エスコンフィールド北海道」の姿が見えてきた北広島市内の建設現場

2022年3月10日　観客席からの眺め。スタンドやグラウンドなど、スケールの大きさが明らかに

2023　2022

2022年3月21日　開業を１年後に控え、工事の進捗状況も７割に到達

エスコンフィールド北海道とブルーインパルスが描いたハート型のスモーク

開幕 2023.3.30・・

▼ 始球式を行った栗山英樹氏、トレイ・ヒルマン氏、梨田昌孝氏ら北海道移転後のファイターズの歴代監督

試合前から混み合う球場内2階にある七つ星横丁

コカコーラゲートから入場する観客ら

エスコンフィールド北海道のこけら落としの開幕戦でテープカットを行う井川伸久オーナー（左から3人目）や鈴木直道知事（左）ら

JRから降りてシャトルバスに乗り込むファン

開門され続々と球場入りするファン

メンバー表交換の後で記念撮影する両監督と審判団

開幕セレモニーの球場全景

オープニングで登場した新庄監督
と選手たち

試合前に行われた国歌斉唱

開幕セレモニーでランタンをあげる北広島高校の生徒ら

太平電業
EXEO
道路工業
PRIPRESS CENTER
旭イノベックス
カー！と言えば グーネット
SMBC
モビット
HESTA大倉
FIGHTERS
Rakuten

2023.3.30 FIGHTERS
工藝社
SHINRYO
新菱冷熱
北燃商事
NOMURA
乃村工藝社
DAISO
T×T GARAGE
加藤貴之
トドック
ほくでん
カー！と言えば グーネット
SMBC 三井住友カード
SMBC モビット

KATOH
TAKAYUK
DAIKIN
Nipponham

2023.3.30 FIGHTERS

INTERVAL TIME
03 22
km/h
七っ星横丁
HAPPY
スタジアムツアー
NOW ON SALE!
MUFG 三菱UFJ銀行
F.VILLAGE
ひまわり
COOP

EAGLES 000 0120
FIGHTERS 000 0010
そらとしば
MID.α GROUP
SMBC日興証券
Nipponham
JACCS
2023.3.30 FIGHTERS

3.30

▼エスコンフィールド北海道の開幕戦で力投する加藤貴を見守る観客

ファイターズは競り負けて新球場開幕を飾れず。4年連続の黒星スタートとなった。加藤貴之は五回に伊藤裕季也に先制のソロ、六回にフランコに2点本塁打を浴び、7回3失点。

1－3

北海道日本ハム FIGHTERS　東北楽天 EAGLES

ホーム開幕戦

14 加藤貴之

隙突かれ2被弾

新球場初戦での大役を全うすることはかなわなかった。プロ8年目で初めて開幕投手を務めた加藤貴之は7回3失点の粘投も、白星には結びつかず。リードを許しての降板に「開幕戦だと意識してしまい崩れてしまった。チームに申し訳ない」と唇をかんだ。

2019年シーズン以来、4年ぶりに声出し応援が戻ってきたプロ野球の舞台。「声援が力になった」。真っさらなマウンドから投じたこの日の第1球は120キロのスライダー。初球でストライクを奪うと、得意のテンポの良い投球で四回までゼロを並べた。

五回1死、高めに抜けた直球を伊藤裕季也に振り抜かれ今季初失点となるソロ本塁打を喫した。六回には無死一塁から東北楽天の新外国人フランコに左翼2階席に届く特大弾を浴びた。フランコには2本の長打を含む3打数3安打とカモにされた。

悔しい負け投手となったが、昨季、規定到達投手のシーズン最少四球のプロ野球記録を72年ぶりに塗り替えた制球力は健在で、与四球はゼロ。「四球を出さないことは強く意識した。自分は出してはいけないピッチャーだと自覚しているから」と背番号14。大崩れせずゲームをつくった点は、開幕投手として及第点といえた。

▲五回1死、伊藤裕にソロを浴びる加藤貴

新球場開幕

野村佑希
（チーム唯一の得点となる中犠飛を放ち）先輩方がつないでくれたので、何とか最低限の仕事ができてよかった。

清宮幸太郎
ファンの声援がものすごく大きく、全打席が楽しかった。人生の中で一番楽しかったと言えるくらい。

松本剛
プレーをしていて最高に気持ちが良かった。いい緊張感を保てた。負けはしたが、個人的にはいいスタートを切れたと思う。

八木裕打撃コーチ
前半から田中将大にやられていた印象。（清宮）幸太郎なんかは紙一重だった。みんな開幕戦で力みもあったかもしれない。

北山亘基
（八回に登板。1回を無失点に抑えた）ホーム球場で（登板）一発目だったので特別な雰囲気はあった。緊張は全然しなかった。

田中正義
新しくチームに加わって、いきなり新球場の開幕戦で投げられたのはすごく光栄なこと。

建山義紀投手コーチ
（札幌ドームとの違いは）ベンチから見ていて、打球が上がるとひやりとする。打たれた本塁打２本は完璧だった。

今川優馬
記念すべき1試合だったので、（札幌市出身の）道産子として試合に出て活躍したい気持ちがあった。切り替えてまた次の試合からチームの勝ちに貢献できるように頑張りたい。

新庄剛志監督
悔しがっても仕方ないけど、今日の負けは非常に悔しい。65万人のこの球場を造ってくれた人たちの思いも背負いながら戦った。五回以降は選手たちも1点を取りにいくぞという気持ちで声を出していて、頼もしかった。エスコンフィールドで監督として指揮を執れるとは思っていなかったので、プレーボールがかかった時にはじーんとくるものがあった。選手たちの緊張した顔を見てうるっときた。この負けは痛いけど、これから新時代をつくれると信じています。

五回１死一、二塁、空振り三振をする万波

天敵崩せず 1点止まり

新時代を迎えても、天敵はやはり天敵だった。ファイターズは、田中将大に新球場の初白星をさらわれた。

田中将は、渡米前の２０１１年から13年にかけてファイターズに13連勝している。昨季もパ・リーグの対戦５球団別の防御率はファイターズ戦が１・88と最も低い。昨季までのプロ通算１１２勝のうち、ファイターズから12球団で最も多い25勝をもぎ取っている。多くのデータが示すように、この夜もファイターズ打線はひねられた。

四回までは、1人も走者を出せなかった。直球、スライダー、ツーシーム、チェンジアップなど田中将の豊富な球種に惑わされ、ベースの角をなぞるようなコントロールに苦しめられた。

チームとしての収穫はある。六回だ。

1死から、左中間二塁打を放った松本剛を二塁に置き、上川畑大悟、石井一成が歩いた。昨季チームの合計でリーグ最少だった四球を、連続でもぎ取って見せた。

続く野村佑希は3球で追い込まれたが、凡退しない。6球目、中堅深くにフライを上げ、三塁走者の松本剛を本塁に迎え入れた。昨季のチーム犠飛数も、リーグ最少タイ。六回は、四球の少なさと合わせて二つの昨季の課題を感じさせなかった。

新庄剛志監督は、1点をコツコツと積み重ねる野球を掲げる。この夜の黒星が照らした新球場初得点のように、粘って、きっちりと。

HOKKAIDO NIPPONHAM FIGHTERS / VS 東北楽天（エスコンフィールド北海道）

4.1

ファイターズが今季初の延長戦をサヨナラで制し、新球場で今季初白星。
3－3の延長十回無死二塁、清宮幸太郎の適時打で試合を決めた。

▼延長十回、サヨナラ適時打を放ち祝福される清宮

▶延長十回無死二塁、清宮がサヨナラ適時打を放ち、ヘッドスライディングで生還する福田光

北海道日本ハム FIGHTERS		東北楽天 EAGLES
4x	－	3

▲延長十回、右前にサヨナラ打を放つ清宮

21 清宮幸太郎

冷静にサヨナラ打

待ちに待った瞬間は劇的に訪れた。ファイターズの新球場初勝利は、延長戦でサヨナラ勝ち。清宮幸太郎の右前打で代走の二走福田光輝がホームに頭から滑り込んだとき、球場のファイターズファンは大歓声をあげ、両手を上げて喜びを爆発させた。

試合は中盤までの劣勢を一時逆転し、その後追い付かれる白熱の展開。決着は延長までもつれ、迎えた十回だった。

先頭の4番野村佑希が東北楽天の宮森智志から二塁打を放ち、お膳立て。打席に立った清宮は意外と冷静な自分に気付いた。「ノーアウト二塁で（走者を進められない）レフト側への変なフライだけはやめよう」。バットが遅れて出ないように意識し、1ボールから、130キロの落ちる球を捉えてプロ初のサヨナラ打。「こんな日に打てるなんて。本当にラッキー」と仲間から手荒い祝福を受け、笑顔がはじけた。

総力戦だった。七回は代打今川優馬が勝ち越し打を放ち、十回は登板予定のなかった鈴木健矢をつぎ込んだ。新庄剛志監督は「こういうゲームを毎日したい」と興奮気味に話し、続けた。「エスコンの満員の歓声を聞いて、選手たちはまた次の試合も、もう一回この声援を聞いて勝ちたいと思う」とファンの存在の大きさを語った。

観客も含め全員でつかんだ初勝利。清宮の言葉が象徴していた。「最後たまたま僕だったというだけで、いろいろな人たちのパワーが乗り移ってくれた」。最高の勝利で、歴史的な1勝を刻んだ。

▼7番手で登板し、1回を無安打無失点で抑え勝ち投手になった鈴木

▼今季初勝利を挙げ、一本締めをするファイターズの選手たち。右端は新庄監督

▼今日のヒーローに選ばれた鈴木、清宮、野村

47

鈴木健矢

新球場初の勝利投手

7番手で登板した鈴木健矢が1回無安打無失点と好救援し、チームで新球場初の勝利投手となった。「まさか僕が一番（最初）になるなんて。びっくりとうれしいの感情が入り交じっている」と目を丸くした。

打者3人を完璧に抑えた。本塁打を放っていた1番辰己涼介から始まる東北楽天の上位打線に対し、四隅を丁寧に突く制球力で投ゴロ、捕邪飛、一邪飛に切って取った。要したのはわずか11球。この快投がチームを勢いづかせ、直後のサヨナラ勝ちにつながった。

中継ぎ要員だが、ロングリリーフをこなせるほか、先発陣の非常事態では先発も期待できる万能さが売りだ。「必要とされるところでしっかり結果を出していく」と力強く語った。

4.14

ファイターズは投打がかみ合い、連敗を止めた。三回2死一、三塁、4番野村佑希が新球場でのチーム第1号となる3点本塁打で先制。先発加藤貴之は完投で今季初勝利を挙げた。

▶ 三回2死一、三塁、野村が3ランを放つ

北海道日本ハム FIGHTERS		埼玉西武 LIONS
5	—	2

5 野村佑希 迷いなし 意地の第1号

新球場初代の4番、野村佑希。打つべき人のバットから、ファイターズの新球場第1号アーチは生まれた。

三回2死一、三塁で迎えた第2打席。1ボールからの2球目だった。143キロの内角高めへの直球に対して、くるりと回転し、バットの芯に乗せた。放物線は左翼にあるブルペンの上部へ伸びた。クールな男だ。表情をほとんど変えずに、ダイヤモンドを1周した。

直球を狙っていた。伏線は第1打席だった。141キロの直球で一邪飛に打ち取られている。「真っすぐでやられた。その真っすぐを打ってやろう」。4番の意地が見えた一発だった。

主砲の座にこだわり続けてきた。2019年の入団当初から「新球場で4番を打ちたい」と宣言した。順調に成長を遂げ、今季は春季キャンプ中から、4番以外の打順を打っていない。

ところが、待っていたのは試練だった。オープン戦の打率は1割5分4厘。ホームランはゼロ。「不安な気持ちが大きくなった」

周囲の言葉に背中を押された。飯山裕志内野守備走塁コーチに「切り替えるしかない」と言われた。新庄剛志監督は「おまえしかいない。4番は任せた」と信頼してくれた。4番で開幕戦を迎えた時には「迷いはなくなった」と野村は振り返る。4月4日の千葉ロッテ戦（ZOZOマリンスタジアム）で、今季のチーム第1号本塁打を放ったのも野村だった。

「新球場の最初の4番をふがいないものにしてはいけない」と心に決めているから、今後不調になったとしても下は向かない。「諦めること諦めて」—。この夜、初めて使った登場曲の歌詞のように。

▶ エスコンフィールド北海道の公式戦でチーム初本塁打を放った野村

4.26

ファイターズが逃げ切り、連敗を2で止めた。打線は今季初めて4番に座った万波中正が二塁打2本を放ち、今季最多の4打点。プロ7年目の田中正義がプロ初セーブをマークした。

6－3
北海道日本ハム FIGHTERS　オリックス BUFFALOES

三回1死一、二塁、適時打を放った万波

66

万波中正　4番奮起　4打点

開幕から全試合、4番スタメンで出続けてきた野村佑希が休養で外れたこの試合。代わりに入った万波中正が4打点の活躍で引っ張った。2000年生まれの同学年で仲の良い野村の代役を果たし、「結果を出せて最高」と笑顔を浮かべた。

まずは三回。1死一、二塁で、2ボールから145キロの直球を捉え、三塁線を痛烈に破る2点二塁打で貴重な追加点をたたき出す。五回は前の打席のリプレーを見るように、同じカウントから143キロのツーシームを捉えて再び三塁線を破り、同じく2点二塁打。「ある程度真っすぐを待つ中で変化球も見られていた。他の球にも対応できればと思っていて、2ボールだったので思い切りいった」と主軸の役割を果たした。

プロ5年目の万波にとって自身4試合目の4番。練習前に言われ、「そわそわ、そわそわしていた」。感じたのは普段4番を任される野村の重圧だ。「試合前から緊張感があって、ジェイ（野村）は毎試合こういうプレッシャーや責任感を持ってやっているのか」と感じたという。

野村について新庄剛志監督は「また次の試合から4番です」と明言。万波はこの日の経験から「プレッシャーを軽くしてあげたい」と主軸としての自覚を強くした。若手が名を連ねるクリーンアップ。全員でカバーしあっていく。

プロ初セーブで勝利し、選手らとハイタッチする田中正

26

田中正義　プロ初セーブ

プロ初セーブを挙げた田中正義は、エスコンフィールド北海道で初のお立ち台に上がると、目を真っ赤にした。2017年の福岡ソフトバンク入団後は故障に苦しみ、通算34試合で0勝1敗。「長かった」との短い言葉に感慨をにじませた。

3点リードの九回にマウンドに上がり、10球で三者凡退に仕留めた。持ち味の直球、フォークが「いいところに決まっていた」と手応えを語った。

石川直也が負傷で離脱し、田中正が代わりに守護神の座についた。この夜の危なげない投球内容に、新庄剛志監督は信頼を深め、今後も抑えを任せる方針を示した。「プレッシャーはかかるポジション。覚悟を決めて頑張りたい」と田中正。気概が口からこぼれ出た。

4.30

ファイターズは2連勝で新本拠地では初のカード勝ち越し。2―1の五回、新人矢澤宏太がプロ初本塁打のソロを放つなど打線がつながり、逃げ切った。

5―1
北海道日本ハム FIGHTERS　福岡ソフトバンク HAWKS

◀ 五回無死走者なし、プロ初本塁打を放つ矢澤

▼ 五回１死二塁、適時打を放つ松本剛

12 矢澤宏太
二刀流の道模索

身長173センチと決して大きくはない体で目いっぱい振り抜いた。ドラフト1位ルーキーで投打の二刀流に挑む矢澤宏太が44打席目でプロ第1号。「ずっと狙っていたのでやっと出て良かった」。気持ち良くベースを回った。

待望の一発は五回に生まれた。五回表、1点差に追い上げられた中で「何とか塁に出ることだけを考えた」という先頭打者だった。2ボール2ストライクから内角の150キロの直球を捉え、打った瞬間「これはいったな」（矢澤）という打球は右翼2階席まで到達。効果的な一発にファイターズファンから大きな拍手が注がれ、ベンチで仲間から祝福されると笑みがこぼれた。

二刀流の挑戦で注目を浴び続ける。開幕1軍入りを果たし、この試合まで野手として14試合に出場。打撃や守備で奮闘する一方で、投手としてもブルペン投球などで調整してきた。5月2日の埼玉西武との2軍戦で登板することを明かし、「野手をやりながらピッチャーの調整法を探している段階」と着実にプロの世界で二刀流の道を模索している。

5.7

ファイターズは今季2度目のサヨナラ勝ち。2—2の九回1死一、二塁、上川畑大悟が中越えへ適時二塁打を放ち決着をつけた。4番手の7年目、田中正義がプロ初白星を挙げた。

3x—2

北海道日本ハム FIGHTERS　東北楽天 EAGLES

▶九回1死一、二塁、サヨナラ打を放った上川畑

4 上川畑大悟

挽回の一打 サヨナラ

最後は自分で取り返した。上川畑大悟が自身2度目のサヨナラ打で試合に決着。三回に自らの失策で先制点を与えており、「負けたら今日は寝られないなと思っていた。何とか決めたかった」。挽回の一打だった。

九回は1死一、二塁で打席が回ってきた。外野が前に出ていることを確認し、「しっかり相手投手の球種を整理して、あとは自分のスイングだけを心掛けた」。1ボールから149キロの直球を振り抜くと、打球は中堅手の頭を越え、二塁走者の細川凌平が悠々とホームイン。試合を決めたヒーローは、仲間に抱きかかえられ、両手を突き上げた。

三回は1死一、二塁から正面のゴロを後逸し、先制点を許した。今季はここまで打率1割台と苦しむが、出場試合数は松本剛、野村佑希に続くチーム3番目29試合。それも遊撃の守備に定評があるからこそ。上川畑は「打てない、守れないでは試合に出る価値がない選手になる。何とか打つことができて良かった」と安堵《あんど》の思いが口をついた。

チームはけが人が続出し、4月7日にはリーグトップの10盗塁を記録していた五十幡亮太が抹消された。苦境の中、総合力でつかんだ1勝に、新庄剛志監督がつかんだ手応えは大きい。「少しずつ上を目指していく戦い方ができている。勝ち方を学ばせながら、上へ上へ行きます」。これで3カード連続の勝ち越しと、上昇気流に乗っていく。

▲サヨナラ打を放った上川畑は、チームメートと喜ぶ

▶先発の加藤貴は完封で今季２勝目を挙げた

5.13

ファイターズは投打がかみ合い快勝。
加藤貴之が新球場では完封一番乗りで2勝目を飾った。
打線は三回に江越大賀の3ランを含む5連打を放ち5得点するなど12安打。

5 — 0

北海道日本ハム FIGHTERS　千葉ロッテ MARINES

▼三回２死一、三塁、３ランを放った江越

14

加藤貴之　チーム完封第一号

特別ユニホームを身にまとって加藤貴之が躍動した。今季のチーム初、そして新球場の完封第1号。七回を投げ終え、交代を打診されたが、ここ3試合は勝ち負けつかずの投球内容で「自分の中でふがいない投球が続いていた。ブルペンに迷惑をかけていて投げ切りたかった」と意地もみせた。

序盤から危なげなく、130キロ台後半の直球に、カットボールやフォークを織り交ぜ、打たせて取った。9回4安打、無四球で球数はわずか102球。二塁も踏ませなかった。

昨季、規定到達投手のシーズン最少四球の日本記録を72年ぶりに更新した制球力が生命線。球数の少なさについて、捕手の伏見寅威は「見逃してもストライクになるし、振ると少しずれる。ストライクゾーンに来るからどんどん早打ちになる」。一方で「良くも悪くも前に飛ばされるということ。それが安打になったり、内野ゴロになったり。そこは腹をくくる」と紙一重ということも強調した。加藤貴も先頭を出した七、八回の場面を振り返り、「本塁打を打たれても仕方がないくらいに思っていた。（伏見）寅威さんの配球通りで併殺打も取れた。助けられた」ときっちり投げ切れるのが強みでもある。

圧巻の投球に、新庄剛志監督は「加藤君が投げていて守りのことは考えていなかった。もう安心しきっていた」と絶賛。開幕投手を任された左腕がふさわしい快投で、新球場の歴史に名を残した。

5.17

▶ 先発の上沢は自身5年ぶりとなる完封で4勝目

ファイターズは快勝で連敗を2で止めた。
上沢直之が5年ぶりの完封で4勝目を挙げた。
打線も、苦手としてきた埼玉西武の先発エンスを攻略した。

▲ 四回1死走者なし、外崎の打球を好捕したアルカンタラに声をかける上沢

3－0
北海道日本ハム FIGHTERS　埼玉西武 LIONS

▼ 五回1死一、三塁、適時打を放つ松本剛

15 上沢直之 完封劇 エースの仕事

「そんなに？」。報道陣から5年ぶりと聞かされ、上沢直之自身も驚いた久々の完封劇だ。ハーラートップに並ぶ4勝目。チームは前日、十二回までもつれた一戦を戦っており、「中継ぎ陣を休ませたかった」とエースの仕事を果たした。

埼玉西武とは4月15日に同じ新球場で対戦し、自己ワーストタイの9失点を喫し、「やり返したい思いはあった」。データを見直し、配球を工夫。打たれている球種の割合を減らし、抑えている球種の比率を上げた。この日はチェンジアップの割合を増やし、要所を締めて無失点を続けた。

ひやりとした場面はあった。七回、マキノンの打球が上沢を襲った。上沢は2019年6月に打球が左膝を、昨年7月も右足に打球を受け、骨折した経験がある。今回は右の臀部《でんぶ》に当たり、いったんベンチに戻ったが「当たった瞬間痛かったので時間がほしくて一回下がった。問題はなかった」と続投。9回120球、三塁を踏ませずに投げ切った。

この試合まで3勝を挙げたが、防御率は4点台と苦しんでいた右腕がみせた復調の完封勝利。フォームの試行錯誤は続き、「今もそんなに完璧かと言われたらそうではない」という。それでも「今日はすごく理想的な結果。継続しなければ意味がないので次しっかり頑張ります」と力を込め、最高の結果を良薬としていく。

UNIFORM 5.13－5.21

ファイターズは5月13日～21日までの8試合で、新庄剛志監督がデザインした特別ユニホームを着用してプレーした。上下ともに指揮官が好きな色の赤と黒を基調とし、大きな襟が付いた斬新なデザイン。上半身は、勝利を意味する英語「ビクトリー」の頭文字「V」を金色で大きくあしらった。ズボンの配色は左右非対称で、右足元には金色で背番号が記されている。このユニホームを着た最初の試合となった5月13日は5―0で千葉ロッテに快勝し、2万7909人の観衆が沸いた。「ヒーロー」をテーマにデザインしたという新庄監督は「点数が入った瞬間にユニホームからどんどんオーラが出てきた。勝てて、皆がヒーローになれた」と満足そうに語った。

SHINJO DESIGN

5.30

▶四回無死、同点ソロを放つ万波

ファイターズが競り勝った。5年目の万波中正が四回に同点の10号ソロ、六回に決勝の11号ソロを放った。2打席連続本塁打はプロ初。

2－1
北海道日本ハム FIGHTERS　東京ヤクルト SWALLOWS

66

万波中正

10、11号連発

交流戦が幕を開けたこの夜、万波中正がプロ初の2打席連発で10、11号を放ち、本塁打数でセ・パ両リーグ単独トップに躍り出た。チームの全2得点を1人で稼いだヒーローは「交流戦で10本は打ちたい」と力強く宣言した。

好調さを買われ、6試合ぶりの4番だった。まずは1点を追う四回。先頭打者で、初球の外角直球を逆らわずにはじき返すと、新球場の特徴である右翼のブルペンに吸い込まれる同点弾に。「自分でもビックリするぐらい、うまく運べた」

真骨頂は六回だ。2死走者なし。「長打を狙って」フルカウントからの内角直球を振り抜くと、決勝ソロがバックスクリーン左に突き刺さった。三塁を守っていた昨季の三冠王、ヤクルト村上宗隆の目の前を悠然と走り抜けた。

3打数3安打1四球と暴れた4番に対し、新庄剛志監督は「（しばらく）4番でいこうかな」と打順固定を示唆した。

3月のWBCで日本が世界一となって以来、野球への注目度が高まっていることを今季は身をもって感じている。「セ・リーグのファンにも自分の名前を覚えてもらいたい」。そのための最高の日になったのは間違いない。

▲四回2死二塁、東京ヤクルト・中村の打球を細川が本塁へ返球しタッチアウト

▶先発の上原は今季初勝利

5.31

ファイターズがカードを勝ち越し。一回に先制し、二回は松本剛の適時打、三、五回は加藤豪将の日本球界1号を含む2打席連続本塁打で加点。六回は福田光輝のソロで突き放した。

5－2

北海道日本ハム FIGHTERS　東京ヤクルト SWALLOWS

▶三回２死、加藤豪がソロを放つ

▲本塁打を放った加藤豪を笑顔で迎える選手たち

3 加藤豪将

米球界で磨いた対応力

「対応力」が加藤豪将の武器の一つだ。それが、前夜の万波中正に続く、2打席連続アーチににじんでいた。

第1打席で東京ヤクルトの市川悠太に二ゴロに仕留められ、加藤豪は思った。「タイミングが取りづらい投手だな」

2―1の三回2死で迎えた第2打席。加藤は、右脚を上げていた第1打席から、フォームを変える。ノーステップにしたのだ。「ちょっと工夫してみた。これでタイミングがあった」。日本球界初ホームランは、右翼席に消えていった。

五回2死の第3打席もフォームはそのまま。「人生初」という2打席連続弾は再び右翼席に飛び込んだ。

対応力は米球界で身につけた。苦労した10年間のマイナーリーグ生活で複数球団を渡り歩いた。加藤豪によれば、チームにより、打球速度や角度、ボールへのコンタクト率など打者に求められる能力が異なる。すぐ見切られてしまう厳しい世界で加藤豪は生き、学んだ。「いろんなバッターにならないと使ってもらえない」

この夜の長打力は、加藤豪の一つの特徴に過ぎない。「ぼくはいろいろなことができる。もう明日から全く違うバッティングをする」。小技、積極的な走塁、軽打…。器用な加藤豪を一言でどう言い表せばいいだろう。本人の言葉を借りれば、こうだ。「勝ちにいくバッター」。実に頼もしい。

試合後、人生初のお立ち台で、どんな1年にしたいかを問われると、即答した。「加藤で勝とう」。ファンを笑わせる「対応力」も見せつけた。

6.4

攻守がかみ合ったファイターズは2桁得点で快勝した。先発の北山亘基は7回3失点で3勝目、打撃でも2安打2打点と投打に光った。

10–3
北海道日本ハム FIGHTERS　読売 GIANTS

▼ 先発・北山は７回３失点で３勝目

57

北山亘基

投打で大活躍

北山亘基が投打で大活躍を見せた。投げては7回3失点で試合をつくり、打ってはプロ初打席初安打初打点を含む適時打2本。「先発としてちゃんと投げることが一番大事だった。バッティングはラッキー」と照れ笑いした。

投手としては、一回に先頭打者アーチを浴びる苦しい立ち上がり。それでも、力強い真っすぐとタイミングを外す変化球を操り、要所を打たせて取った。

課題だった制球力は、無走者でもセットポジションからのクイック投法により改善。先発転向後最少の１四球にとどめ、プロ最多の１０１球で3失点と粘った。

一方の打者。打順は8番だった。下位から上位へ打線をつなぐ狙いで、本来なら投手が座る9番に野手を置くという八木裕打撃コーチのアイデアだった。

ところが、１点を追う二回の初打席は2死一、二塁の得点機だった。この状況に八木コーチは「失敗した」、新庄剛志監督も「八木さん…！」と頭を抱えた。北山も松井颯の投球に対し「すごいボール」と思わず苦笑いしたが、追い込まれてからこの日初めてバットを振ると、１４８キロ直球を左前へはじき返し、同点適時打とした。六回無死二、三塁の場面でも、鍬原拓也の直球を打ち上げた打球が中前にぽとりと落ちるラッキーボーイぶりを見せた。

登板前日、プロ初打席に向けてバットをアルコール性のクリーナーで奇麗に磨いていたという右腕。「（安打は）バットを磨いたおかげかな。（バットを）振る場面でうれしかった」。指名打者制のないセ・リーグ主催試合での初の先発登板は、味わい深い思い出になった。

▶ 六回無死二、三塁、適時打を放つ北山

6.17

ファイターズは逆転勝ちで2連勝。
1－3の六回1死一、二塁でマルティネスが逆転の9号3ランを放った。

6－3
北海道日本ハム FIGHTERS　中日 DRAGONS

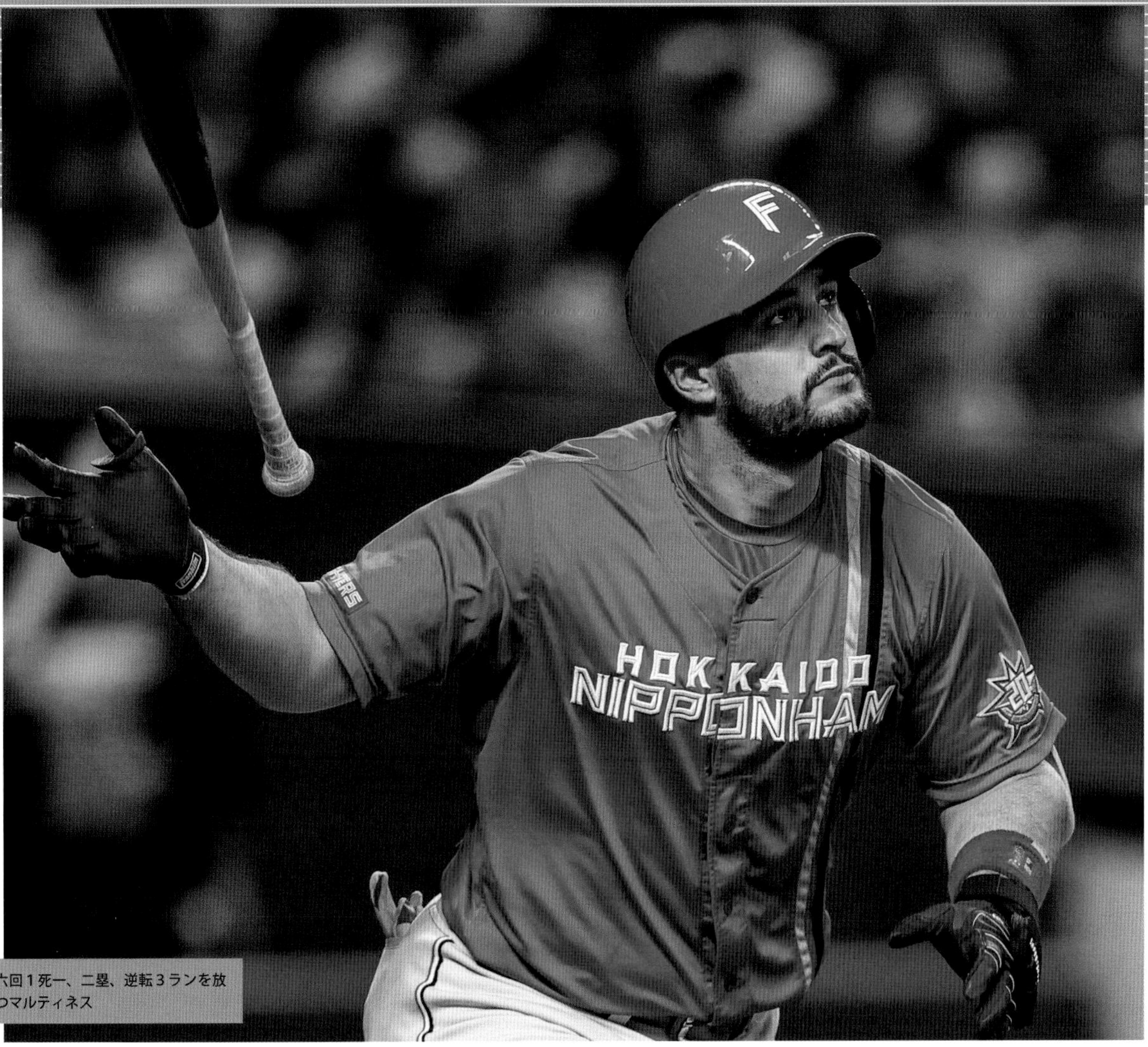

▶六回1死一、二塁、逆転3ランを放つマルティネス

2 マルティネス　古巣に恩返し弾

強烈な古巣への恩返しだった。昨季まで在籍した中日相手にマルティネスが逆転3ラン。慣れ親しんだ旧本拠地での一発に「この球場が恋しかった。中日ファンの前で自分のパフォーマンスを見せることができた」と喜びをかみしめた。

1－3の六回。中日先発の松葉貴大を攻め、1死一、二塁のマルティネスの場面で中日は継投に入る。2番手の藤嶋健人はこの試合まで防御率1点台。マルティネスは「打てなかったら、悪い意味で試合の結果に影響する。ターニングポイント」と集中した。2ストライク後、3球目の高めの直球を捉えると、高々と上がった打球はそのままライトスタンドへ。最高の結果で一気に試合をひっくり返した。

中日時代の経験が生きたという。「（捕手として）藤嶋の球を受けていた分、ボールの軌道がよく分かっている。直球の信頼度が高い。それが高めに浮いたのはラッキーだった」と謙遜するも、特長を整理して臨み、甘い球を逃さなかった。

これで本塁打数は自己最多となる9本目。「居心地が良い」と話す名古屋で放ち、さぞ大喜びかと思いきや違った。本塁打後の頭の上で丸をつくるポーズは封印。「お世話になったファンや関係者の前で敬意を払った」。2018年に育成入団でスタートし、苦労も味わった土地。気遣いも忘れず、成長した姿を披露した。

▼八回を無失点で抑え、守備陣を笑顔で迎えながらベンチに戻る池田

▲五回2死一塁、伊藤が適時打を放つ

UNIFORM 6.30-7.13

２０２３年は北海道日本ハムファイターズの誕生から２０年の節目の年。
ファイターズの選手たちは６月３０日から7月１３日までの計８試合で、北海道誕生からの伝統
をさまざまな形でモチーフにしたメモリアルユニフォームを身にまとってプレーした

20th MEMORIAL

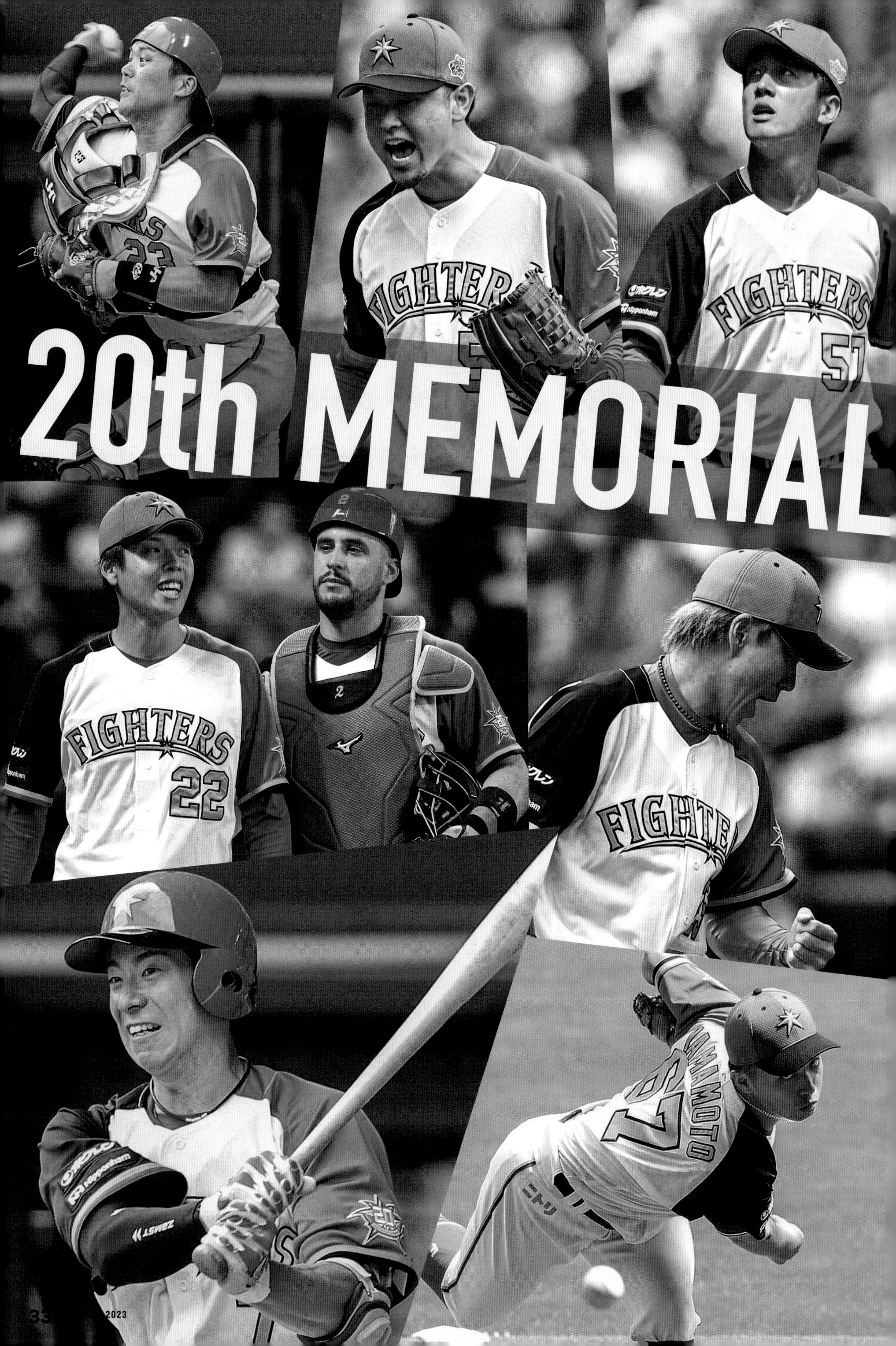

7.2

▶ヒーローインタビューを受ける清宮、郡司、浅間

逆転勝ちでファイターズは連敗を3で止めた。1点を追う三回、浅間大基、郡司裕也の連続2点適時打でリードを奪った。その後も清宮幸太郎の3号ソロなどで点差を広げた。

6—3
北海道日本ハム FIGHTERS　オリックス BUFFALOES

8 浅間大基 30 郡司裕也
「昇格組」チーム救う

3連敗中のチームを「昇格組」が救った。三回の4点は、6月30日に1軍に上がってきた浅間大基と郡司裕也による連続2点打。連敗ストップの立役者となった。

0—1で迎えた三回2死満塁で浅間。開幕前に左足を負傷し、手術した影響で出遅れた。この日は「6番・中堅」で先発出場。2ストライクと追い込まれた後、落ちる球に反応し、右翼線への2点二塁打。「もう打つしかないと心に決めて1本出した」と逆転打に力強く拳を握った。

続く二、三塁では郡司。同21日に中日からトレードで入団した新顔は「完全に流れが来ていたので、もうイケイケ。ストライクが来たら振ろうと思った」と狙い通り、初球の甘いスライダーを捉え、左前に2点打。これが移籍後初打点。移籍後は12打数6安打と絶好調で、この試合はプロ初の猛打賞を記録した。

浅間や清宮幸太郎ら故障からの復帰組に加え、新戦力の郡司の活躍で、選手層に厚みが出てきた。

「良い悩み」と起用法に頭を悩ませる新庄剛志監督は、前日に「どよんとした空気に慣れ始めている」と危機感を抱いていたが、この日は「（新球場の試合で初めて）屋根が開いて（悪い空気が）一緒に出ていってくれた感がある」と舌も滑らかだった。

▶三回2死満塁、浅間が逆転となる2点適時打を放ち、ガッツポーズを見せる

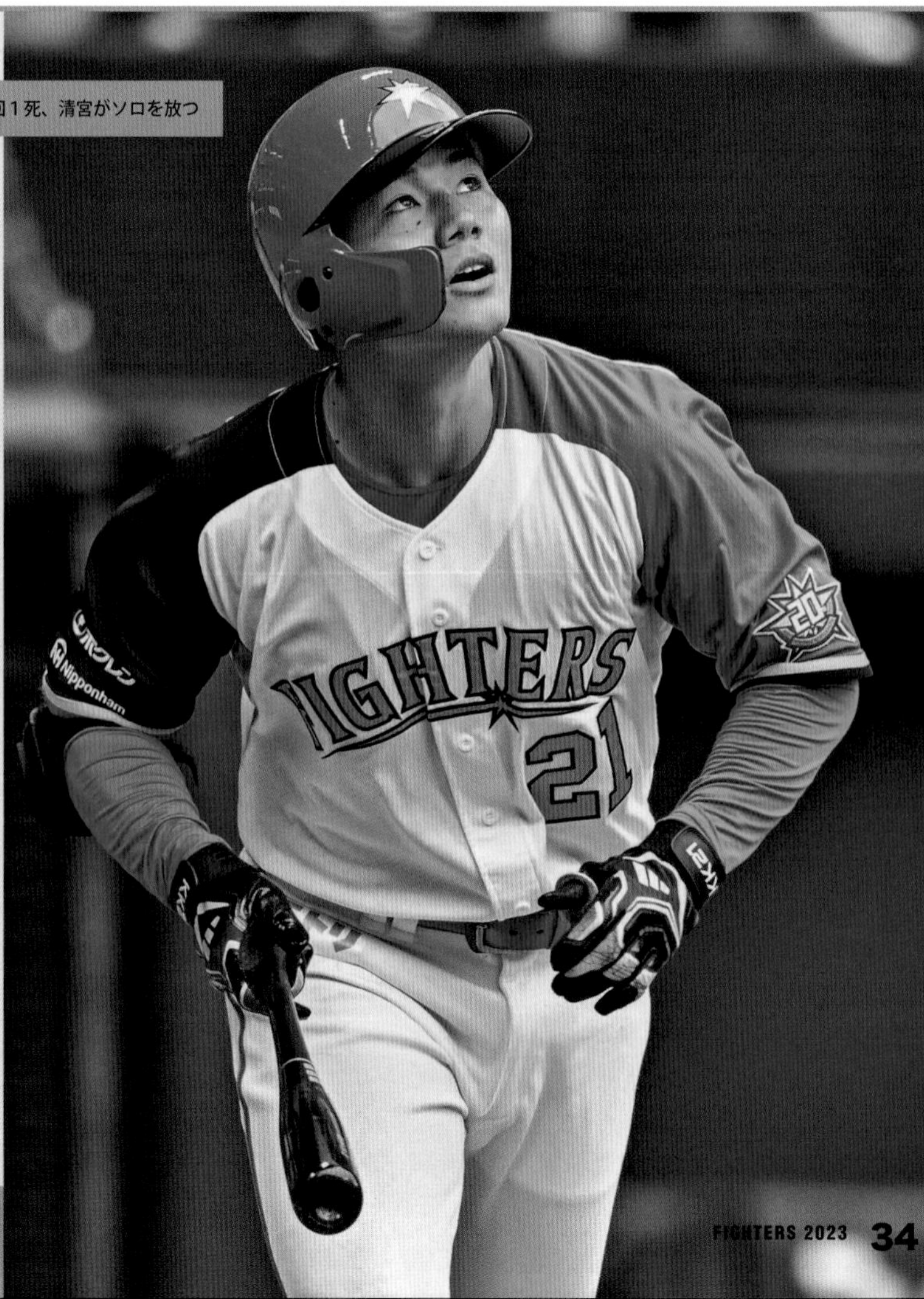

▶八回1死、清宮がソロを放つ

21 清宮幸太郎
待望のエスコン1号

清宮幸太郎が自身初となるエスコンフィールドでの一発を放った。2安打の後で迎えたこの日の最終打席で、ファン待望のアーチ。「なんとかヒットをつないで最後に良い形で終われた」と満足げに話した。

5—3の八回1死、オリックスの5番手ワゲスパックの3球目だった。内角高めのカットボールを一閃《いっせん》。「（狭い）エスコンなら入ってくれるだろう」。手応え通り、高い弾道の打球はファイターズファンが陣取る右翼席に吸い込まれた。相手を突き放す一発に「ホームランは、一振りで流れを変えられるから本当に効果的」とうなずいた。

三塁手としても好守備を見せたこの試合、屋根が開いた球場の景色を通じて「最高の球場だと改めて思った」。

7.4

ファイターズが10得点を挙げて大勝。
一回、野村佑希の8号3ランで先制。
二回に郡司裕也のソロで加点すると、万波中正、伏見寅威も続いてソロを放った。先発伊藤大海は5勝目。

▶ 六回無死、ソロを放つ伏見

▼ 二回無死、郡司がソロを放つ

▲ 五回１死、ソロを放つ万波

10－3

北海道日本ハム FIGHTERS　福岡ソフトバンク HAWKS

5 野村佑希 4番復帰 初球ガツン

今季チーム最多の４本塁打を放ったファイターズ。猛打の口火を切ったのは、不振で苦しんでいた野村佑希だった。5月28日以来の４番で、初回に鮮やかな先制パンチの3ラン。勢いをつけた。

一回は1死一、二塁で打席が回ってきた。「チャンスだったので遅い球に絞っていた。良い対応ができた」。初球のスライダーを振り抜くと、打球は一直線に左中間のテラス席へ。盛り上がる球場とは裏腹に野村は淡々とベースを回る。「まだ初回。うれしかったけどあまり表には出なかった」と喜びをかみしめた。

開幕戦で4番を任された主軸候補も、6月の月間打率は2割3分と振るわなかった。最近2試合はスタメンを外れ、出場機会もなく、「しょうがないと思う反面、くやしいというかきつかった」。

発奮させてくれたのは新庄剛志監督だ。4番に戻す一方で、打席での余裕につなげるため「ゆったり構えてほしい」と助言。本塁打に指揮官は「野村君より僕の方がホッとしてうれしい」と目尻を下げた。

野村の復調で打線は活発化する。新庄監督はオールスター明けに4番を決めることを明言。野村が不振の時、主に4番を担った同学年の万波中正はこの日15号を放ち、本塁打数はリーグトップを走る。野村は「ライバル関係と言うにはまだまだ僕の成績が足りていない。高いところで争えるように頑張りたい」。そのきっかけとする1本にするつもりだ。

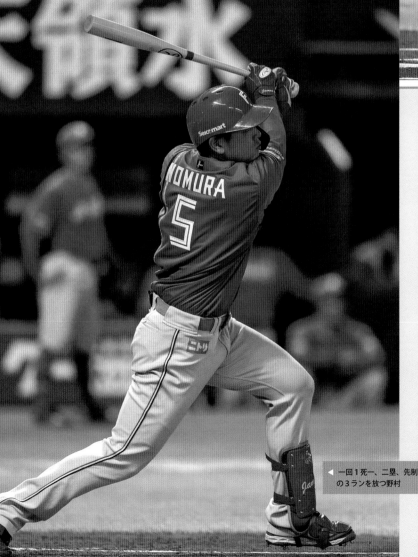

◀ 一回１死一、二塁、先制の３ランを放つ野村

ALLSTAR GAME 2023

7.19 第1戦 バンテリンドームナゴヤ

7.20 第2戦 MAZDA Zoom-Zoom スタジアム広島

マイナビオールスターゲーム2023は７月19日、バンテリンドームナゴヤで第１戦が行われ、全パが８―１で勝った。第２戦は７月20日にMAZDA Zoom-Zoom スタジアム広島で行われ、全パが全セに６―１で勝った。

ファイターズからは松本剛、万波中正、上沢直之、加藤貴之、マルティネス、田中正義の６選手が出場。万波は２戦とも本塁打を放ち、第２戦では最優秀選手にも選ばれた。

▲四回無死、万波が左中間に本塁打を放つ（7月20日）

▲四回、DeNA・バウアーから本塁打を放った万波（7月20日）

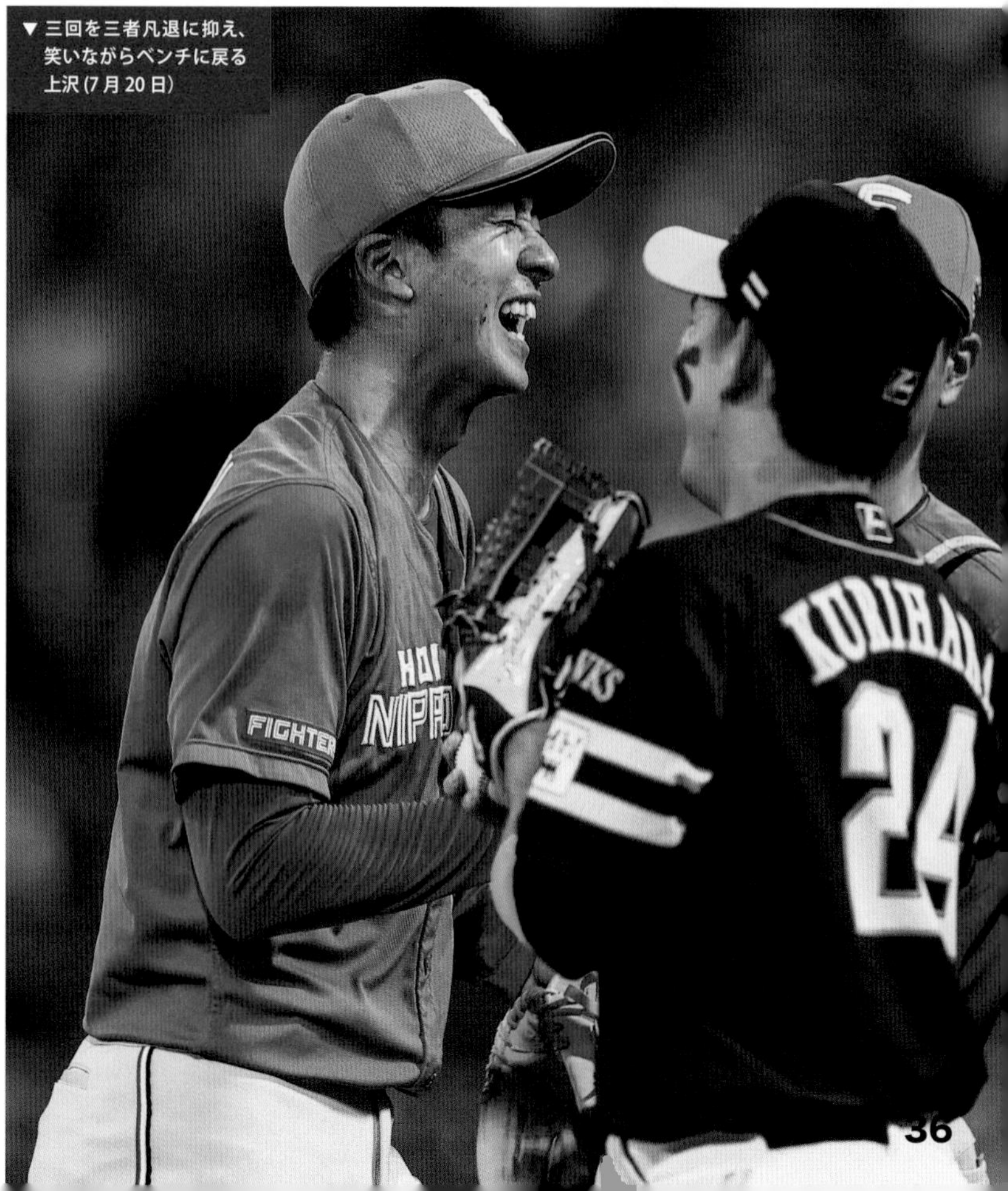

▼三回を三者凡退に抑え、笑いながらベンチに戻る上沢（7月20日）

▲福岡ソフトバンク・近藤と千葉ロッテ・佐々木朗に囲まれ緊張ぎみの田中正（7月19日）

▲選手紹介で千葉ロッテ・佐々木朗とハイタッチするファイターズの選手たち（7月20日）

▲本塁打を放った万波を出迎えるパ・リーグの選手たち（7月19日）

▲パ・リーグの勝利を喜ぶ加藤貴とマルティネスのバッテリー（7月19日）

FRESH ALLSTAR GAME 2023

▲記念撮影するフレッシュオールスター出場の（左から）矢澤、奈良間、細川（7月18日）

7.18
富山市民球場

若手選手によるフレッシュオールスターゲームが7月18日、富山市の富山市民球場で行われ、ウエスタン・リーグ選抜がイースタン・リーグ選抜に7―3で勝利。ファイターズからは奈良間大己、矢澤宏太、細川凌平の3選手が出場した。

▲七回の攻撃を前に踊るカビー（7月18日）

7.26

ファイターズは22日ぶりの勝利。連敗を13で止めた。九回、1死一、三塁で万波中正が適時内野安打を放って勝ち越し点を奪った。先発上原健太が6回無失点の好投。

▲ 九回1死一、三塁、万波の適時内野安打で勝ち越しに成功する

3—2

北海道日本ハム FIGHTERS　東北楽天 EAGLES

◀ 一回、力投する先発の上原

66

万波中正　待ってた白星 14連敗阻止

1984年に記録した球団ワーストに並ぶ14連敗を阻止した決勝点は、泥くさく転がした内野安打から生まれた。

2点リードを追いつかれた直後の九回。1死から松本剛の左中間二塁打と清宮幸太郎の右前打で一、三塁とし、4番万波中正。ここで東北楽天は3番手安楽智大をマウンドに送ってきた。前日にも八回2死一塁の場面で対戦し、中飛に打ち取られた相手だ。

万波は直球2球に手が出ず、簡単に追い込まれた。慎重に変化球で入ってくると予想していたから「裏をかかれてやばいと思った」。だが、カウント1—2からの5球目。「何か起きてくれ」。懸命に外角低めの変化球を転がすと、三遊間への打球は遊撃村林一輝のグラブを弾いた。連敗を13で止める決勝の適時内野安打。新庄剛志監督は「当てれば何とかなるっていうところを見せてくれた」とたたえた。

この連敗中、1点差負けが8度。踏ん張る投手陣を打線が援護できず、万波は「1点がすごく重いと感じた」。しかし、この日は1点差で競り勝ってみせた。指揮官は「（現役時代の）2006年の日本シリーズで優勝した時と同じくらいうれしい」と笑いつつ、「ほっとしたというよりも、良い経験をしたなという方が強い」。

▲ 九回2死、東北楽天・フランコを右飛に打ち取り、伏見とタッチを交わす田中正

8.4

サヨナラ犠飛を放ちナインに祝福されるマルティネス

ファイターズがサヨナラ勝ち。延長十一回1死満塁、代打マルティネスが決勝の左犠飛を放った。5年目の福田俊がプロ初勝利をマーク。

2 マルティネス　しぶとくサヨナラ犠飛

ゲームを決めたマルティネスはお立ち台に上り、日本語で絶叫した。「やりました！」。福岡ソフトバンクの強力リリーフ陣から決勝点をもぎ取り、今季2度目の延長サヨナラ勝ちを収めた。

4—4で迎えた十一回。福岡ソフトバンク8番手の椎野新から先頭の野村佑希が四球を選ぶと、ここから新庄剛志監督は立て続けに勝負に打って出た。

代走にチーム屈指の俊足、五十幡亮汰を起用。次打者の上川畑大悟はバントの構えを見せたが、これは五十幡の盗塁の成功率を上げるための布石だったという。五十幡がスタートを切り、わざと空振りした結果、強肩が自慢の福岡ソフトバンクの捕手・甲斐拓也の送球動作が一瞬遅れ、二盗に成功。ここからさらに二つの敬遠などで1死満塁とし、指揮官は代打にマルティネスを送った。

「一番大事なのは打点」と考えた助っ人は、普段よりも短くバットを握った。フルカウントからの6球目を左翼に運び、三塁走者の五十幡は悠々生還することができた。

救援防御率がリーグ2位の2・67（8月3日時点）を誇る福岡ソフトバンクを相手に競り合いを制し、指揮官は「ナイスゲーム」と破顔一笑。総力戦で挙げた白星に興奮冷めやらぬ様子だった。

5x—4

北海道日本ハム FIGHTERS　福岡ソフトバンク HAWKS

延長十一回1死満塁、サヨナラ犠飛を放つマルティネス

40 福田俊　5年目うれしいプロ初勝利

プロ5年目の福田俊がうれしいプロ初勝利を挙げた。新球場の近くにある星槎道都大出身の道産子左腕は「初勝利は素直にうれしい。また北広島が思い出深い土地になりました」と特別な1勝になった。

緊迫した試合で、5番手の十一回に登板。「上沢（直之）さんや前の中継ぎ陣の人たちが粘り強く投げていたので、自分もスコアボードにゼロを入れられるように」と強い気持ちでマウンドへ。左打者3人を三者凡退できっちり抑えて流れをつくると、その裏にチームが勝ち越し。白星が舞い込んだ。

サヨナラ勝ちしたウイニングボールは奈良間大己が回収してくれた。福田俊は「ここまで育ててくれた両親に渡したい。『やったよ』って伝えたい」と思いを込めた。

延長十一回、5番手で登板した福田俊がプロ初勝利

8.16

ファイターズが4連勝。打線は二回、上川畑大悟、王柏融、古川裕大の3者連続適時打で4点を先制。四、八回もそれぞれ1点を追加した。先発ポンセは今季初勝利。

6－0

北海道日本ハム FIGHTERS　千葉ロッテ MARINES

▶二回1死一、三塁、上川畑が先制適時打を放つ

▲二回1死三塁、適時二塁打を放つ古川

◀二回1死一、三塁、王が適時2点三塁打を放つ

3者連続適時打

上川畑大悟 4
王柏融 99
古川裕大 27

2軍からはい上がってきた8、9番が結果で期待に応えた。いずれも今季初の先発出場となった王柏融、古川裕大が連続適時打を放って千葉ロッテを突き放し、チームの4連勝を演出した。

下位打線による鮮やかな3連打だった。四球や安打などでつくった二回1死一、三塁の得点機で、7番上川畑大悟が2試合連続の適時打を放ち、均衡を破った。

再びの一、三塁で次打者は王。来日4年目の昨季、15試合で打率0割6分3厘に終わり、オフには育成契約となった。そして、7月末に再び支配下契約を勝ち取った男は「新鮮な気持ち」で打席に向かったという。そして千葉ロッテ森遼大朗から左中間へ2点三塁打を放つと、三塁上で両手の拳を強く握りしめ、ほえた。

古川も続いた。2球目の直球を引っ張り、適時二塁打とした。その後も2安打を重ね、八回にはチーム6点目となる犠飛を放ち、3安打2打点。プロ初の猛打賞に加え、今季の打率10割をキープした。

古川の1軍出場は5月6日の東北楽天戦以来。この試合で走塁ミスを犯し、左脚の負傷もあって約3カ月間の2軍降格を味わった。それだけに背番号27は「なんとか取り返したかった」と燃えていた。

「戦力が分厚くなってきた」と新庄剛志監督。シーズンは佳境を迎え、ファイターズの戦いぶりが面白くなってきた。

8.22

▶六回1死、ソロを放つ郡司

ファイターズが連敗を2で止めた。打線は一回、3者連続二塁打で2点を先取し、その後郡司裕也の2号2ランで2点を追加。六回は再び郡司が3号ソロを放ち、加点した。

6 – 2

北海道日本ハム FIGHTERS　東北楽天 EAGLES

30

郡司裕也

奮起の2発

郡司裕也のバットが火を噴いた。自身初の1試合2発で3打点を稼ぎ、2試合ぶりとなる先発起用の期待に呼応。連敗ストップの立役者は「結果を出せば使ってもらえる。絶対に結果を出したかった」と破顔した。

2点を先行した一回2死二塁、この日最初の打席が巡ってきた。慶大出身の郡司にとって、早大出身の東北楽天・早川隆久とは伝統の早慶戦で何度も対戦していたものの、1軍の舞台では初顔合わせだった。「早慶戦で負けるわけにはいかない」。気持ちは高ぶっていたという。そして2球目の甘いカットボールを強振すると、打球は左翼フェンスを越え、2点本塁打となった。

さらにすごみを見せたのは六回の第3打席だった。早川が投じた内角高めの真っすぐを豪快に引っ張り、左翼の2階席付近まで届く完璧な当たりを披露。相手を振り切る貴重なソロアーチとなった。

熱戦が繰り広げられている夏の甲子園大会から刺激をもらっている。8月23日の決勝に臨むのは、母校の仙台育英高と、慶大に縁のある慶応高(神奈川)。この日の2発を「決勝に臨む両校へ1本ずつ送るエール」とした郡司。きっと味わい深い夜となっただろう。

▲八回、4番手の池田が無失点に抑える

8.23

ファイターズは3点差をひっくり返す11安打10得点で大勝。0—3の二回、奈良間大己の同点打や郡司裕也の勝ち越し打など打者一巡の猛攻で6点を挙げ逆転した。

▲三回2死満塁、郡司が適時打を放つ

◀二回2死一、三塁、奈良間が適時打を放ち同点

北海道日本ハム FIGHTERS		東北楽天 EAGLES
10	—	4

30 58

奈良間大己 郡司裕也

11安打10得点で大勝

初回の3点のビハインドをはね返して逆転勝ちしたファイターズ。今季最多タイの10得点を奪う爆発力をみせた立役者はポジション争いをする選手たちだった。

0—3の二回。鮮やかな集中打は2死一、二塁から始まった。王柏融、古川裕大、奈良間大己の3連続適時打でまず同点。四球をはさみ、満塁で打席には前日2ホーマーの郡司裕也。カウント3—1から直球を捉え、左前に2点打。この日の高校野球決勝は母校と、出身大学に縁の深い高校とが争い、「後輩たちに刺激を受けた」と力に変えて連日の活躍。三回にも2点打を放ち、4打点の荒稼ぎだった。

王も古川も奈良間も、そして郡司もスタメンが確約されていない選手たちだ。試合に出るのは日替わり。郡司は言う。「ライバルがいっぱいいて結果を残し続けないと試合に出られない。常にそういう危機感をもってやっている」

激しい競争がチームを活性化させる。新庄剛志監督は「（活躍する選手を）ずっと使いたいけど、他の選手も期待しているし、難しいですね」。大きく負け越した7月から、8月は勢いに乗り、盛り返している。

▲試合終了後、一本締めの後でおどける山田と奈良間

▶先発の伊藤が今季初完封で7勝目

8.26

ファイターズは13安打7得点で快勝。一回に清宮幸太郎の適時二塁打で先制し、二回は4本の長短打などで5得点。三回にも野村佑希の12号ソロで加点した。伊藤大海は今季初完封で7勝目。

北海道日本ハム FIGHTERS		埼玉西武 LIONS
7	－	0

▲三回無死、ソロを放つ野村

17 伊藤大海

無四球で今季初完封

先発の伊藤大海は尻上がりに調子を上げ、無四球で今季初完封。「長いイニングを投げるのは先発投手としてやりがいがあるし、目指すべきところ。達成できてうれしい」と振り返った。

「序盤はあまり良くなかった」と言う通り、四回までは毎回安打を浴びて走者を背負った。だが、要所を締め、中盤からは「テンポ良く投げられた」。五回以降は三者凡退。特に六回1死で渡部健人をフォークで空振り三振に仕留めた際に「良い感覚が出てきて、そこから体の使い方がはまった感じ」だったと言う。

これで埼玉西武戦は今季4戦4勝。味方の大量援護もあり、お得意様相手に107球ですいすいと投げ切った。

8.27

ファイターズが2連勝し、5位に浮上した。2―2の六回2死三塁、五十幡亮汰が三塁に決勝の適時内野安打を放った。先発上原健太は6回7安打2失点にまとめ、3勝目を挙げた。

4―3
北海道日本ハム FIGHTERS　埼玉西武 LIONS

▶六回2死三塁、五十幡が適時内野安打を放ち勝ち越す

50

五十幡亮汰

「華」の足 勝利たぐり寄せる

プロ野球の「華」は豪快な一発だけではない。五十幡亮汰が球界屈指の「足」で魅せた。

2―2の六回2死三塁。埼玉西武3番手佐藤隼輔にカウント2―2と追い込まれたが、ここから粘る。「真っすぐに何とか食らいつきながら、変化球にも対応していく感じ」。150キロ台の直球3球と変化球をファウルでしのいで9球目。高めの150キロを三塁線へ転がした。

打球は、埼玉西武の三塁手平沼翔太が滑り込みながら捕球。ワンバウンドで一塁へ送球する。無駄のない守備動作。打ち取られていてもおかしくなかった。だが、五十幡は打った瞬間「これはいけるなと思った」のだと言う。言葉通り、自慢の足が上回った。新庄剛志監督に言わせれば「五十幡君じゃないとセーフになれない」。

勝ち越しの適時内野安打に「自分の持ち味を生かした最高のヒットになった」と五十幡。さらに出塁後は佐藤隼のけん制悪送球を誘って二塁へ進み、清宮幸太郎の中前打で悠々と生還。試合の均衡を破り、勝利をたぐり寄せた。

「上のチームにとってファイターズは嫌なチームだと思う」と新庄監督。「これからのファイターズを背負っていく選手たちが、土台が、いま出来てきている」。そんな手応えを感じる1勝だった。

▶六回2死二塁、清宮の中前適時打で生還した二走・五十幡

◀二回1死一塁、一走・西川の二盗を阻止した田宮

9.1

ファイターズが今季13度目の零封勝ち。先発上沢直之は9回3安打7奪三振で今季2度目の完封。チームトップの8勝目を挙げた。打線は二回に伏見寅威の3号ソロで先制。三回に清宮幸太郎、八回に万波中正の適時打で加点した。

▶ 先発の上沢は今季２度目の完封

▲ 二回、この回先頭の伏見がソロを放ち先制

▲ 完封勝利を決め、伏見と笑顔でハイタッチする上沢

3－0

北海道日本ハム FIGHTERS　オリックス BUFFALOES

15 上沢直之 今季2度目の完封
23 伏見寅威 古巣から先制弾

かつてのバッテリーは、にらみ合っていた。

打席の伏見寅威は、マウンドにいた山崎福也がどの球種を投げ込んでくるのだろうかと、考えを巡らせていた。

二回の第1打席。カウント3—1からの5球目。「俺だったら、こういくなっていう球を投げてきた」と伏見。それは直球だった。「読みが当たった」と振り抜き、左越えに特大の3号ソロで先制点を挙げた。

伏見は昨季まで所属したオリックスで、捕手として山崎と一緒に先発ローテーションの座をつかんだ。「一番思い入れのあるピッチャー」だと伏見は言う。

だからこそ、球筋や配球の傾向は分かっている。前試合まで山崎に対しては6打数4安打。相性の良さを買われ、この試合は今季初の5番に入っていた。

捕手の守備でも、先発上沢直之を好リードした。新たな球種、シンカー気味に落ちるフォークを効果的に要求し、オリックス打線につけいる隙を与えなかった。

上沢によれば、伏見の配球のサインは勇気を与えてくれる。象徴的だったのは、五回2死一、三塁で来田涼斗を迎えた場面だという。

カウント3—1から伏見は直球を内角に投げさせた。149キロ。「気持ちの入った真っすぐがドンときた」と伏見。来田は空振りした。続く決め球。上沢の頭には変化球がよぎったが、伏見は「もう1球いける」と内角への直球を求めた。強気なサイン。上沢はこの日最速の150キロで応え、空振りの三振に仕留めた。

伏見にとって、古巣との試合は「育ててもらった」という感謝を伝える場だ。「ヒーローになれば恩返しになる」。

その思いをかなえ、上沢と一緒にお立ち台へ。バッテリーはほほえみ合っていた。

9.13

ファイターズが連敗を6で止めた。打線は一回、マルティネス、松本剛の連続適時打で2点を先制。三回、五回、八回に1点ずつ加えた。先発上原健太は7回2失点（自責点1）で4勝目。

5－2
北海道日本ハム FIGHTERS　オリックス BUFFALOES

▶一回1死一、三塁、先制適時打を放ったマルティネス

マルティネス　勝負強さ発揮

ホームのファンが待ちわびた白星をもたらした原動力は打線だった。9月に入り初の2桁安打を放ち、連敗中は「2」が最多だった得点は、倍以上となる「5」。チームの連敗と、ワーストとなっていた新本拠地での連敗をいずれも6で食い止めた。

チャンスは一回から巡ってきた。1死一、三塁で打席にはマルティネス。ここまで打率が2割5分8厘の4番は、得点圏となれば3割6分5厘と勝負強い。「絶対に打点を挙げてやる」。山崎福也の外角直球を逆らわずに右前へはじき返し、連敗中は一度もなかった先制点をもぎ取った。

続く松本剛。打率は2割7分の一方、ここまで得点圏は2割5分5厘とチャンスで凡退が続いており「なんとか打ちたい」と気合を入れた。そして追い込まれてからのチェンジアップを鮮やかに右翼線へ運び、2者連続適時打とした。

さらに松本剛は三回1死二塁から再び逆方向の右翼線へ適時打。2点差に迫られていた八回には1死満塁からマルティネスが適時内野安打を放ち突き放した。

3安打2打点と固め打ちした選手会長の松本剛はこの連敗中、劣勢となった試合の途中で帰路につく観衆の姿に、悔しさを募らせていたという。この夜の勝利に「最後まで見てもらえるゲームをしたい。改めてそう思った」。

◀五回2死一、二塁、適時打を放つ奈良間

▶三回1死二塁、適時打を放つ松本

9.16

ファイターズは今季4度目のサヨナラ勝ちで、2連勝。同点の九回1死一塁、万波中正がこの試合2本目となる本塁打で決着をつけた。先発加藤貴之が7回1失点で試合をつくり、3番手の河野竜生が今季初勝利となった。

北海道日本ハム FIGHTERS		福岡ソフトバンク HAWKS
3x	－	1

▶九回１死一塁、サヨナラ本塁打を放つ万波

66 万波中正

先頭＆サヨナラ弾

先頭打者と、サヨナラと。どちらにも「自身初」という枕ことばが付くアーチをかけた。万波で始まり、万波で終わった夜だった。

万波中正は一回、カウント2―1から4球連続でファウルで粘り、8球目、外角の変化球を右翼席に運んだ。新庄剛志監督が「最高」とうなった逆方向への21号ソロは、15試合ぶりの一発となった。

今季序盤からホームラン王争いの主役の1人を演じながら、夏場に入ってペースが落ちた。

「調子がなかなか上がってこない。正直、厳しいかな」と思った。気分が湿り、本塁打王の目標はかすみかけていた。いつしか、スイング時に右肩が下がる悪癖が出ていた。もがいた。両肩が水平になるようにバットを振るのが万波の本来のスタイル。これまで信じて取り組んできた練習メニューを「見つめ直した」。トレーナーら周囲にはアドバイスを求めた。「なんとか修正しようとして、ようやくきょう、いいスイングができた」

サヨナラ弾を生んだスイングもそう。九回1死一塁、内角への153キロに対し、くるりと腰を回転させた。左翼席上段に飛び込む特大弾。1試合2ホームランは今季3度目。万波は大歓声のなかダイヤモンドを回った。

▼一回無死、先頭打者本塁打を放ち、ダイヤモンドを回る万波

9.22

ファイターズが零封勝ちで連敗を3で止めた。約5カ月ぶりに先発の金村尚真は6回2／3を無失点で2勝目。以降は3投手の継投で封じた。打線は一回、加藤豪将の適時打などで2点を先制。九回に1点を加えた。中島卓也が通算200盗塁を達成。

北海道日本ハム FIGHTERS		東北楽天 EAGLES
3	–	0

▶先発の金村が7回途中無失点で2勝目

24

金村尚真

5カ月ぶり勝利

「プロ2勝目」は格別なものだった。ドラフト2位新人の金村尚真は右肩痛から復帰し、3安打無失点で4月9日に挙げたプロ初勝利以来の白星。「けがをしてうまくいかないときもあった。久々に勝ててほっとした」と喜びをかみしめた。

初回は安打と四球で2死一、二塁。二回も先頭に四球を出すなど序盤は苦しんだ。金村は「（ストライク）ゾーンに投げられず悪い部分が出た。怖いけどしっかりゾーンで勝負する」と強気に、150キロ前後の直球と多彩な変化球で打たせて取る投球で三〜六回はいずれも三者凡退。七回に2安打を浴びて降板したが、建山義紀投手コーチは「肩（のけが）だったので慎重になっていたけど、しっかり強化して戻ってきてくれた」とたたえた。開幕ローテーション入りし、プロ2戦目で初勝利を挙げて順調にスタートしたプロ生活。しかし、3戦目の登板後に右肩の違和感を感じ、リハビリ生活が始まった。「怖さがあり、100%で投げるのに時間がかかった」状態から、内側の筋肉を鍛え直すなど、体づくりから見つめ直し、シーズン終盤にようやく1軍の舞台に戻ってきた。体の状態も考慮し、今季の登板はこの日が最後。けがからはい上がってきた23歳の好投に、新庄剛志監督は「十分良いものを見せてくれました」。金村にとって復帰はゴールではない。「七回は投げきらないといけなかった。良いところも悪いところも出た投球。来年につなげられるようにしたい」と表情を引き締めた。

▼二回2死一塁、中島が二盗を決め、通算200盗塁達成

9

中島卓也

通算200盗塁達成

15年目の中島卓也がプロ野球79人目、球団6人目の通算200盗塁を達成。「200盗塁できると思っていなかった。1年目からいろいろな方に指導してもらったおかげ」と語った。

二回に中前打で出塁。2死一塁、郡司裕也への初球で走ると、間一髪でタッチをかいくぐった。5月20日オリックス戦以来今季2個目。けがもあり2軍での調整が続いただけに「（今季）残り何試合かという中で決められたのは良かった」。

初盗塁は2011年4月24日の東北楽天戦。2015年には盗塁王を獲得し、通算成功率は8割を超える。五十幡亮汰や周東佑京（福岡ソフトバンク）のように「べらぼうに足が速いわけではない」が、相手の配球などを「読みながら走っている」。技術と経験で積み重ねた。「もっと走れるように」と中島。32歳のベテランは元気だ。

9.26

ファイターズは快勝で連敗を3で止めた。打線は万波中正が先頭打者本塁打、細川凌平がプロ初本塁打の2ランを放つなど11安打7得点の猛攻。ポンセが7回無失点で4勝目。

7－0

北海道日本ハム FIGHTERS　千葉ロッテ MARINES

▶一回無死、先頭打者本塁打を放った万波

66 万波中正 希望の放物線

クライマックスシリーズ進出が消滅したファイターズにとって、希望となる放物線が初回にいきなり飛び出した。万波が9月16日以来となる自身2本目の先頭打者本塁打を放った。

2ボールと有利なカウントをつくり、3球目だった。千葉ロッテ先発美馬学の外角球を「うまく打てた」と逆方向に放ち、打球は一直線にライト後方にあるブルペンへ。球場は大歓声に包まれた。

6月終了時点までに14本塁打を放ち、リーグトップを走っていたが、7月はわずか1本塁打と急失速。ただ、最近は「ポイントを近くして、うまく打てる打席が増えてきている」とここ10試合で5本塁打。打席数を確保するため、1番に入るのはこれで16試合連続だったが、新庄剛志監督の後押しに応えた。

◀六回無死二塁、2ランを放つ細川

56 細川凌平 プロ初アーチ

ファイターズの高卒3年目、細川凌平がプロで初めてのアーチを描いた。「打った瞬間、『入ってくれ』と祈りながら走った」と笑顔を見せた。

2打席目までともに安打を放ち、迎えた3打席目だった。5―0の六回無死二塁、3ボール1ストライクから千葉ロッテ・岩下大輝が投じた直球を強振した。「良い感触で、良い角度で上がった」打球は、本拠地のファンが陣取る右翼席に突き刺さった。3安打猛打賞もプロ入り後初となった。

実は、このカウントになる直前までベンチからは進塁打のサインが出ていたという。「走者を進める意識で打った」結果が、最高の形になった。背番号56は、手元に来た記念のボールを見つめながら「両親にあげて、感謝の気持ちを伝えたい」と語った。

9.28

ファイターズは逆転勝ちで今季本拠地での最終戦を飾った。根本悠楓が6回1失点で昨季に並ぶ3勝目。1―1の二回、田宮裕涼が勝ち越し打を放ち、四回には7連打5得点と打線がつながった。

9－2
北海道日本ハム FIGHTERS　千葉ロッテ MARINES

▼先発の根本が6回1失点で今季3勝目を挙げる

▲二回2死二塁、逆転適時打を放つ田宮

59

根本悠楓

来季へ一筋の光

今季開業した新球場最後の一戦を託されたのは、高卒3年目の若き道産子左腕だった。今季最長の6回を投げ、最少失点で切り抜けた根本悠楓は「いつもより緊張していた」と破顔。重圧に屈することなく、来季へ弾みをつける結果を示した。

初回、先頭打者に安打を許し、その後適時打で先制される苦しい立ち上がり。だが、「（試合途中から）徐々に使えるようになった」というカーブやチェンジアップを駆使しながら、二回以降は三塁を踏ませなかった。

新庄剛志監督が3年目を迎える来季を占う意味もあるであろうこの試合。背番号59を先発に送り出したのは、なぜなのか。建山義紀投手コーチによると、答えは「来季の柱になってもらわないと困る」投手だからだ。

昨季は3月に中継ぎで1軍デビューし、先発で3勝を挙げた。そのため今季への期待は高かったものの、実際は開幕から不調にあえぎ、初登板は8月に入ってからだった。それでも巻き返し、この日、昨季と同じ3勝目を手にした。

チームは前日、1974、75年以来の球団史上2度目となる2年連続最下位が確定。78年間の球団史でみれば、いまは成績的に「暗黒時代」なのかもしれない。そんな中で根本が好投し、見えた一筋の光。「来季は絶対、先発ローテーションで1年間回りたい」。断固たる決意を抱く20歳は来季、チームをどれだけ勝ちに導けるのか、注目だ。

▶八回２死一塁、千葉ロッテ・茶谷のセカンドゴロを処理する細川

◀四回２死一、二塁、代打・野村が適時打を放つ

▼今季のホーム最終戦を終え、ファンに手を振りながらグラウンドを一周する新庄監督と選手たち

本紙番記者が振り返る

2023
北海道日本ハムファイターズ

目指したV 遠く 新庄ファイターズの2年目

10月5日にレギュラーシーズンの全日程を終えた北海道日本ハムは2年連続の最下位で、5年連続のBクラスとなった。新庄剛志監督が「優勝しか目指さない」と臨んだシーズンで何が誤算だったのか。今季の戦いぶりを振り返る。

（北海道新聞運動部ファイターズ取材班）

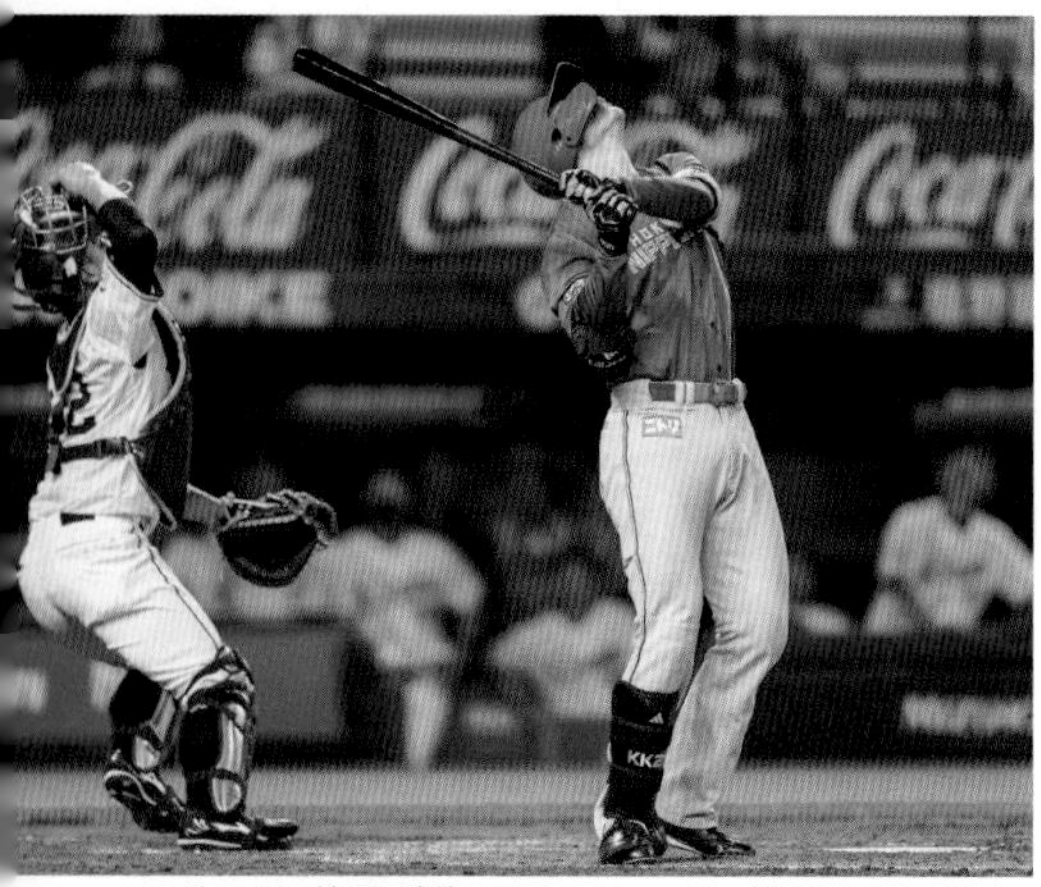

▲ 7月15日の埼玉西武戦の五回1死二、三塁、捕邪飛に倒れる清宮。この試合で球団記録となる7試合連続の1点差負けを喫する

際立った勝負弱さ13連敗 経験値不足露呈

北海道日本ハムにとって悪夢のような21日間だった。

7月5日から始まった泥沼連敗は、1984年に記録した球団ワーストまであと一つに迫る「13」まで伸びた。連敗前、4位につけ、クライマックスシリーズ（CS）進出圏内の3位と6ゲーム差だったチームは最下位に。3位とのゲーム差は11まで広がり、上位進出の可能性が一気に遠ざかった。

連敗を象徴したのは、7月15日の埼玉西武戦（ベルーナドーム）。前の試合まで球団最長の6試合連続1点差負けを記録していたチームは0―1でサヨナラ負けを喫する。得点圏で主力が凡退し、1点差負けの球団記録を54年ぶりに更新。勝負弱さが際立った。

13連敗を喫した夜。新庄監督は「（シーズンを）1年間戦った選手がいない。ここでつまずくのは仕方ないですよ」と覚悟していたようにつぶやいた。今季開幕戦の先発メンバーの平均年齢26・8歳（2023年の満年齢）は12球団で最も若い。実績のある野手が少なく、苦境を打開する力、経験が不足していた。

今季、本塁打王を争った23歳の万波中正は連敗中、全試合に出場。クリーンアップを9試合任されたが、1打点と苦しんだ。同じく全試合に出場した24歳の清宮幸太郎も2打点と振るわず。連敗中の1試合の平均得点2・1、チーム打率は2割1分3厘。貧打が深刻で、悪い流れを止められなかった。

シーズンを通して1点差の試合は17勝31敗。12球団で最も勝率が悪かった。ある首脳陣は「いろいろなデータや対策は伝える。しかし、すぐに対応できるかと言えば別の話。実力不足のところはある」と埋められない地力の差を嘆いた。

故障者の多さも響いた。来日2年目で開幕ローテーション入りしたポンセが4月4日の初登板で左膝の負傷で、離脱する。同月中旬には新人で同じく開幕ローテに入った金村尚真が右肩の違和感で登録抹消。開幕からわずか1カ月でローテーション投手を2人欠くという事態に見舞われた。

以降も主力の清宮や五十幡亮汰らが続々とけがで戦列を離れる。チーム編成にも影響し、新庄監督は9月の続投会見で「シーズン中にけが人が16人出て、2軍の方から選手を呼びたいと相談したところ、2軍の試合ができないと（いうことがあった）。そういうところのストレスがあった」と吐露。想定外のけが人をカバーできるだけの選手層の厚さもなく、頂点を目指せるものではなかった。

「トライアウト」と、育成に主眼を置いた1年目を経て、新球場元年で「優勝しか目指さない」と臨んだ新庄監督の2年目が終わった。結果は1974、75年以来となる2年連続の最下位。それでも指揮官は「1年目は見極めの年で、2年目は見極めた選手、合格者がスタメンで出て土台はできた。1点差で負けた試合が多いということは良い勝負をして、紙一重ということ」と下は向かない。

苦しんだ13連敗も決して無駄にはしない。「良い経験をしたなっていう方が強い。この経験を生かして（若い20歳代前半の）選手はワンランク上がっていく。成長は早く、来年、再来年と大きくなっていく」。劇薬だった連敗を良薬としていく。

13連敗中の北海道日本ハムファイターズの成績

月　日	対戦相手	スコア	球　場
7月5日	福岡ソフトバンク	1-5	ペイペイドーム
6日	福岡ソフトバンク	3-4	ペイペイドーム
8日	千葉ロッテ	2-3	エスコンフィールド
9日	千葉ロッテ	2-3	エスコンフィールド
11日	東北楽天	2-3	エスコンフィールド
12日	東北楽天	3-4	エスコンフィールド
13日	東北楽天	2-3	エスコンフィールド
15日	埼玉西武	0-1	ベルーナドーム
16日	埼玉西武	0-2	ベルーナドーム
17日	埼玉西武	2-7	ベルーナドーム
22日	オリックス	4-5	ほっともっとフィールド神戸
23日	オリックス	5-7	ほっともっとフィールド神戸
25日	東北楽天	1-3	楽天モバイルパーク宮城

- 13連敗中の1試合平均得点　2.1
- 13連敗中の1試合平均失点　3.9
- 13連敗中の打率　.213
- 13連敗中の防御率　3.94

失策12球団最多 新球場の天然芝に苦戦

珍しい光景だった。

8月6日の本拠地「エスコンフィールド北海道」での試合前練習。北海道日本ハムの選手たちは早めに打撃練習を切り上げると、内野の守備練習を始めた。

飯山裕志内野守備走塁コーチを中心に円陣が組まれ、指示を聞く野村佑希や上川畑大悟ら。新庄監督が見守る中、時間にして約15分間、併殺などの連係プレーを確認した。

シーズン真っただ中に行われた突然の特守。試合後、意図を聞かれた新庄監督は答えた。「練習をしていかないと変わらないから」。

新球場元年。革新的な新しい本拠地で採用された天然芝が選手を悩ませた。エスコンでの1試合平均失策数は0・63個。昨季、本拠地だった札幌ドームでの0・48個と比べ、悪化した。

硬いコンクリートの上に人工芝を敷き、選手の体への負担が大きかった札幌ドームに比べ、「選手に最高の環境を提供したい」という球団の思いで実現した天然芝球場。ダイビングキャッチなど思い切ったプレーができる反面、内野の守備で想像以上に苦戦した。特に天然芝と土との境目は、芝で弱まった打球の勢いが、土の部分に入ると速度が上がり、感覚を狂わせた。

守備に定評があり、昨年新人ながら80試合に出場した上川畑は苦しんだ選手の1人。昨季、遊撃で2個だった失策数は、今季は8個に増加。そのうち、エスコンで6個を記録した。「芝に関しては思ったより跳ねない。沈んだり、打球が変わったり難しい」。そして土の部分では「硬くて、芝で死んだ打球が土で速くなる。タイミングが合わせづらい」とてこずった。

守備はここ数年の課題となっている。今季の失策数94は12球団最下位で4年連続でリーグワーストだ。近年、守りの要となるセンターラインの二遊間、捕手を固定できていない。そこに追い打ちをかけた新球場への「慣れ」。初練習は3月1日で、そこから練習に割く時間は限られた。本来あるはずの「地の利」を得られず、90個以上の失策は2004年（96個）以来、19年ぶりだった。

現役時代から守備にこだわりを持ち、就任時から「守り勝つ野球」を目指してきた新庄監督にとって、守乱で敗れる試合が多い現状にやるせなさがある。本拠地最終戦後の会見で真っ先に挙げた改善点が守り。「大事な場面でのエラー、ミスをなくせれば1点差で負けるゲームが逆になる」と最大の課題と認識する。

やるべきことは決まっている。例年、沖縄県国頭村で行う11月の秋季キャンプをエスコンと2カ所で実施することが本拠地最終戦で発表された。新庄監督は「『エスコンで秋季キャンプをして守備の猛練習をしたい』と球団にお願いした。環境に慣れて、来年につなげていかないと本当に間に合わない。しっかり練習させます」。

冬の便りが本格的に届き始める11月の北海道で秋キャンプをやることもまた異例のこと。就任3年目で「来年も今年のような成績なら、ユニホームを脱ぐという覚悟」という指揮官の不退転の決意がにじむ。

▲ 8月6日の福岡ソフトバンク戦の試合前練習で特守を行う北海道日本ハムの内野陣。飯山内野守備走塁コーチを中心に円陣が組まれた

エスコンフィールド北海道（2023年）と札幌ドーム（2022年）の1試合あたりの失策数

エスコンフィールド北海道（2023年）	0.63個
札幌ドーム（2022年）	0.48個

最近５年間の北海道日本ハムの失策数

2023年	94個	12球団ワースト
2022年	86個	12球団ワーストタイ
2021年	76個	リーグワースト
2020年	75個	リーグワースト
2019年	82個	リーグワースト2位

新たな「顔」誕生
本塁打量産 万波開花

48年ぶりとなる球団史上2度目の2年連続最下位に沈んだ今季の北海道日本ハム。新庄監督の就任以来、チーム成績は低迷を極める一方、与えられたチャンスをものにしたことで、球団の新たな顔になった選手もいた。

「本当に成長した」。9月28日、エスコンフィールド北海道。千葉ロッテを迎え行われた今季の本拠地での最終戦を終え、指揮官は万波を見つめ、感慨深そうに語った。

昨季は14本塁打と、もともとパワーに定評のあった23歳は今季、初めて規定打席に到達し、パ・リーグ4位の25本塁打をマーク。打点も昨季の倍近い74を稼いだ。

本塁打量産の要因は、春季キャンプから毎日取り組んだティー打撃にあるという。高さの異なるティースタンド2台を並べ、高い方を打ちながらバットの軌道を確認した。アッパースイングでは低い方に触れてしまうため「なるべく（水平気味の）レベルスイングで」と意識付けた結果、「まっすぐや高めへの対応が去年よりも格段に良くなった」。

9月16日の福岡ソフトバンク戦ではプロ野球史にその名を刻んだ。同一試合で初回先頭打者本塁打とサヨナラ本塁打を記録。1993年の中日・パウエル以来となる史上2人目、パ・リーグ史上初の快挙だった。本人によると、この自身初のサヨナラ弾が「昨年より成長を感じた1本」だった。

▲ 9月16日の福岡ソフトバンク戦で万波が放ったプロ初のサヨナラ本塁打。「一番思い出に残る1本」と手応えをつかんだ一発となった

移籍組の活躍も目立った。いずれも中日から加入したマルティネス、郡司裕也は打棒を発揮し、ともに試合数、安打、本塁打、打点でキャリアハイをマークした。

捕手が本職のマルティネスは、マスクを被った試合が初めて30試合を超え、郡司はプロで初めて二塁守備に挑戦するなど、古巣に比べて起用の選択肢が広がった。来季も残留が決まっているマルティネスは「将来を考えても、ずっと北海道日本ハムにいたい」と望む。

投手では、オフにフリーエージェントの人的補償で福岡ソフトバンクから加入した大卒7年目の田中正義が「飛躍」の筆頭格となった。故障に苦しみ、白星にもセーブにも縁がなかった昨季までとは打って変わり、今季は守護神としてリーグ5位の25セーブを挙げ、初勝利も手にした。

球種の少なさとスタミナへの不安から、希望する先発枠には入れなかった。だが、球威十分の直球を生かし開幕から勝ちパターンを任されると、首脳陣は4月下旬、負傷離脱した抑えの石川直也の代役に抜てき。そのまま自身初の「シーズン完走」を果たした。背番号26は「（監督やコーチは）僕のことをよく観察してくれていた。本当に感謝しかない」と1年を振り返る。

また、生え抜きでは、昨季は主にリリーフだった鈴木健矢、北山亘基が今季途中から本格的に先発に転向。いずれも自己最多の6勝を挙げ、来季の先発争いの激化を予想させた。

今季飛躍を遂げた選手たちは、「職業はモチベーター」を自称する新庄監督の下で才能を開花させた。指揮官が目指す「勝ち続けるチーム」の土台は、着実にできつつある。来季は今度こそ優勝をつかみ取れるのか。新庄野球の申し子たちの真価は1年後、問われることになる。

今季飛躍した主な選手の成績比較

投手	試合（先発）		勝利		防御率		セーブ	
	今季	昨季	今季	昨季	今季	昨季	今季	昨季
田中正義	47 (0)	5 (0)	2	0	3.50	0.00	25	0
鈴木健矢	24 (12)	19 (4)	6	2	2.63	2.84	0	0
北山亘基	14 (11)	55 (1)	6	3	3.41	3.51	0	9

野手	試合		打率		本塁打		打点	
	今季	昨季	今季	昨季	今季	昨季	今季	昨季
マルティネス	119	82	.246	.276	15	8	66	24
郡司裕也	55 (1)	33	.254 (.000)	.190	3 (0)	0	19 (0)	0
万波中正	141	100	.265	.203	25	14	74	40

（野手のカッコは中日での成績）

エスコンフィールドHOKKAIDO チーム初記録

新本拠地「エスコンフィールド北海道」で、チーム「初」の記録を達成した選手を紹介する。

初安打 清宮幸太郎
3月30日
東北楽天戦・五回1死走者なし

初打点 野村佑希
3月30日
東北楽天戦・六回1死満塁・犠飛

初得点 松本 剛
3月30日
東北楽天戦・六回1死満塁・三塁走者

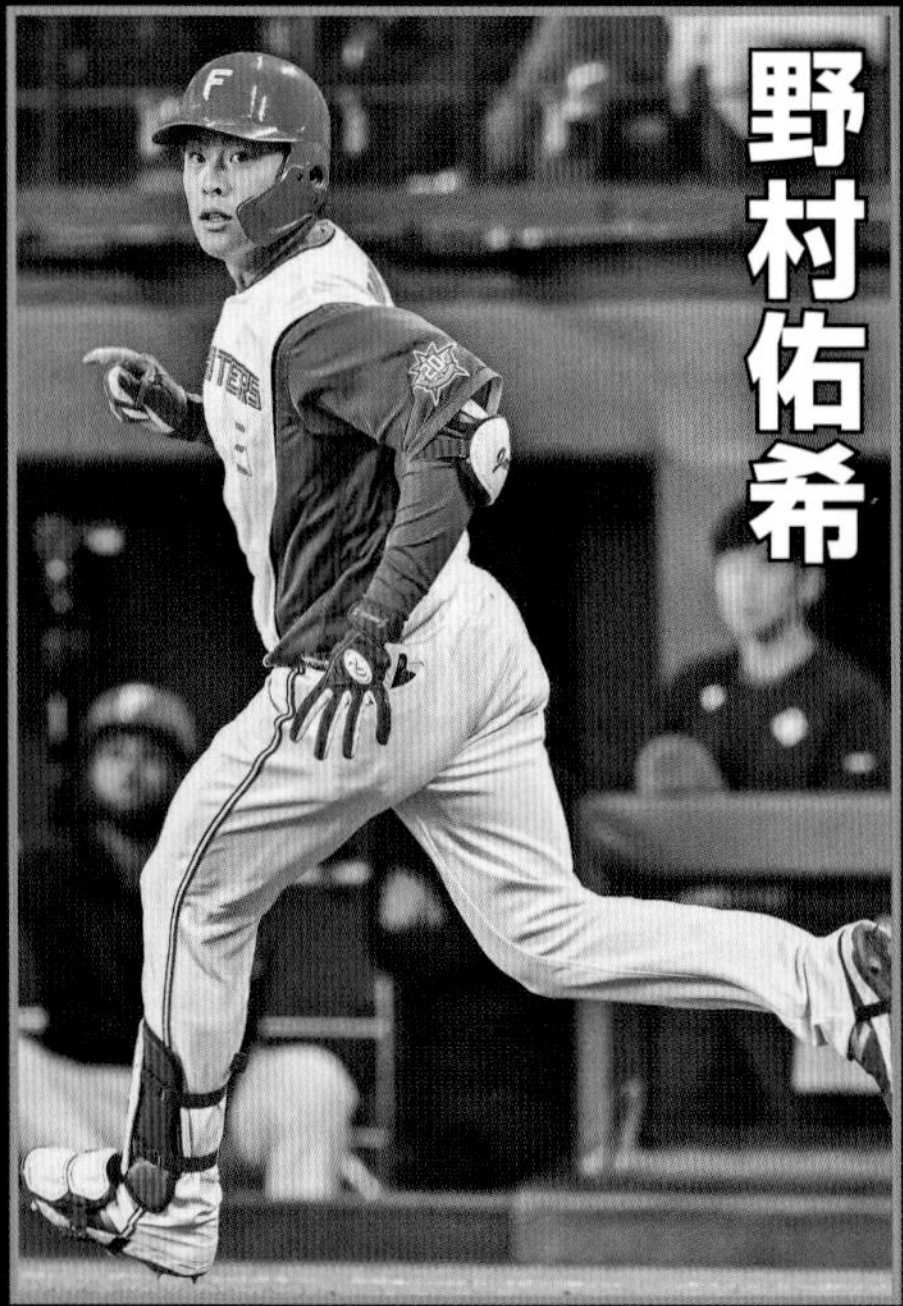

初適時打 野村佑希
4月1日
東北楽天戦・六回1死二塁

初サヨナラ打 清宮幸太郎
4月1日
東北楽天戦・延長十回無死二塁から適時打

初盗塁 石井一成
4月2日
東北楽天戦・三回2死一塁

初本塁打

4月14日

埼玉西武戦・三回2死一、三塁

野村佑希

初サヨナラ本塁打

9月16日

福岡ソフトバンク戦・九回1死一塁

万波中正

初回先頭打者本塁打

9月16日

福岡ソフトバンク戦

万波中正

初先発

3月30日

東北楽天戦

加藤貴之

初勝利

4月1日

東北楽天戦

鈴木健矢

初ホールド

4月1日

東北楽天戦

田中正義

玉井大翔

石川直也

初セーブ

4月20日

千葉ロッテ戦

石川直也

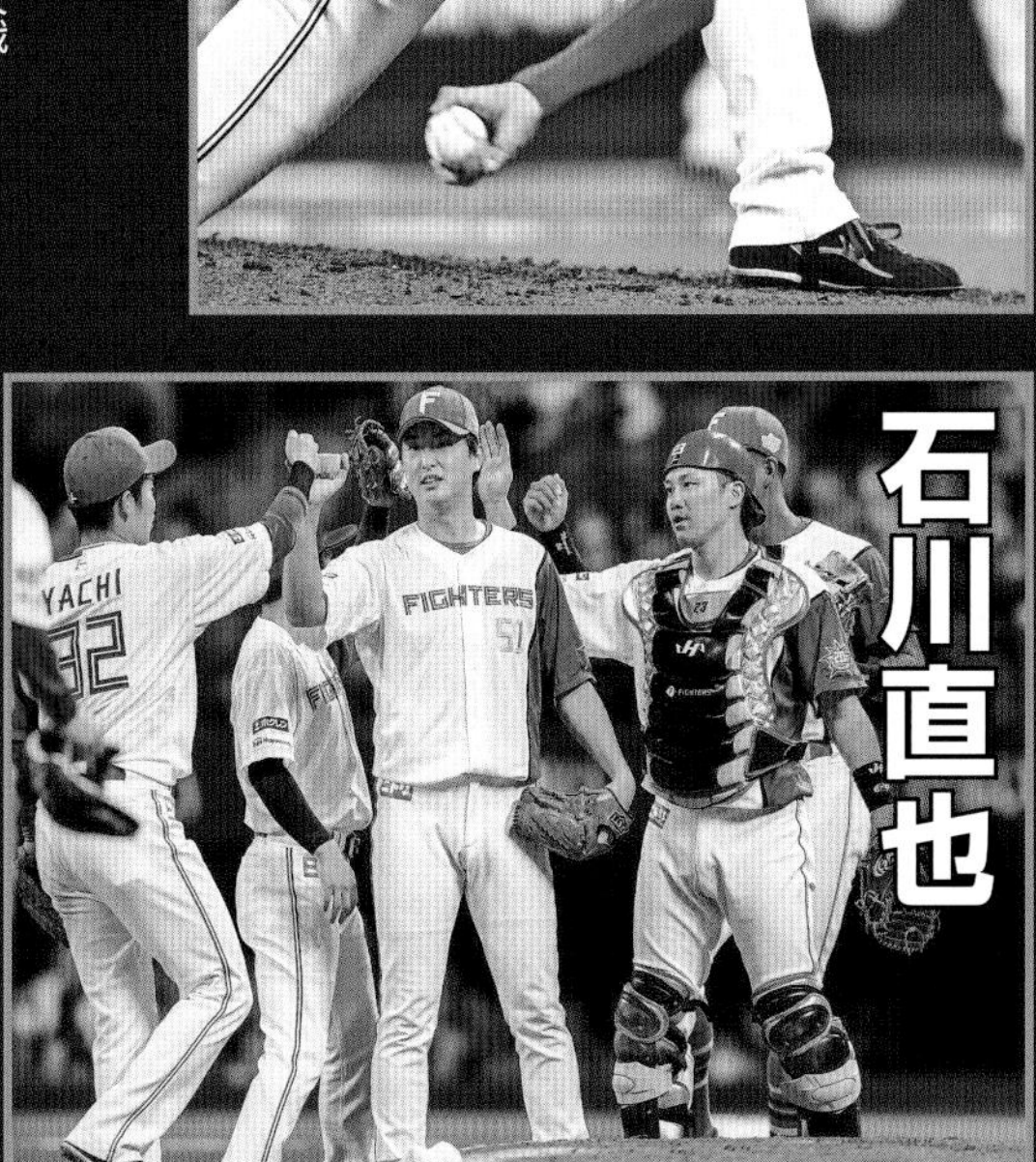

加藤 貴之 Katoh Takayuki

昨季、シーズン最少与四球の日本記録を樹立した左のエース。今季は新球場「エスコンフィールド北海道」の開幕投手という大役を務めた。緻密な制球力と緩急を自在に操る投球は今季も健在で、無四球試合は自己最多の3をマーク。ローテーション投手として安定感抜群の投球を続け、24試合中19試合でクオリティースタート（6回以上、自責点3以下）を記録した。新庄剛志監督デザインの限定赤黒ユニホームを着用した5月13日の千葉ロッテ戦（エスコンフィールド）で、今季一番の投球を見せた。散発4安打で今季チーム初の完封勝利。球数はわずか102で「野手の皆さんに助けられた」と感謝の気持ちを口にした。好調を維持した5月は自身初の月間MVPを受賞した。

2023 Records

登　板	24
勝　利	7
敗　戦	9
セーブ	0
ホールド	0
投球回	$163\frac{1}{3}$
奪三振	83
防御率	2.87

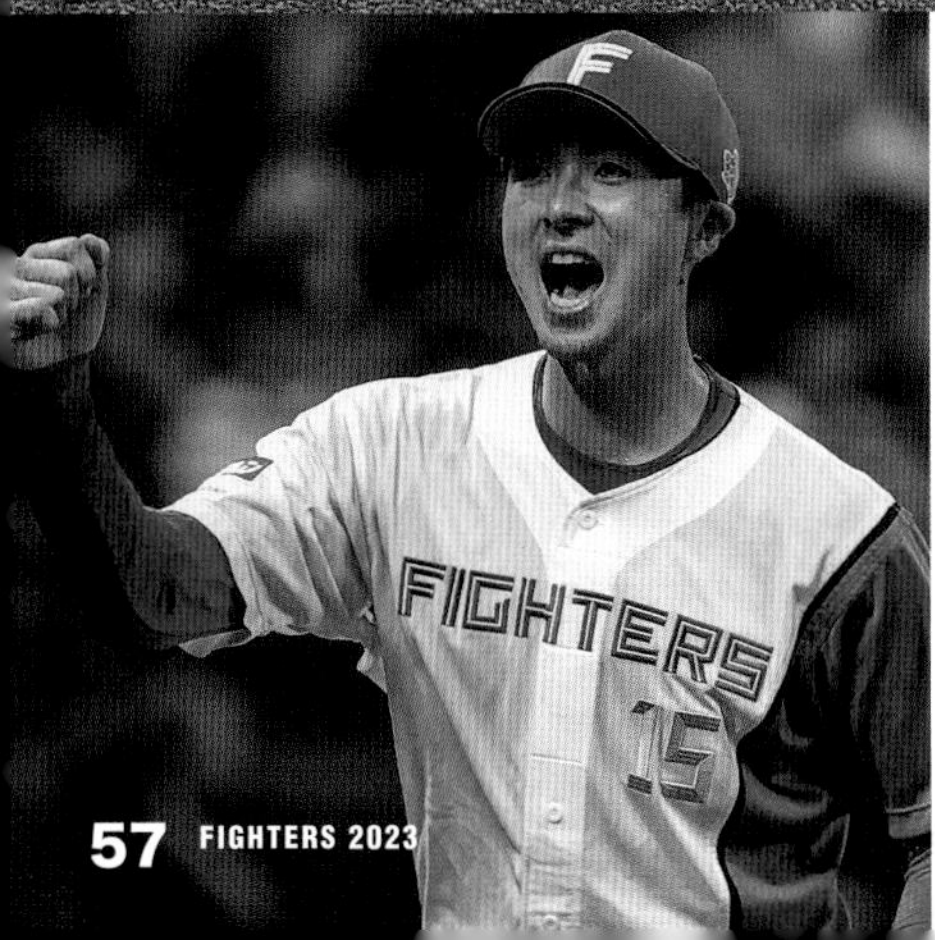

上沢 直之 Uwasawa Naoyuki

ローテーションの柱として、先発して長いイニングを投げることにこだわった1年だった。投球回はチームトップの170イニングで、自己最多だった2018年の165回1/3を更新した。1試合あたりの投球数は、今季先発した24試合中22試合が100球以上で、5月31日のヤクルト戦（エスコンフィールド）では125球を投げ切った。今季のラスト登板となった10月1日の福岡ソフトバンク戦（ペイペイドーム）では、6回を3失点に抑えて9勝目を挙げ「なんとか最低限ゲームをつくることができた」と振り返った。3年連続でリーグ制覇を果たしたオリックス相手に、今季も強さを発揮。3勝1敗、防御率1.38で、本塁打は1本も打たれなかった。

2023 Records

登板	24
勝利	9
敗戦	9
セーブ	0
ホールド	0
投球回	170
奪三振	124
防御率	2.96

伊藤　大海 Itoh Hiromi

プロ1年目から2年連続2桁勝利をマークして迎えた3年目。先発ローテーションの柱として3年連続で規定投球回をクリアし7勝を挙げた。シーズン前のWBC(ワールド・ベースボール・クラシック）では中継ぎとしてフル回転し、チームの世界一に貢献。開幕後こそ4試合未勝利と苦しんだが、5月2日の埼玉西武戦（ベルーナドーム）で7回1失点の好投で今季初勝利を挙げ、「今日やっとぐっすり眠れるかな」と安堵の表情を浮かべた。今季最後の登板となった9月25日の東北楽天戦（エスコンフィールド）では、駒大苫小牧高の先輩・田中将大と初めて投げ合った。九回途中で降板したが、プロ入り後自己最多の139球の熱投を見せた。「きょうは田中さんに引き出してもらった部分がすごく大きかった」と感謝した。

2023 Records

登　板	24
勝　利	7
敗　戦	10
セーブ	0
ホールド	0
投球回	$153\frac{1}{3}$
奪三振	134
防御率	3.46

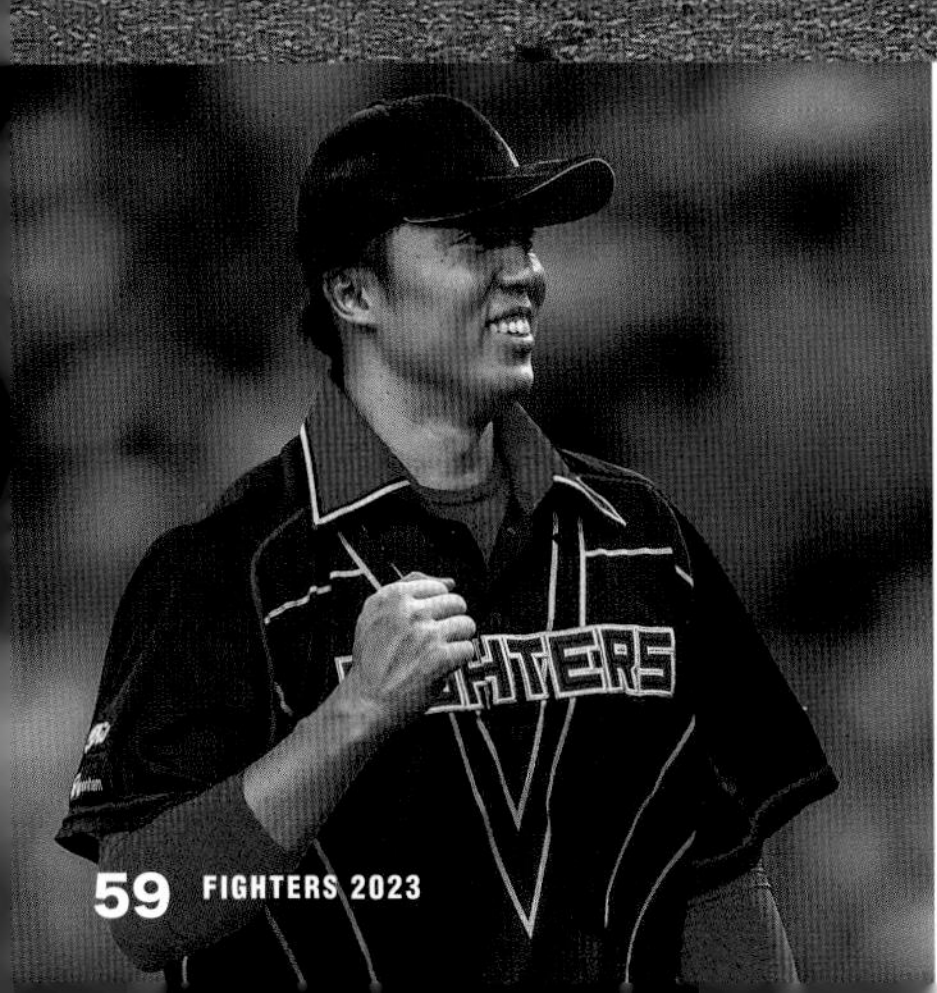

田中　正義 Tanaka Seigi

　2016 年のドラフトで 5 球団競合の末に福岡ソフトバンクに入団したが、度重なる故障で満足のいくシーズンを送ることができなかった。しかし、今季ＦＡ移籍した近藤健介の人的補償でファイターズに加入すると、そのポテンシャルが開花。当初セットアッパーだったが、4 月下旬にクローザーに抜擢されると、シーズン最後までその座を死守。キャリアハイの 47 試合に登板し、リーグ 5 位の 25 セーブを挙げた。九回を 3 者凡退に抑えてプロ初セーブを挙げた 4 月 26 日のオリックス戦（エスコンフィールド）のヒーローインタビューで心境を問われると、約 30 秒間の沈黙後、目頭を押さえながら「すごくうれしいですね」と言葉を振り絞り、ファンの感動をさそった。

2023 Records

登板	47
勝利	2
敗戦	3
セーブ	25
ホールド	8
投球回	$46\frac{1}{3}$
奪三振	46
防御率	3.50

2023 Records

登　板	19
勝　利	4
敗　戦	7
セーブ	0
ホールド	0
投球回	101 1/3
奪三振	74
防御率	2.75

上原　健太

Uehara Kenta

　ドラフト1位で入団して8年目の今季、キャリアハイの4勝を挙げた。投球イニングは101回1/3に達し、節目の100回をクリアした。シーズン序盤は調子が上がらず4月は3度の先発で0勝2敗と結果を残すことができなかった。降板後のベンチで悔し涙も見せたが、2軍での調整を経てたくましく復活。8月20日のオリックス戦（京セラドーム大阪）で自己最長の9回を投げ切り、被安打4、無失点の快投を披露した。「これから先につながってくると思います」と手応えを口にし、充実の表情を浮かべた。

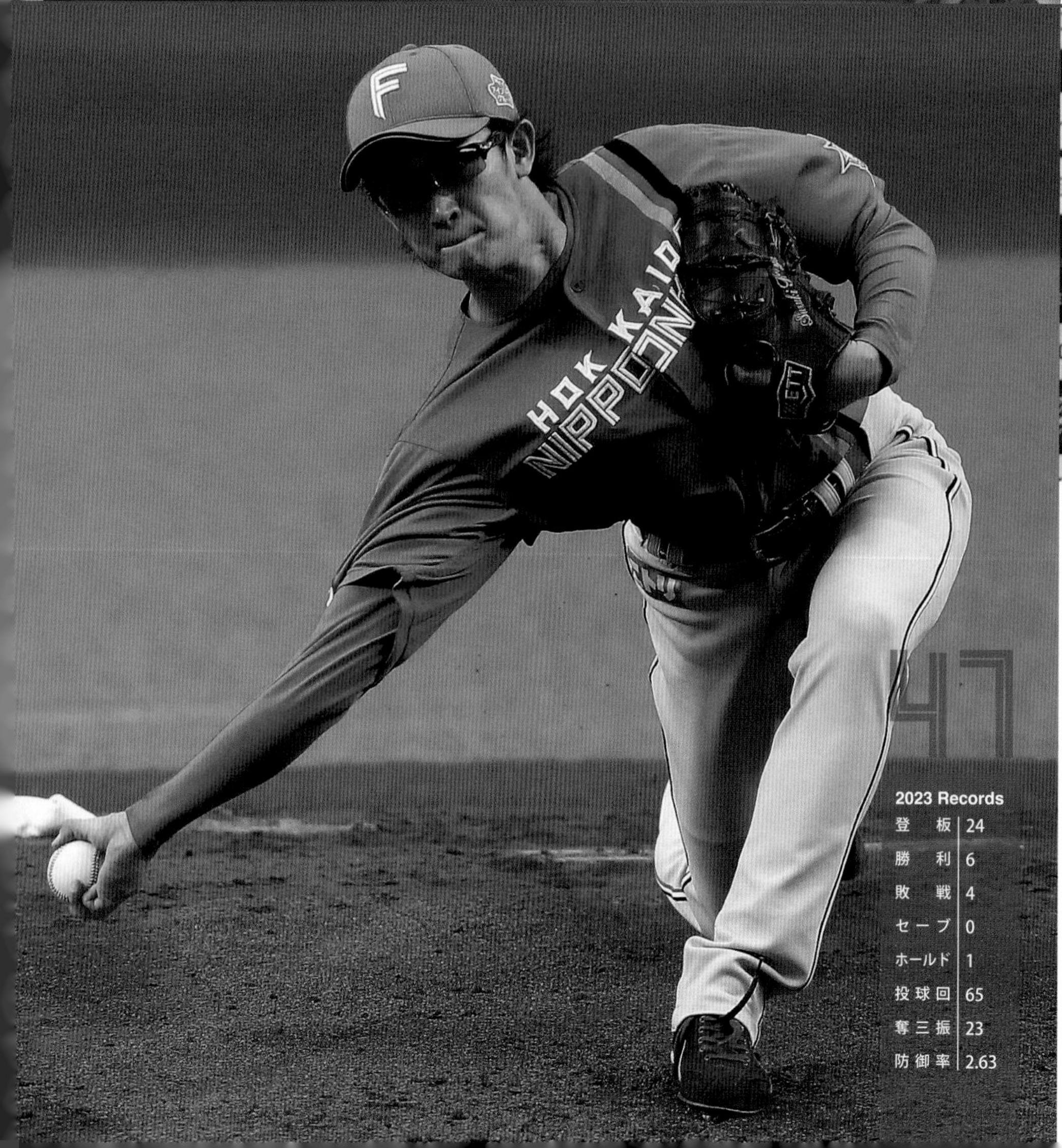

2023 Records

登　板	24
勝　利	6
敗　戦	4
セーブ	0
ホールド	1
投球回	65
奪三振	23
防御率	2.63

鈴木　健矢

Suzuki Kenya

　昨春から新庄剛志監督の勧めで横手投げから下手投げに転向。プロ4年目の今季は自己最多を更新する6勝をマークした。開幕2戦目の4月1日の東北楽天戦（エスコンフィールド）で、同点の延長十回に登板して1回を完璧に抑え、記念すべき新球場の初勝利投手となり歴史に名を刻んだ。同月20日の千葉ロッテ戦（エスコンフィールド）で先発のチャンスをつかみ6回無失点と好投。6月9日の阪神戦（エスコンフィールド）では「きょうは抜いていました」と「脱力投法」を実践して6勝目をマークした。北のサブマリンの来季の活躍が楽しみだ。

池田　隆英 Ikeda Takahide

　東北楽天から移籍して３年目の今季、開幕２軍スタートだったが、４月５日に１軍に昇格すると、ビハインドでの登板や火消し、回またぎとリリーフでフル回転し、同月11日の福岡ソフトバンク戦（ペイペイドーム）では先発投手もこなした。気迫あふれるピッチングで首脳陣の信頼を勝ち取り、創価高、創価大で７年間同期だった田中正義とともに「勝利の方程式」を任されるようになった。自己最多の51試合に登板し「リリーフで投げていくうえで、目指さないといけない数字」と目標に掲げた50試合もクリア。防御率は2.86で、８月から９月にかけて11試合連続無失点をマークし、７試合連続ホールドを挙げるなど、抜群の安定感でブルペンに欠かせない存在となった。

2023 Records

登　板	51
勝　利	1
敗　戦	5
セーブ	0
ホールド	25
投球回	$50\frac{1}{3}$
奪三振	45
防御率	2.86

2023 Records	
登　板	31
勝　利	1
敗　戦	3
セーブ	1
ホールド	13
投球回	$23\frac{2}{3}$
奪三振	24
防御率	2.66

宮西　尚生

Miyanishi Naoki

昨年9月に右肘を手術し、今季は「マイナスからのスタート」という状態で臨んだが、シーズン前半は好調をキープし、4、5月の防御率は0.56をマークした。これまで数々の記録を打ち立ててきたが、5月20日（対オリックス、京セラドーム大阪）にまた一つ金字塔を打ち立てた。この日の登板で連続救援登板が824試合となり、五十嵐亮太を抜いて歴代最多を記録。さらに6月3日の巨人戦（東京ドーム）で登板数が829試合となり、歴代6位の江夏豊に追い付いた。「（江夏は）レジェンド過ぎて、僕が言えるようなことはない」と大先輩に敬意を表した。

2023 Records	
登　板	50
勝　利	1
敗　戦	4
セーブ	0
ホールド	20
投球回	$42\frac{1}{3}$
奪三振	35
防御率	1.70

河野　竜生

Kawano Ryusei

今季4年目を迎えたドラフト1位左腕。昨季は先発とリリーフの両方をこなしたが、今季は左のセットアッパーとしてフル回転した。チーム2位の20ホールドを挙げ、自己最多の50試合に登板。7月から9月にかけて11試合連続無失点を記録し、防御率は1.70をマーク。特に左打者に対して被打率.165で、被本塁打はわずか1本だった。自らの25歳の誕生日だった5月30日のヤクルト戦（エスコンフィールド）で七回を無失点に抑えてホールドを挙げ、「普段と変わらず、しっかり投げられました」と胸を張った。9月16日の福岡ソフトバンク戦（エスコンフィールド）では、九回を3者凡退に切って取り2年ぶりの勝利投手になった。

北山　亘基

Kitayama Koki

　プロ１年目の昨季は、主にリリーフで３勝、9セーブ、16ホールドを挙げた。今季もリリーフでスタートしたが、５月から先発へ転向した。先発初戦の５月４日の埼玉西武戦（ベルーナドーム）で６回無安打無失点の完璧な投球で初勝利を挙げると、6月４日の巨人戦（東京ドーム）でプロ入り最多の101球を投げて７回３失点で３勝目。「期待しないでほしい」と話していたバッティングでも２安打２打点と非凡なところを見せた。シーズン通算で11試合に先発して６勝を挙げた。

57

2023 Records

登　板	14
勝　利	6
敗　戦	5
セーブ	0
ホールド	0
投球回	66
奪三振	58
防御率	3.41

玉井　大翔

Tamai Taisho

　昨季引退した金子千尋から受け継いだ背番号「19」を背負い、自ら「最低ラインの目標」として掲げていた50試合登板を３年連続で達成した。５月31日のヤクルト戦（エスコンフィールド）では、2020年以来３年ぶりとなるセーブもマーク。守護神・田中正義の疲労が蓄積していることを考慮し、セーブシチュエーションで登板し、２死から走者を出したものの、無失点で切り抜けた。6月19日のDeNA戦（横浜スタジアム）で延長十回に救援し、プロ通算300試合登板を達成。「こんなに投げられるとは思っていなかった」と喜びをかみしめた。

19

2023 Records

登　板	50
勝　利	0
敗　戦	2
セーブ	2
ホールド	10
投球回	37 2/3
奪三振	21
防御率	2.63

コディ・ポンセ
Cody Ponce

2023 Records	
登板	10
勝利	4
敗戦	5
セーブ	0
ホールド	0
投球回	$51\frac{2}{3}$
奪三振	43
防御率	3.66

昨季、球団史上６人目のノーヒットノーランを達成し、今季もローテの柱として期待されたが、４月４日の千葉ロッテ戦（ZOZOマリン）で左ひざを痛めて戦線離脱。米国での治療とリハビリを経て、７月23日のオリックス戦（ほっともっとフィールド神戸）で１軍に復帰。８月16日の千葉ロッテ戦（エスコンフィールド）で６回無失点の好投をみせた。今季のラスト登板となった９月26日の千葉ロッテ戦（エスコンフィールド）で７回を無失点に抑えて４勝目を挙げ「良いピッチングができて良かった」と満足の表情を浮かべた。

福田 俊
Fukuda Suguru

2023 Records	
登板	29
勝利	1
敗戦	0
セーブ	0
ホールド	3
投球回	$26\frac{1}{3}$
奪三振	19
防御率	0.00

プロ５年目の今季、通算63試合目で待望の初勝利を挙げた。８月４日の福岡ソフトバンク戦（エスコンフィールド）。延長十一回から５番手で登板し、相手打線を３者凡退に抑えた。大学時代を過ごした北広島市での白星で、お立ち台で「本当に、素直にうれしいです」と喜びをかみしめた。今季最終戦の10月５日の東北楽天戦（楽天モバイル）で六回１イニングを無失点に抑え、開幕からの連続無失点を29試合に伸ばし、宮西尚生の持つ球団記録に並んだ。「自分だけの力じゃないなっていうのは思います」と謙虚に語った。

杉浦 稔大
Sugiura Toshihiro

2023 Records	
登板	24
勝利	0
敗戦	1
セーブ	0
ホールド	0
投球回	$22\frac{2}{3}$
奪三振	22
防御率	2.78

2021年に守護神に抜擢されて28セーブを挙げた道産子右腕。昨季は９試合に先発して３勝を挙げたが、今季はリリーフで24試合に登板した。ビハインドでの出番が多く、セーブやホールドはつかなかったが、防御率は2.78をマークし、プロ10年目でキャリアハイの数字を残した。32歳となる来季は勝負の年になる。

山本 拓実
Yamamoto Takumi

2023 Records	
登板	26
勝利	0
敗戦	0
セーブ	0
ホールド	3
投球回	24
奪三振	19
防御率	1.50

今年６月に郡司裕也とともに中日から移籍した高卒６年目の右腕。身長167センチから繰り出す力強いストレートが武器だ。リリーフとしてマウンドに上がった６月30日のオリックス戦（エスコンフィールド）で最速152キロの直球で１回無失点の好投を見せると、郡司とバッテリーを組んだ７月９日の千葉ロッテ戦（エスコンフィールド）に先発して２回をパーフェクトに抑えた。今季登板は、中日で14、ファイターズで26の計40試合で、昨季の30試合を大幅に上回った。

ブライアン・ロドリゲス

Bryan Rodriguez

来日6年目を迎えた今季、主にリードした場面で登板するセットアッパーを務めた。150キロを超えるツーシームを武器に、37試合に登板して昨季を上回る12ホールドを挙げた。8月1日の千葉ロッテ戦（ZOZOマリン）では八回に2番手で登板し、2死一、二塁のピンチを招いたものの、粘り強い投球で無失点で切り抜けて今季初勝利をマークした。10月2日のオリックス戦（京セラドーム大阪）で4年ぶりに先発登板したが、三回途中2安打5四球3失点で降板し、来季に向けて課題を残した。

2023 Records

登板	37
勝利	1
敗戦	7
セーブ	0
ホールド	12
投球回	$35\frac{1}{3}$
奪三振	20
防御率	5.09

ジェームス・マーベル

James Marvel

今年6月に米独立リーグから入団した右腕。8月2日の千葉ロッテ戦（ZOZOマリン）で、三回途中に負傷降板した上原健太の後を受けて緊急登板し、持ち味の打たせて取る投球で5回無失点のナイスピッチングを見せた。米国から応援に駆け付けていた父・ジョンさんが見守る中で来日初勝利を挙げ「自分の投球ができた」と納得の表情をみせた。

2023 Records

登板	8
勝利	2
敗戦	2
セーブ	0
ホールド	0
投球回	$21\frac{2}{3}$
奪三振	12
防御率	2.49

金村 尚真

Kanemura Shoma

今季ドラフト2位で入団して開幕ローテーション入りを果たすと、4月9日のオリックス戦（京セラドーム大阪）でリーグ新人最速の1勝を挙げた。その後、右肩痛で長期のリハビリを強いられたが、9月22日の東北楽天戦（楽天モバイル）で復帰すると、自己最長の6回2/3を無失点に抑えて2勝目を挙げた。来季へ向け「絶対にけがしない体をつくる」と意気込む。

2023 Records

登板	4
勝利	2
敗戦	1
セーブ	0
ホールド	0
投球回	25
奪三振	23
防御率	1.80

コナー・メネズ

Conner Menez

来日2年目の今季、開幕メンバーに選ばれ、先発とリリーフの両方をこなした。無死二塁のピンチでリリーフ登板した4月23日の東北楽天戦（楽天モバイル）で、3イニングを無失点に抑える好投を披露し、その後4度の先発のチャンスをつかんだが、勝ち星を挙げることができなかった。6月30日付で自由契約となった。

2023 Records

登板	12
勝利	0
敗戦	2
セーブ	0
ホールド	0
投球回	$25\frac{2}{3}$
奪三振	19
防御率	3.16

2023 Records

登板	15
勝利	1
敗戦	0
セーブ	0
ホールド	1
投球回	16 2/3
奪三振	18
防御率	6.48

宮内 春輝

Miyauchi Haruki

今季26歳で入団した横手投げのルーキー。即戦力の期待に応えてオープン戦から好投し、4月19日の千葉ロッテ戦（エスコンフィールド）で1軍初登板を果たすと、同月30日の福岡ソフトバンク戦（エスコンフィールド）で五回1死満塁のピンチを切り抜けて初ホールドを記録。5月5日の東北楽天戦（エスコンフィールド）では八回を無失点に抑えて初勝利を手にした。

2023 Records

登板	5
勝利	3
敗戦	1
セーブ	0
ホールド	0
投球回	25
奪三振	23
防御率	2.88

根本 悠楓

Nemoto Haruka

高卒3年目の道産子サウスポー。昨季3勝を挙げて頭角を現した。今季初登板となった8月10日の埼玉西武戦（エスコンフィールド）で5回2安打3失点と好投して今季初勝利。同月17日の千葉ロッテ戦（エスコンフィールド）で左足に打球を当てるアクシデントがあったが、9月17日の福岡ソフトバンク戦（エスコンフィールド）で復帰し、六回途中無失点、キャリア最多の8三振を奪う好投を見せた。本拠地最終戦となった同月28日の千葉ロッテ戦（エスコンフィールド）で、6回1失点で今季3勝目を挙げた。

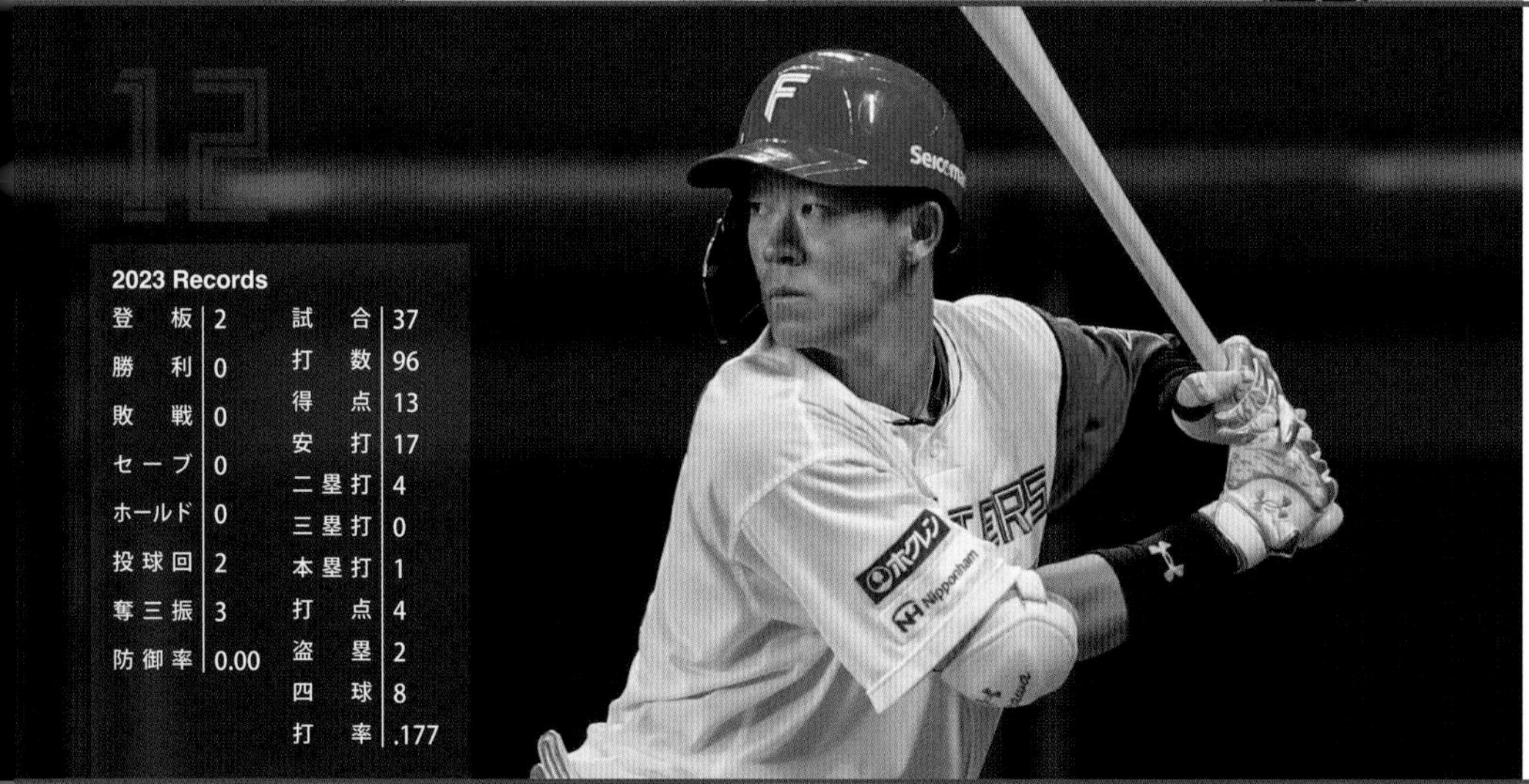

2023 Records

登板	2	試合	37
勝利	0	打数	96
敗戦	0	得点	13
セーブ	0	安打	17
ホールド	0	二塁打	4
投球回	2	三塁打	0
奪三振	3	本塁打	1
防御率	0.00	打点	4
		盗塁	2
		四球	8
		打率	.177

矢澤 宏太

Yazawa Kota

投打二刀流に挑戦するドラフト1位ルーキー。4月1日の東北楽天戦（エスコンフィールド）に打者としてプロ初出場し初安打をマーク。同月4日の千葉ロッテ戦（ZOZOマリン）で初盗塁を決めると、同月30日の福岡ソフトバンク戦（エスコンフィールド）で初本塁打を放った。6月2日の巨人戦（東京ドーム）の九回にレフトの守備からマウンドに上がって1回を無失点に抑え「二刀流出場」も果たした。

2023 Records

登板	16
勝利	0
敗戦	0
セーブ	1
ホールド	3
投球回	15 1/3
奪三振	12
防御率	5.87

石川 直也

Ishikawa Naoya

2020年にトミー・ジョン手術を受け、長期にわたるリハビリを乗り越えて昨季復帰した。開幕から抑え役を任され、4月20日の千葉ロッテ戦（エスコンフィールド）で初セーブを挙げたが、この試合で左内転筋付着部の肉離れで無念の登録抹消。8月に復帰したが、本来の投球を取り戻せず9月に再び降格となった。「一からつくり直す」と誓う剛腕は来季、守護神復活を期す。

生田目 翼
Nabatame Tsubasa

日本通運からドラフト3位で入団して5年目を迎えた今季、リリーフで5試合に登板した。初登板となった6月25日の千葉ロッテ戦（ZOZOマリン）で1点を失い負け投手となったが、2試合目の同月30日のオリックス戦（エスコンフィールド）では2回を無失点に抑える好投を見せた。2軍では13試合に登板し防御率0.94をマーク。来季に懸ける思いは強い。

2023 Records

登板	5
勝利	0
敗戦	1
セーブ	0
ホールド	0
投球回	$8\frac{1}{3}$
奪三振	5
防御率	2.16

北浦 竜次
Kitaura Ryuji

プロ6年目のサウスポー。「勝負の年」と強い気持ちで臨んだシーズンだったが、左肩痛の影響で出遅れ、実践復帰は6月にずれ込んだ。2軍で9試合連続無失点と調子を上げ、8月4日に1軍昇格を勝ち取ると、同月8日の埼玉西武戦（エスコンフィールド）で七回から登板し、2イニングを無失点に抑えた。以降シーズン終了まで1軍で完走し、キャリアハイとなる12試合に登板した。

2023 Records

登板	12
勝利	0
敗戦	0
セーブ	0
ホールド	0
投球回	$11\frac{2}{3}$
奪三振	11
防御率	3.09

立野 和明
Tateno Kazuaki

入団2年目の2021年に先発で4勝をマークした右腕。昨季も開幕6戦目に先発して就任1年目の新庄剛志監督に公式戦初勝利をプレゼントした。今季は右肘痛を発症し1軍登板は4試合に終わったが、シーズン終盤の9月30日のイースタン・ヤクルト戦（鎌ケ谷）に先発し6回1安打無失点の快投を披露した。

2023 Records

登板	4
勝利	0
敗戦	1
セーブ	0
ホールド	0
投球回	6
奪三振	7
防御率	6.00

井口 和朋
Iguchi Kazutomo

プロ8年目の今季、2年連続で開幕1軍メンバーに選ばれた。4月5日の千葉ロッテ戦（ZOZOマリン）に5番手で今季初登板し、1奪三振、3者凡退に抑えた。1軍登板は5試合にとどまったが、2軍ではチームで3番目に多い38試合に登板し、4勝2セーブの好成績を残した。10月3日に球団から来季の契約を結ばないことが発表された。

2023 Records

登板	5
勝利	0
敗戦	0
セーブ	0
ホールド	0
投球回	5
奪三振	2
防御率	5.40

2023 Records	
登板	5
勝利	1
敗戦	0
セーブ	0
ホールド	0
投球回	4
奪三振	3
防御率	9.00

堀 瑞輝

Hori Mizuki

左肩を痛めて開幕は2軍スタートだったが、4月25日のオリックス戦（エスコンフィールド）で今季初登板し、1回を3者凡退に抑えると、同月30日の福岡ソフトバンク戦（エスコンフィールド）で六回から登板し、1回1安打無失点で今季初勝利をマークした。今季の1軍登板は5試合に終わったが、来季は最多ホールド左腕が必ずリベンジする。

2023 Records	
登板	2
勝利	0
敗戦	0
セーブ	0
ホールド	0
投球回	8 1/3
奪三振	4
防御率	5.40

田中 瑛斗

Tanaka Eito

昨年、育成から支配下となりプロ初勝利を挙げた苦労人。8月31日の千葉ロッテ戦（ZOZOマリン）で先発のチャンスをつかんだが、制球に苦しみ4回途中で降板した。この反省を生かして臨んだ9月30日の福岡ソフトバンク戦（ペイペイドーム）では、制球重視の投球で5回を1失点の好投。「オフシーズンも頑張りたい」と来季の飛躍を見据える。

2023 Records	
登板	3
勝利	0
敗戦	0
セーブ	0
ホールド	0
投球回	3
奪三振	2
防御率	9.00

吉田 輝星

Yoshida Kosei

昨季は主に中継ぎで51試合に登板して成長した姿を見せた。今季は春先から調子が上がらず開幕1軍を逃したが、8月25日に満を持して昇格を果たすと、同日の埼玉西武戦（ベルーナドーム）に八回から登板。持ち球の伸びのあるストレートで押す投球で2三振を奪い、1回を3者凡退に抑えて意地を見せた。来季は真価を問われる。

2023 Records	
登板	9
勝利	0
敗戦	0
セーブ	0
ホールド	0
投球回	8 1/3
奪三振	5
防御率	1.08

長谷川 威展

Hasegawa Takehiro

テイクバックが小さい独特のフォームから切れの良い球を投げ込むプロ2年目のサウスポー。今年1月の合同自主トレで同じサイド左腕の宮西尚生に弟子入りしリリーバーの心得を学んだ。5月23日の福岡ソフトバンク戦（エスコンフィールド）に今季初登板すると、以降9試合で防御率1.08をマーク。2軍では8勝を挙げて最多勝に輝いた。

アリエル・マルティネス　Ariel Martinez

　昨オフに中日を退団し、今季からチームに加入した。中日では主に外野や一塁を守り、昨季の捕手出場はゼロだったが、ファイターズではマスクをかぶりながら打線の核として機能した。メネズとバッテリーを組んだ4月30日の福岡ソフトバンク戦（エスコンフィールド）は、パ・リーグで32年ぶりの外国人バッテリーとして話題になった。6月17日の中日戦（バンテリンドームナゴヤ）で古巣のファンの前で逆転3ランを放つと、8月4日の福岡ソフトバンク戦（エスコンフィールド）では延長十一回にサヨナラ犠飛を放ち、試合後の一丁締めで「やりましたー!」と喜びを爆発させた。シーズン通算で15本塁打、66打点を記録し、右の大砲として存在感を示した。

2023 Records

試合	119
打数	386
得点	39
安打	95
二塁打	24
三塁打	0
本塁打	15
打点	66
盗塁	0
四球	44
打率	.246

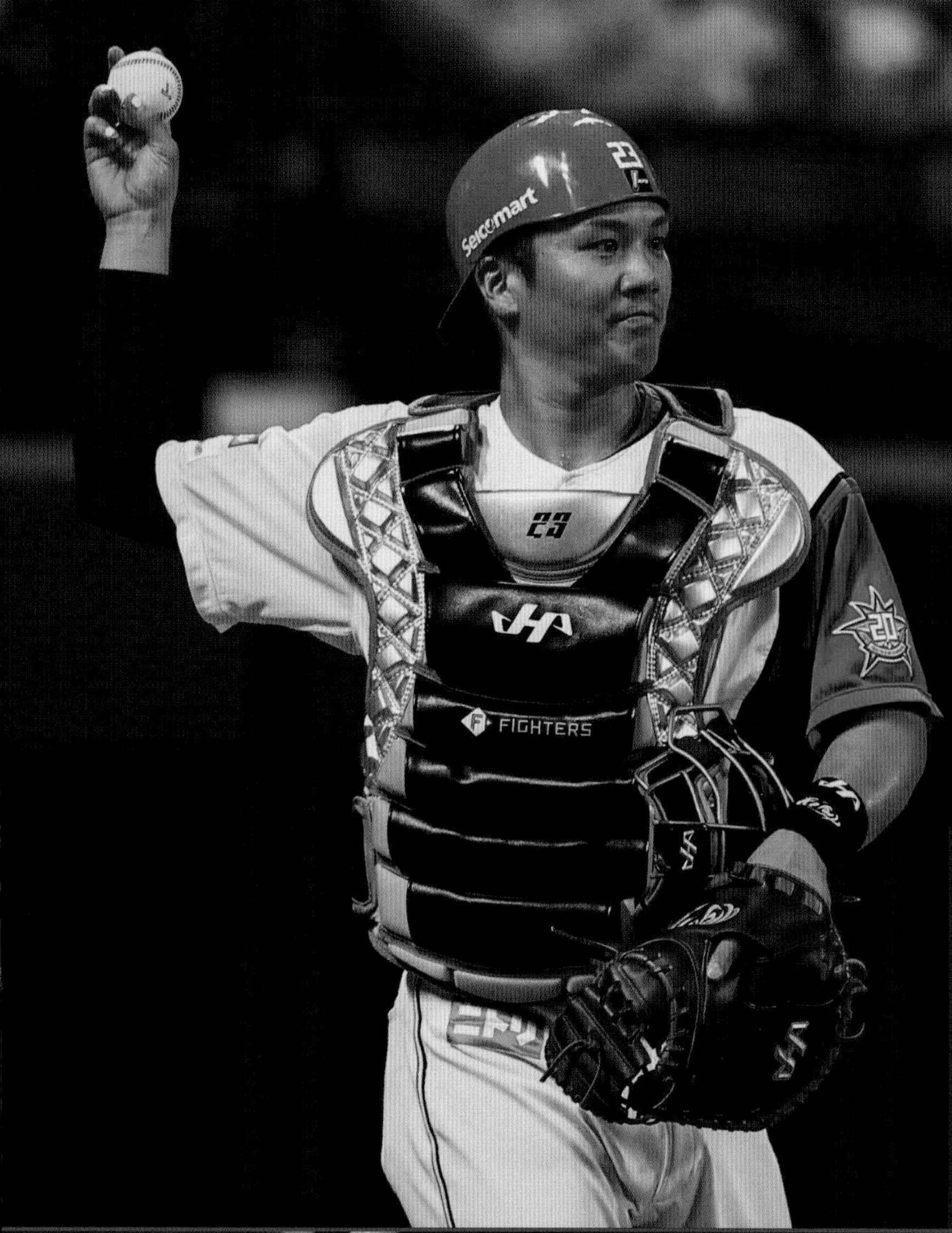

伏見 寅威

Fushimi Torai

千歳市出身の道産子捕手。オリックスで10年間プレーして今季から地元球団にFA移籍すると、チーム最多の88試合でマスクを被った。ファイターズの捕手は指名打者や一塁などと併用されるケースが多いが、伏見は捕手一本でシーズンを全うした。古巣・オリックス相手に抜群の強さを発揮し、球団別打率は.327とハイアベレージをマーク。7月22日（ほっともっとフィールド神戸）に先制打を含む3安打で移籍後初の猛打賞をマークすると、今季初めて5番に起用された9月1日(エスコンフィールド）は、二回に先制の特大3号ソロ弾を放ち本拠地7連勝につなげた。「育ててもらったという自負がある。これが恩返し」と感謝の気持ちを語った。

2023 Records

試合	89
打数	229
得点	13
安打	46
二塁打	5
三塁打	0
本塁打	3
打点	12
盗塁	0
四球	8
打率	.201

郡司 裕也

Gunji Yuya

今季途中に中日からトレードで加入し、才能を一気に開花させた。移籍初戦となった6月30日のオリックス戦（エスコンフィールド）で、山本由伸から中前打を放って勢いに乗ると、翌1日はマルチヒット、続く2日は猛打賞と打ちまくり、次カードの4日（対福岡ソフトバンク、ペイペイドーム）ではプロ初本塁打もマークした。バッティングを生かすため、プロ入り後初めてとなる二塁の守備にも挑戦した。来季、チーム反攻のキーマンになる。

2023 Records

試合	55
打数	169
得点	15
安打	43
二塁打	4
三塁打	0
本塁打	3
打点	19
盗塁	2
四球	16
打率	.254

古川 裕大

Furukawa Yudai

今季初安打を放った5月6日の東北楽天戦（エスコンフィールド）で左太もも裏を負傷するアクシデントがあったが、8月に再昇格すると、同月16日の千葉ロッテ戦（エスコンフィールド）で猛打賞＆2打点の活躍で無念を晴らした。守りでも昨季ノーヒットノーラン達成時にバッテリーを組んだポンセら4投手を巧みにリードし、6－0の快勝に大きく貢献した。

2023 Records

試合	17
打数	43
得点	2
安打	8
二塁打	4
三塁打	0
本塁打	0
打点	4
盗塁	0
四球	1
打率	.186

清水　優心
Shimizu Yushi

4月1日の今季初打席（対東北楽天、エスコンフィールド）で左前打を放って幸先の良いスタートを切ると、5月17日の埼玉西武戦（エスコンフィールド）で決勝点となる左前タイムリーを放ち、先発・上沢直之をリードして完封劇を演出した。6月以降は2軍での調整期間が続いたが、シーズン終盤の9月26日の千葉ロッテ戦（エスコンフィールド）で1軍復帰すると2安打2打点の活躍を見せ、お立ち台で「最高。うれしかった～」と白い歯をのぞかせた。

2023 Records

試　合	32
打　数	50
得　点	3
安　打	13
二塁打	1
三塁打	0
本塁打	0
打　点	5
盗　塁	1
四　球	4
打　率	.260

郡　拓也
Kohri Takuya

今季1軍初出場となった6月6日の広島戦（エスコンフィールド）の初打席でセンター前に安打を放った。同月11日の阪神戦（エスコンフィールド）で「1番・一塁」に抜擢されるとマルチヒットで期待に応え「積極的にいこうというのは決めていた」と振り返った。1軍出場は7試合にとどまったが、2軍ではチームトップの79安打をマーク。プロ8年目となる来季は1軍を活躍の舞台にするつもりだ。

2023 Records

試　合	7
打　数	15
得　点	2
安　打	4
二塁打	1
三塁打	0
本塁打	0
打　点	0
盗　塁	1
四　球	0
打　率	.267

梅林　優貴
Umebayashi Yuki

6月9日に1軍登録されると、同月28日の埼玉西武戦（沖縄セルラースタジアム那覇）で今季初のスタメンマスクをかぶり、上原健太を好リード。7回4安打無失点の好投を引き出し、打っても2安打の活躍を見せた。1軍出場は7試合だった。

2023 Records

試　合	7
打　数	6
得　点	0
安　打	3
二塁打	0
三塁打	0
本塁打	0
打　点	0
盗　塁	0
四　球	0
打　率	.500

田宮　裕涼
Tamiya Yua

シーズン終盤の9月22日に1軍登録されると、攻守に強烈なインパクトを残した。先発マスクを被った同月24日の東北楽天戦（楽天モバイル）で、相手の盗塁を3度阻み強肩をアピールすると、同月25日の東北楽天戦（エスコンフィールド）で田中将大からプロ初本塁打をマーク。10月1日の福岡ソフトバンク戦（ペイペイドーム）では逆転の3ランを放ちチームに勝利を呼び込んだ。10月5日の今季最終戦（対東北楽天、楽天モバイル）でも2安打2打点をマークし、来季の飛躍を予感させた。

2023 Records

試　合	10
打　数	31
得　点	4
安　打	8
二塁打	1
三塁打	0
本塁打	2
打　点	9
盗　塁	2
四　球	0
打　率	.258

清宮　幸太郎 Kiyomiya Kotaro

自らのバットで新球場のチーム初勝利を手繰り寄せた。開幕２戦目の４月１日の東北楽天戦（エスコンフィールド）。「５番・一塁」で先発出場し、３－３で迎えた延長十回無死二塁の好機で自身初のサヨナラ打を放った。劇的な一打を振り返り「きょうのサヨナラヒットで最高に特別な場所になりました」と満面の笑み。3万人を超えるファンが千両役者の活躍に酔いしれた。開閉式の屋根が開いた試合の１発目の本塁打を放ったのも清宮だった。７月２日のオリックス戦（エスコンフィールド）で「２番・三塁」でフル出場し、２点リードの八回に勝利を引き寄せる右越え３号ソロ。自身の新球場初本塁打にもなった。この日は４打数３安打１打点でチームの勝利に大きく貢献した。

2023 Records

試合	99
打数	356
得点	41
安打	87
二塁打	20
三塁打	1
本塁打	10
打点	41
盗塁	2
四球	53
打率	.244

野村　佑希 Nomura Yuki

高卒5年目の今季から背番号が「5」に変わった。小谷野栄一、セギノール、大田泰示ら右の強打者が付けていた番号を背負い、自身初となる規定打席をクリアし、安打数を100本の大台に乗せた。開幕戦となった3月30日の東北楽天戦で、新球場の初代4番に座わり今季チーム初打点をマークすると、4月14日の埼玉西武戦（エスコンフィールド）で新球場のチーム第1号となる本塁打を放った。本拠地最終戦となった9月28日の千葉ロッテ戦でも13号ソロを放ち、新球場元年の最初と最後のメモリアルアーチを1人で架けた。今季途中から左翼と二塁に挑戦している。「出られるチャンスが増える」と若き大砲は、自らの可能性を広げるために果敢にチャレンジを続ける。

2023 Records

試合	125
打数	423
得点	42
安打	100
二塁打	21
三塁打	1
本塁打	13
打点	43
盗塁	4
四球	42
打率	.236

2023 Records

試合	108
打数	293
得点	16
安打	62
二塁打	5
三塁打	1
本塁打	0
打点	18
盗塁	3
四球	34
打率	.212

上川畑 大悟

Kamikawabata Daigo

ルーキーイヤーの昨季、即戦力として80試合に出場。不動のレギュラーとして期待された今季、5月7日の東北楽天戦（エスコンフィールド）で劇的なサヨナラ二塁打を放った。三回に自らの失策で先制点を与えていたが、値千金の一打で挽回し「負けたら、寝られないなと思っていた」と振り返った。シーズン前半は打撃の調子が上がらず苦しんだが、徐々にペースを上げて8月は月間打率.322をマーク。夏場以降は本職の遊撃に加えて二塁を守ることも増えた。

2023 Records

試合	62
打数	200
得点	18
安打	42
二塁打	6
三塁打	0
本塁打	6
打点	16
盗塁	3
四球	18
打率	.210

加藤 豪将

Katoh Gosuke

米球界からの「逆輸入」で入団した異色ルーキーが、1年目から強烈なインパクトを残した。右腹斜筋の肉離れで開幕メンバーから外れたが、5月25日に1軍登録されると躍動した。6月4日の巨人戦（東京ドーム）でNPB初の猛打賞をマーク。デビューから連続試合安打を継続し、6月7日の広島戦（エスコンフィールド）まで10試合連続を達成して、ドラフト制後（1966年以降に入団）の新人としては、清宮幸太郎が2018年に樹立した最長記録を更新する快挙となった。

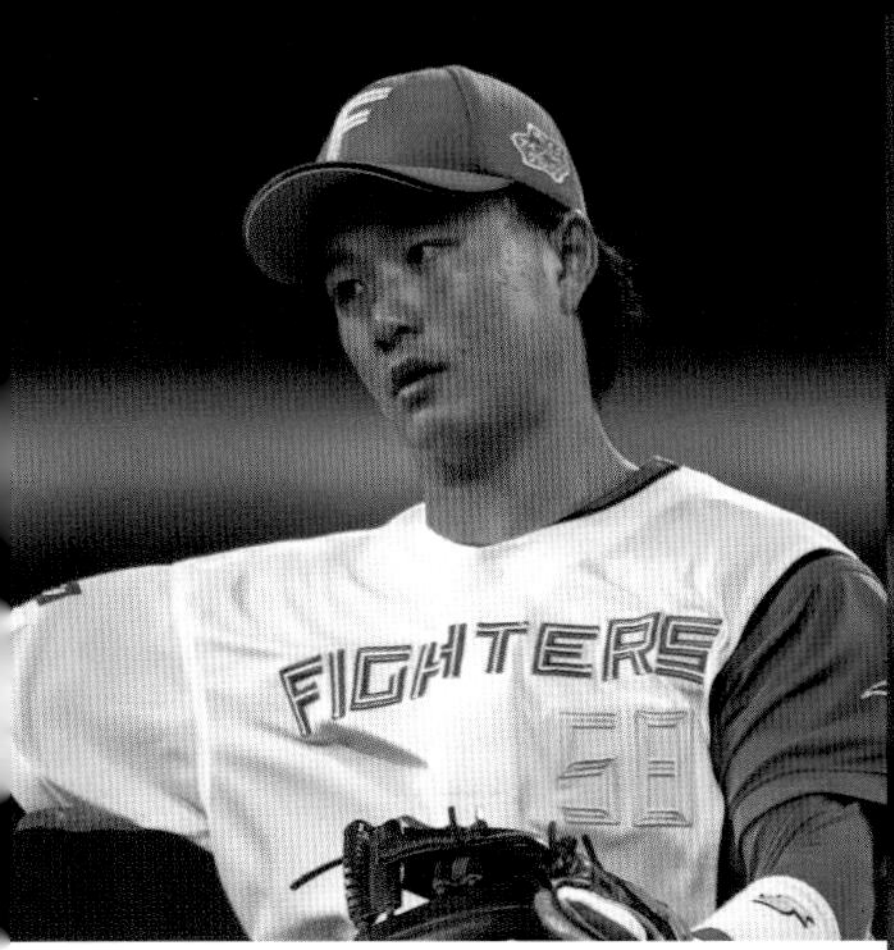

奈良間 大己

Narama Taiki

即戦力の期待とともに入団したルーキー。小柄だが、フルスイングが持ち味だ。開幕1軍切符は逃したが、4月11日の福岡ソフトバンク戦（ペイペイドーム）で1軍デビューすると、同月18日千葉ロッテ戦（エスコンフィールド）でプロ初安打となる本塁打を放った。12球団の新人で一番乗りの一本で「僕が打てるとは思わなかった」とはにかんだ。シーズン通算で65試合に出場して44安打、2本塁打、打率.243をマーク。守備は遊撃をメーンに二塁や三塁もこなした。

2023 Records

試合	65
打数	181
得点	20
安打	44
二塁打	12
三塁打	2
本塁打	2
打点	15
盗塁	2
四球	8
打率	.243

細川 凌平

Hosokawa Ryohei

今季4月22日に1軍に昇格すると、キャリアハイの60試合に出場し、安打数は昨季の7本から21本に3倍増。27試合でスタメンに名を連ね、外野、二塁、三塁、遊撃とさまざまなポジションではつらつとしたプレーを見せた。シーズン終盤の9月26日の千葉ロッテ戦（エスコンフィールド）でプロ初本塁打となる2ランを右翼席へ運んだ。記念のボールを握りしめながら「両親、家族みんなに贈りたい」と喜んだ。

2023 Records

試合	60
打数	97
得点	11
安打	21
二塁打	5
三塁打	1
本塁打	1
打点	10
盗塁	1
四球	7
打率	.216

2023 Records	
試　合	41
打　数	113
得　点	14
安　打	23
二塁打	6
三塁打	0
本塁打	4
打　点	10
盗　塁	1
四　球	9
打　率	.204

アリスメンディ・アルカンタラ

Arismendy Alcantara

来日2年目も開幕1軍メンバーに入り、4月21日から5月25日にかけて4試合連続で打点を挙げて勝負強さを見せた。5月5日の東北楽天戦（エスコンフィールド）で3安打の活躍でチームの勝利に貢献。7月以降は1軍を離れたが、2軍でも全力プレーを続けて、チームトップの10本塁打を放った。シーズン終盤に1軍に復帰し、10月1日の福岡ソフトバンク戦（ペイペイドーム）で4号ソロを放って意地を見せた。

2023 Records	
試　合	36
打　数	83
得　点	8
安　打	14
二塁打	3
三塁打	2
本塁打	0
打　点	4
盗　塁	3
四　球	14
打　率	.169

石井　一成

Ishii Kazunari

オープン戦で打率.359、1本塁打と結果を残し、新球場・エスコンフィールド北海道での開幕戦に「3番・二塁」でスタメンの座を勝ち取った。だが、左肩を負傷し4月10日に無念の登録抹消。6月13日に1軍復帰し、交流戦明けの同月23日の千葉ロッテ戦（ZOZOマリン）で2安打1打点の活躍をみせ、チームの勝利に貢献した。30歳を迎える来季、このままでは終われない。

2023 Records	
試　合	39
打　数	90
得　点	9
安　打	13
二塁打	3
三塁打	0
本塁打	4
打　点	9
盗　塁	2
四　球	5
打　率	.144

アレン・ハンソン

Alen Hanson

今季途中、独立リーグBC・茨城から加入したスイッチヒッター。メジャー4球団でプレーした経験を生かし、出場試合が限られる中で印象深いプレーを見せた。5月13日に1軍登録されると、同月19日のオリックス戦（京セラドーム大阪）で0－0の八回に代打出場して決勝の右前適時打を放った。13連敗で迎えた7月26日の東北楽天戦（楽天モバイル）では先制の2ランを放ちチームを救った。

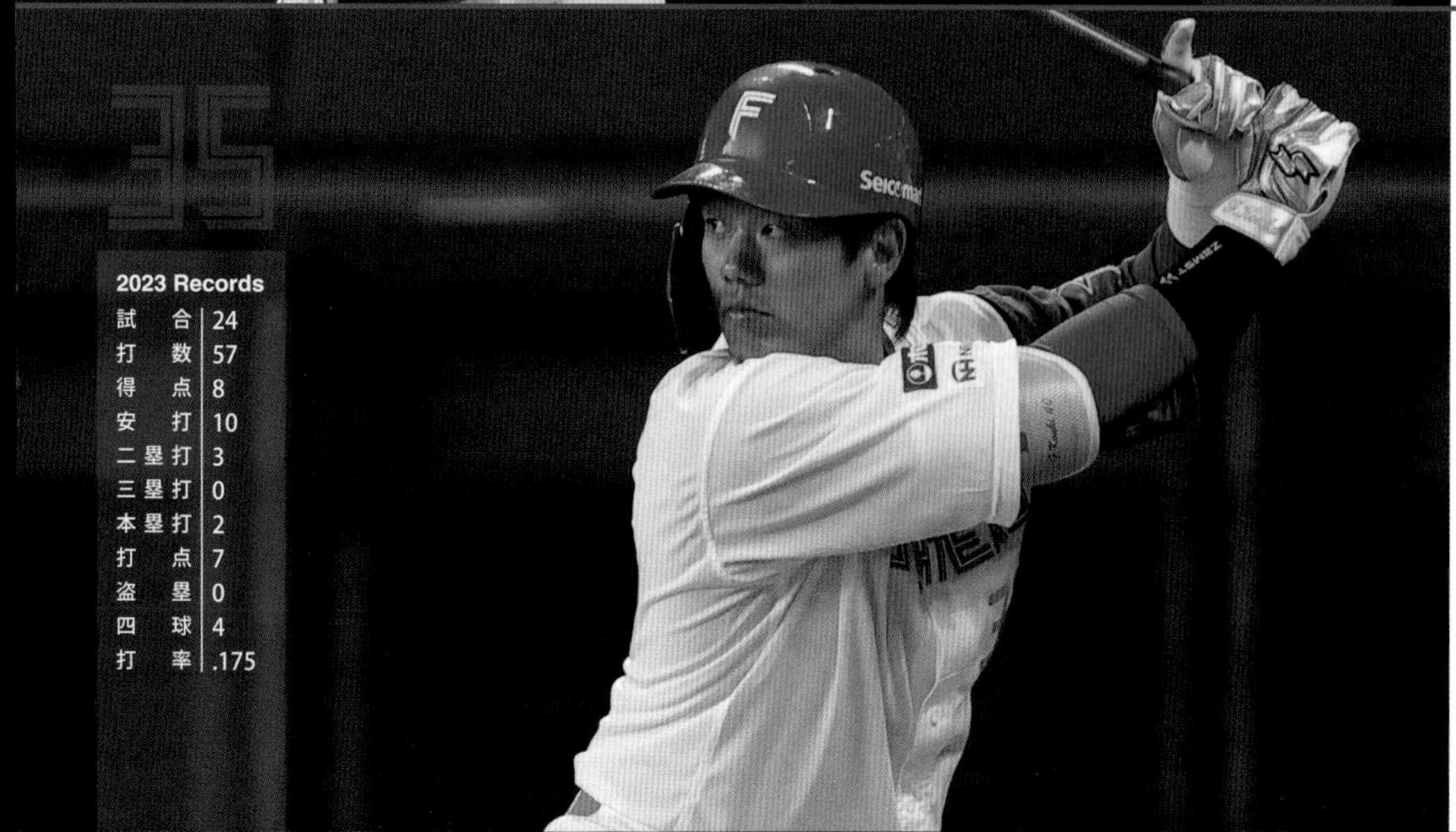

2023 Records	
試　合	24
打　数	57
得　点	8
安　打	10
二塁打	3
三塁打	0
本塁打	2
打　点	7
盗　塁	0
四　球	4
打　率	.175

福田　光輝

Fukuda Koki

今年3月に千葉ロッテから西村天裕との1対1のトレードで加入し、自己最多の24試合に出場した。5月10日の福岡ソフトバンク戦（ペイペイドーム）で移籍後初安打を放つと、出身地・大阪で開催された同月21日のオリックス戦（京セラドーム大阪）でプロ初本塁打をバックスクリーンに叩き込んだ。「両親が観戦に来ていたので良かった」と微笑んだ。

水野 達稀

Mizuno Tatsuki

昨季、JR四国から入団した内野手。2年目の今季は4月14日に1軍昇格を果たし、同日の埼玉西武戦（エスコンフィールド）に「7番・二塁」で即スタメン出場すると2安打を放ってアピール。5月18日の埼玉西武戦（エスコンフィールド）では八回に1死満塁の好機で二塁打を放って勝利に貢献した。激しい内野手争いの中で出場試合数は31に終わったが、得点圏打率.308をマークするなど勝負強さが光った。

2023 Records

試合	31
打数	56
得点	1
安打	9
二塁打	4
三塁打	1
本塁打	0
打点	6
盗塁	1
四球	4
打率	.161

山田 遥楓

Yamada Haruka

昨年11月に佐藤龍世との1対1のトレードで埼玉西武から入団した。新天地での活躍を誓った矢先、腰椎椎間板ヘルニアで戦列を離れて開幕に間に合わなかったが、7月5日に1軍昇格を果たすと結果を残した。同月17日の埼玉西武戦（ベルーナドーム）で「8番・遊撃」で先発出場し、移籍後初の3安打を放って「最高です!」と笑顔を見せた。

2023 Records

試合	29
打数	41
得点	1
安打	11
二塁打	2
三塁打	0
本塁打	0
打点	1
盗塁	0
四球	4
打率	.268

中島 卓也

Nakashima Takuya

今季でプロ15年目を迎えた頼れるいぶし銀。5月に左脇腹を痛めて1軍から遠ざかったが、炎天下の鎌ケ谷で黙々と鍛錬を続けてシーズン終盤に1軍に復帰。9月22日の東北楽天戦（楽天モバイル）で二回に盗塁を成功させ、NPB史上79人目の200盗塁を達成した。「あと1個になり、長かった」と中島。チームを支えてきた生え抜きのベテランが、大きな勲章を手に入れた。

2023 Records

試合	17
打数	29
得点	3
安打	6
二塁打	0
三塁打	0
本塁打	0
打点	2
盗塁	2
四球	2
打率	.207

有薗 直輝

Arizono Naoki

シーズン最終戦の10月5日（対東北楽天、楽天モバイル）に今季初昇格を果たし、即先発出場。高卒2年目で初の4番に抜てきされたが、結果は5打数無安打4三振に終わった。プロ初安打も来季までお預けとなり「まだまだ技術的にも足りていないですけど、いい経験になったので、この悔しさを来年に生かしていきたいです」と力を込めた。

2023 Records

試合	1
打数	5
得点	0
安打	0
二塁打	0
三塁打	0
本塁打	0
打点	0
盗塁	0
四球	0
打率	.000

万波 中正 Mannami Chusei

プロ5年目の今季、本塁打王を争いをするなど、大きく飛躍した。リーグ1位タイの33二塁打、同4位の25本塁打、同4位の141安打、同5位の74打点等々、打撃成績は軒並みキャリアハイをマークし、球界を代表する強打者たちと肩を並べた。これまで縁のなかった勲章も手にした。5月に月間MVPを初受賞すると、7月にオールスターゲームで2試合連続本塁打を放ちMVPを獲得。サイ・ヤング賞右腕のバウアー（DeNA）からアーチを架け、全国の野球ファンにその名を知らしめた。9月16日の福岡ソフトバンク戦（エスコンフィールド）では、パ・リーグで初となる先頭打者本塁打とサヨナラ本塁打を同じ試合でマーク。類まれな身体能力を生かした外野守備でもファンを魅了した。

2023 Records

試合	141
打数	533
得点	69
安打	141
二塁打	33
三塁打	0
本塁打	25
打点	74
盗塁	2
四球	41
打率	.265

松本　剛 Matsumoto Go

昨季、打率 .347 のハイアベレージで首位打者に輝いたヒットメーカー。今季から糸井嘉男、西川遥輝らチーム主力のフィールドプレーヤーが付けた背番号「7」を受け継ぎ、選手会長の重責を担いながら、1 度も 1 軍登録を外れることなくシーズンを完走した。「安打数を 1 本でも多く」という打撃スタンスを貫き、4 月 19 日（対千葉ロッテ、エスコンフィールド）から 5 月 4 日（対埼玉西武、ベルーナドーム）までキャリアハイを更新する 13 試合連続安打をマークし、通算でリーグ 5 位タイの 140 安打を放った。昨季けがで出場を辞退したオールスター戦に、今季はファン投票と選手間投票の両部門で選出された。2 試合連続で安打を放ち「すごく楽しめました」と充実感を漂わせた。

2023 Records

試合	134
打数	507
得点	51
安打	140
二塁打	16
三塁打	2
本塁打	3
打点	30
盗塁	12
四球	37
打率	.276

2023 Records	
試合	70
打数	193
得点	23
安打	44
二塁打	2
三塁打	3
本塁打	0
打点	6
盗塁	17
四球	4
打率	.228

五十幡 亮汰

Isobata Ryota

中学3年次の陸上全国大会でサニブラウンを破って短距離2冠を達成した俊足を引っ提げてプロ入り。3年目の今季は自身初の開幕1軍を勝ち取ると、4月28日から5月6日まで8試合連続安打をマーク。5月5日の東北楽天戦（エスコンフィールド）では3安打1盗塁でチームの勝利に貢献した。けがで5月と9月の2度にわたって戦列を離れたが、それでもリーグ5位の17盗塁をマークし、キャリアハイの44安打を放った。

2023 Records	
試合	100
打数	150
得点	17
安打	27
二塁打	4
三塁打	2
本塁打	5
打点	13
盗塁	9
四球	11
打率	.180

江越 大賀

Egoshi Taiga

今季、阪神からトレードで加入。シーズン前に右手首を骨折する不運に見舞われたが、痛み止めを飲みながらオープン戦に出続けて開幕1軍を手繰り寄せた。阪神時代は代走や守備固めが多く、昨季の打席数はわずか5だったが、今季は1度も2軍落ちすることなくシーズンを完走し、自己最多の100試合に出場した。6月9日の阪神戦（エスコンフィールド）で、古巣から本塁打を放った。定評のある外野守備でも好プレーを連発し、幾度となくチームを救った。

郵 便 は が き

料金受取人払郵便

札幌中央局
承　　　認

2337

差出有効期間
2024年 12 月
31 日まで
（切手不要）

0 6 0 - 8 7 5 1

6 7 2

（受取人）
札幌市中央区大通西3丁目6

北海道新聞社 出版センター

愛読者係
行

お名前	フリガナ		
ご住所	〒□□□-□□□□　都道府県		
電話番号	市外局番（　　　） ―	年齢	職業
Eメールアドレス			
読書傾向	①山 ②歴史・文化 ③社会・教養 ④政治・経済 ⑤科学 ⑥芸術 ⑦建築 ⑧紀行 ⑨スポーツ ⑩料理 ⑪健康 ⑫アウトドア ⑬その他（　　　）		

★ご記入いただいた個人情報は、愛読者管理にのみ利用いたします。

愛読者カード　ファイターズ 2023 オフィシャルグラフィックス

本書をお買い上げくださいましてありがとうございました。内容、デザインなどについてのご感想、ご意見をホームページ「北海道新聞社の本」の本書のレビュー欄にお書き込みください。

このカードをご利用の場合は、下の欄にご記入のうえ、お送りください。今後の編集資料として活用させていただきます。

〈本書ならびに当社刊行物へのご意見やご希望など〉

■ご感想などを新聞やホームページなどに匿名で掲載させていただいてもよろしいですか。（はい　いいえ）

■この本のおすすめレベルに丸をつけてください。

高（ 5・4・3・2・1 ）低

〈お買い上げの書店名〉

都道府県　　市区町村　　書店

今川 優馬

Imagawa Yuma

チームの新球場初勝利に大きく貢献した。4月1日の東北楽天戦の七回に代打出場し、今季初安打が貴重な勝ち越し打となった。チームは八回に同点に追い付かれたが、延長十回の劇的なサヨナラ勝ちにつながった。この勢いに乗りたかったが、同月29日に左すねを骨挫傷して戦線離脱。負傷明けも調子を取り戻せず、打撃成績は昨季を下回った。来季、チームの巻き返しに道産子スラッガーの復活が欠かせない。

2023 Records	
試合	28
打数	61
得点	7
安打	12
二塁打	1
三塁打	0
本塁打	0
打点	1
盗塁	3
四球	6
打率	.197

淺間 大基

Asama Daiki

横浜高の先輩・近藤健介（福岡ソフトバンク）が着けていた背番号「8」を譲り受け、新たな気持ちで臨んだ今季だったが、2月に左くるぶしを骨折する不運に見舞われた。リハビリ期間を経て6月30日のオリックス戦（エスコンフィールド）で1軍復帰すると、山本由伸から今季初安打&打点となる適時三塁打を放って存在感を示した。だが患部の状態は万全ではなく、8月以降は再び1軍を離れた。来季こそ雪辱を果たす。

2023 Records	
試合	13
打数	36
得点	2
安打	8
二塁打	3
三塁打	1
本塁打	0
打点	4
盗塁	0
四球	1
打率	.222

王 柏融

Wang Po-Jung

台湾から来日して5年目の今季は育成契約でのスタートとなったが、2軍でアピールを続けて7月末に支配下登録を勝ち取った。復帰戦となった8月16日(対千葉ロッテ、エスコンフィールド)に、さっそく適時三塁打を放つと、勢いをそのままに翌17日の同カードで今季初本塁打を放った。2試合連続でヒーローインタビューを受けて「めちゃめちゃ気持ちいい」と喜びを爆発させた。

2023 Records	
試合	20
打数	42
得点	5
安打	10
二塁打	0
三塁打	1
本塁打	1
打点	5
盗塁	0
四球	3
打率	.238

木村 文紀 Kimura Fumikazu

今シーズンをもって17年間の現役生活にピリオドを打つことを表明。引退試合となった９月20日の埼玉西武戦（ベルーナドーム）で勇姿を披露した。かつての本拠地で迎えた現役ラストゲーム。第２打席でチーム初安打となる左翼線二塁打を放つと、球場全体から大きな拍手が送られた。試合後には両チームの選手総出で胴上げされてユニホームに別れを告げた。

谷内　亮太　Yachi Ryota

９月26日に現役引退を表明し、翌27日の千葉ロッテ戦（エスコンフィールド）で11年間のプロ生活にピリオドを打った。「７番・三塁」で先発し、二回２死三塁の好機で先制の中前打をマーク。新庄剛志監督の計らいで、三塁、一塁、二塁、遊撃、右翼と５ポジションを守り、球界屈指のユーティリティプレーヤーらしい最後となった。試合後のセレモニーでは「幸せな野球人生でした」とさわやかな表情を見せた。

HERO INTERVIEW SELECTION 2023

4月1日

4月20日

4月29日

4月30日

5月17日

5月5日

5月7日

5月18日

5月20日

6月27日

7月2日

6月9日

7月28日

8月1日

8月2日

8月4日

8月10日

8月16日

8月12日

8月27日

8月22日

8月23日

9月13日

9月17日

9月16日

9月26日

9月1日

2023 DRAFT
プロ野球ドラフト会議2023

1位に大学屈指の左腕 細野 8選手の交渉権獲得

「2023年プロ野球ドラフト会議 supported by リポビタンD」が10月26日、東京都内で開かれ、ファイターズは東洋大の細野晴希を1位指名し、競合した千葉ロッテとの抽選で交渉権を獲得した。ファイターズは新庄剛志監督らが1位指名で西舘勇陽（中大）、前田悠伍（大阪桐蔭高）と続けて抽選を外し、3度目に稲葉篤紀ゼネラルマネジャーが引いて交渉権を手にした。

ファイターズは育成ドラフトでも3人の選手を指名し、大学生3選手、高校生5選手との交渉権を獲得。ポジション別では投手2人、捕手1人、内野手2人、外野手3人を指名した。

1位 細野晴希

ほその・はるき
2002年2月26日生まれ
◆180センチ86キロ ◆投手
◆東京都出身
◆左投左打 ◆東洋大

世代屈指の左腕は、指名を受けるまでの約40分間、時折宙に視線を送りつつも緊張の面持ちを崩さず、名字の頭文字である「ほ」の音を待ち続けた。千葉ロッテと競合したファイターズが交渉権を獲得すると、細野はようやく息をつき、井上大監督と机の下で固く握手を交わした。「プロ野球選手という小さい頃からの夢がかなってうれしい」。

高校時代にもプロ入りを希望し、かなわなかった。だが「がむしゃらにやってきた4年間」は、細野をスケールの大きい剛腕に成長させた。今春、チームの東都大学リーグ1部昇格に貢献。8月にはU－18（18歳以下）ワールドカップ（W杯）に出場する高校日本代表との試合で自己最速の158キロをマークし、その存在を印象づけた。

東都大学リーグで切磋琢磨した投手たちが続々と指名を受け、自分は7番目と遅かった。「悔しさもあったが、この気持ちを忘れずに成長したい」。

2位 進藤勇也

しんとう・ゆうや
2002年3月10日生まれ
◆182センチ90キロ ◆捕手
◆福岡県出身
◆右投右打 ◆上武大

打者の反応を見ながらの巧みなリード、肩の強さを武器にする将来の正捕手候補。大学2年時でレギュラーに定着し、3年時からは大学日本代表にも選出された。

正確なスローイングと二塁送球が1・8秒という強肩の正統派捕手。会見では「練習時なら1・6秒も出るくらいで、守備には自信がある」と力を込めた。自他共に認める負けず嫌いで、中学や高校のテストで友達に負けた際にも次の挽回を目指すほどだ。プロとしての目標は「自分のできることを精いっぱいやるだけ。いずれはゴールデングラブ賞を取り、球界を代表する選手になりたい」。持ち前の負けん気の強さでプロの世界に果敢に挑む。

3位 宮崎一樹

みやざき・かずき
2001年8月30日生まれ
◆184センチ84キロ ◆外野手
◆東京都出身
◆右投右打 ◆山梨学院大

俊足、強打、強肩の走攻守三拍子がそろう大型外野手。東京都出身で、2歳上の清宮幸太郎と同じ調布シニアに所属した。山梨学院高で甲子園に2度出場したが、頭角を現したのは大学2年になってから。関甲新学生リーグではベストナインや本塁打王、打点王、最多盗塁賞に輝いた。今年は大学日本代表に初めて選出され、日米大学選手権を経験した。

目標の選手に「新庄監督」を挙げ「同じ右投げ右打ちで肩が強く、（動画で）現役時代のレーザービーム集を見てきた。指名されてうれしい」と喜ぶ。

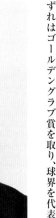

4位 明瀬諒介

みょうせ・りょうすけ
２００５年８月25日生まれ
◆１８３センチ87キロ
◆大阪府出身 ◆内野手
◆右投右打 ◆鹿児島城西高

高校通算49本塁打をマークした右の長距離砲は「チャンスに強い打者になり、将来は三冠王を取りたい」と意気込む。

中学時代は打撃で結果が出ず、高校入学後に打撃フォームを一新。朝４時半から打撃練習に打ち込むほどの練習の虫で、１年の秋頃から強打者の素質を徐々に開花させた。

マウンドでも才能を発揮する。この春の九州大会ではリリーフで登板し最速１５２キロを記録。「もし球団に（投打の）二刀流に挑戦してと言われたらやってみたいですね」。

5位 星野ひので

ほしの・ひので
２００５年４月18日生まれ
◆１８２センチ84キロ ◆外野手
◆群馬県出身
◆右投右打 ◆前橋工高

「スタメンをとって活躍したい。走攻守で球界を代表する選手になる」と力強く宣言した。会見終了後、グラウンドで待つ野球部の仲間から大歓声で祝福を受けると、18歳らしい笑みを浮かべて喜んだ。

昨秋に右肘を手術するも、春の県大会で復活。夏の全国選手権県大会でも１試合２本塁打を放つなどして、注目を集めた。ファイターズでは、同じ右打ち右投げで外野手の万波中正が目標だと話し、「シーズンを戦い抜く体力をつけるため、今から体づくりをしっかりやりたい」と決意をにじませた。

育成ドラフト指名選手

育成1位 濵田泰希

はまだ・たいき
２００５年11月28日生まれ
◆１８９センチ73キロ ◆兵庫県出身
◆内野手 ◆右投右打 ◆京都国際高

突出した打球速度と飛距離が魅力の大型スラッガー。京都国際高では主将で主砲の中心選手として躍動した。高校時代のメーンは外野手だったが、遊撃手を務めた経験もある。

育成2位 平田大樹

ひらた・だいじゅ
２００５年８月25日生まれ
◆１８１センチ70キロ ◆滋賀県出身
◆外野手 ◆右投左打 ◆瀬田工高

広角に打ち分ける打撃センスが光る。高校通算21本塁打と長打も打てる。50メートル６秒前後の俊足と、強肩を生かした守備も魅力だ。

育成3位 加藤大和

かとう・やまと
２００６年１月12日生まれ
◆１９０センチ79キロ ◆愛知県出身
◆投手 ◆左投左打 ◆帝京大可児高

威力ある直球が武器の大型左腕。高校では控え投手で公式戦の実戦経験は少ないが、プロで大きく成長する可能性を秘めている。

3.30（木） VS 東北楽天

打線振るわぬ幕開け

ファイターズは競り負けて、4年連続の黒星スタートとなった。加藤貴之は四回までゼロを並べたが、五回に伊藤裕季也に先制のソロ、六回にフランコに2点本塁打を浴び、7回3失点。打線は田中将大を打ちあぐね、新球場初白星をさらわれた。

楽天		打	安	点	本	打率
⑧	辰己	4	1	0		.250
⑦	小深田	4	1	0		.250
DH	フランコ	4	3	2	❶	.750
④	浅村	4	0	0		.000
⑨	島内	4	0	0		.000
9	田中和	0	0	0		—
③	阿部	4	1	0		.250
⑥	山崎	3	1	0		.333
⑤	伊藤裕	3	1	1	❶	.333
②	安田	3	1	0		.333
2	太田	0	0	0		—
犠盗失併残	0 0 0 0 3	33	9	3		.273

日本ハム		打	安	点	本	打率
⑦	松本剛	4	1	0		.250
⑥	上川畑	3	0	0		.000
④	石井	3	0	0		.000
⑤	野村	3	0	1		.000
③	清宮	4	1	0		.250
DH	マルティネス	3	1	0		.333
⑨	万波	3	0	0		.000
②	宇佐見	3	0	0		.000
⑧	五十幡	3	0	0		.000
犠盗失併残	1 0 0 2 5	29	3	1		.103

	回	打	投	安	振	球	失	責	防御率
[勝]田中将	5⅔	22	98	2	5	3	1	1	1.59
[H]鈴木翔	⅓	1	5	0	0	0	0	0	0.00
[H]宋家豪	1	4	11	1	2	0	0	0	0.00
[H]西口	1	3	11	0	1	0	0	0	0.00
[S]松井裕	1	3	15	0	2	0	0	0	0.00
[敗]加藤貴	7	27	102	8	3	0	3	3	3.86
北山	1	3	10	1	0	0	0	0	0.00
田中正	1	3	11	0	0	0	0	0	0.00

[二]阿部　フランコ　清宮　松本剛　2時間58分

五回1死一、二塁、空振り三振に倒れた万波

◇エスコンフィールド北海道①　31,092人

楽天1勝

楽　天	000	012	000	3
日本ハム	000	001	000	1

[勝] 田中将1試合1勝
[S] 松井裕1試合1S
[敗] 加藤貴1試合1敗
[本] 伊藤裕1号①＝加藤貴　フランコ1号②＝加藤貴

【新庄剛志監督】 新球場開幕戦を白星飾れず

「この負けは痛いけど、これから新時代をつくれると信じています」

1-3

ヒーローインタビュー
田中将大

4.1（土） VS 東北楽天

新球場で初勝利

ファイターズが今季初の延長戦をサヨナラで制し、新球場で今季初白星を挙げた。3―3の十回無死二塁、清宮幸太郎の適時打で試合を決めた。十回に登板し、打者3人を完璧に抑えた鈴木健矢が、チームで新球場初の勝利投手となった。

楽天		打	安	点	本	打率
⑧	辰己	6	1	2	❶	.200
⑦5	小深田	5	2	0		.333
DH	フランコ	5	1	0	①	.444
④	浅村	3	0	0		.000
⑨7	島内	4	1	1		.125
③	阿部	3	1	0		.286
R9	田中和	0	0	0		—
⑥	山崎	3	0	0		.167
⑤	黒川	2	0	0		.000
H5	伊藤裕	1	0	0	①	.250
H3	渡辺佳	0	0	0		.000
②	炭谷	3	1	0		.333
H	小郷	1	0	0		.000
2	太田	0	0	0		—
犠盗失併残	1 1 0 0 15	36	7	3		.232

日本ハム		打	安	点	本	打率
⑨	矢沢	3	1	0		.333
H	今川	1	1	1		1.00
2	伏見	1	0	0		.000
④	石井	4	0	0		.000
⑦	松本剛	3	2	0		.429
⑤	野村	4	2	1		.286
R	福田光	0	0	0		—
③	清宮	5	2	2		.333
DH	マルティネス	3	1	0		.333
⑥	上川畑	4	1	0		.143
②	清水	2	1	0		.500
R9	江越	1	0	0		.000
⑧	五十幡	3	0	0		.000
犠盗失併残	2 0 1 1 10	34	11	4		.222

	回	打	投	安	振	球	失	責	防御率
滝中	5⅓	22	96	7	3	1	1	1	1.69
[H]鈴木翔	⅔	3	10	0	0	1	0	0	0.00
伊藤茉	⅓	2	11	0	0	1	1	1	27.00
弓削	⅔	6	20	2	1	2	1	1	13.50
[H]西口	1	3	10	0	2	0	0	0	0.00
[H]宋家豪	1	3	16	0	1	0	0	0	0.00
[敗]宮森	0/3	2	8	2	0	0	1	1	—
上沢	5	24	102	2	4	7	1	1	1.80
宮西	1	4	10	1	1	1	0	0	0.00
[H]田中正	1	5	23	0	2	1	0	0	0.00
メネズ	⅔	6	18	3	2	1	2	2	27.00
[H]玉井	⅓	1	4	0	1	0	0	0	0.00
[H]石川	1	5	17	1	1	1	0	0	0.00
[勝]鈴木	1	3	11	0	0	0	0	0	0.00

[三]松本剛　[二]松本剛　阿部　野村　[盗]小深田①　[失]上川畑　[暴]伊藤茉　4時間22分

延長十回無死二塁からサヨナラ打を放った清宮（右）が手を振る

◇エスコンフィールド北海道②　30,637人

1勝1敗

楽　天	000	010	020 0	3
日本ハム	000	001	200 1X	4

（延長十回）

[勝] 鈴木1試合1勝
[敗] 宮森1試合1敗
[本] 辰己1号②＝メネズ

【宮西尚生】 左肘の手術を経て238日ぶりの1軍マウンド

「楽しかった。新球場はファンの顔が近く、声もよく聞こえた。戻ってくることができて、いろんな思いが重なった」

4×-3

鈴木健矢　野村佑希　清宮幸太郎

4.2（日） VS 東北楽天

連勝ならず

ファイターズは打線がつながらず、連勝とはならなかった。打線は先発の藤平尚真から石井一成の適時打で1点を奪うのがやっと。七回以降は鈴木翔天ら3投手による継投を前に無安打と沈黙。先発で好投した新人金村尚真を援護できなかった。

楽天		打	安	点	本	打率
⑧	辰己	4	1	1	①	.214
⑦	小深田	4	0	0		.231
DH	フランコ	4	0	0	①	.308
④	浅村	2	1	0		.111
⑨	島内	3	0	0		.091
9	田中和	0	0	0		—
③	阿部	3	0	0		.200
⑥	山崎	3	2	0		.333
⑤	伊藤裕	4	0	0	①	.125
②	太田	2	0	0		.000
犠盗失併残	1 0 1 0 7	29	4	1		.204

日本ハム		打	安	点	本	打率
⑨	矢沢	3	0	0		.167
H9	今川	1	0	0		.500
④	石井	3	1	1		.100
⑦	松本剛	3	1	0		.400
⑤	野村	4	0	0		.182
③	清宮	4	0	0		.231
DH	マルティネス	4	1	0		.300
⑥	上川畑	3	0	0		.100
②	伏見	2	0	0		.000
H	アルカンタラ	1	0	0		.000
2	宇佐見	1	0	0		.000
⑧	五十幡	1	0	0		.000
H	万波	1	0	0		.000
犠盗失併残	0 3 0 0 8	31	3	1		.181

	回	打	投	安	振	球	失	責	防御率
[勝]藤平	6	25	93	3	3	4	1	1	1.50
[H]鈴木翔	1	5	24	0	2	1	0	0	0.00
[H]西口	1	3	8	0	1	0	0	0	0.00
[S]松井裕	1	3	11	0	1	0	0	0	0.00
金村	6	21	91	2	6	2	1	1	1.50
[敗]北山	⅓	3	12	0	0	2	1	0	0.00
メネズ	⅔	4	20	0	1	2	0	0	13.50
ロドリゲス	1	4	12	1	0	0	0	0	0.00
玉井	1	4	13	1	1	0	0	0	0.00

[二]辰己　山崎2　[盗]石井①　五十幡2②　[失]伊藤裕　[逸]伏見　3時間15分

七回1死二塁、今川が見逃し三振に倒れる

◇エスコンフィールド北海道③　30,775人

楽天2勝1敗

楽　天	001	000	100	2
日本ハム	000	010	000	1

[勝] 藤平1試合1勝
[S] 松井裕2試合2S
[敗] 北山2試合1敗

【金村尚真】 6回2安打1失点の快投

「気を抜かずにやることが課題。次こそチームを勝たせたい」

1-2

藤平尚真

4.4（火） VS 千葉ロッテ

今季初2連敗

ファイターズは今季初の2連敗。打線は一回、野村佑希の1号3ランで先制。同点の四回にも清宮幸太郎の適時打で一時勝ち越したが、以降はつながらなかった。先発ポンセが初回の3点のリードを守れず、3回1/3を8安打5失点と崩れたのが誤算だった。

日本ハム		打	安	点	本	打率
⑧	五十幡	4	1	0		.091
⑨	矢沢	3	1	0		.222
H9	万波	1	0	0		.000
⑦	松本剛	3	0	0		.308
⑤	野村	4	2	3	❶	.267
③	清宮	4	1	1		.235
DH	マルティネス	3	0	0		.231
④	石井	3	0	0		.077
②	伏見	2	0	0		.000
H	福田光	1	0	0		.000
2	清水	0	0	0		.500
⑥	上川畑	3	1	0		.154
犠盗失併残	0 1 2 0 1	31	6	4		.184

ロッテ		打	安	点	本	打率
⑨	荻野	3	2	1		.267
DH	角中	4	1	0		.375
④	中村奨	3	0	0		.071
③	山口	3	1	1		.214
⑦	ポランコ	3	1	2	❶	.091
7	岡	1	0	0		.000
⑤	安田	4	0	0		.167
⑥	藤岡	4	4	0		.556
②	佐藤都	2	0	0		.250
⑧	藤原	4	2	1		.385
犠盗失併残	5 0 0 1 8	31	11	5		.228

	回	打	投	安	振	球	失	責	防御率
[敗]ポンセ	3⅓	20	70	8	2	1	5	5	13.50
鈴木	2⅔	10	37	2	2	0	1	0	0.00
ロドリゲス	1	3	10	0	0	0	0	0	0.00
宮西	1	5	14	1	2	1	0	0	0.00
[勝]西野	5	19	76	5	6	1	4	4	7.20
[H]小野	1	3	10	0	0	0	0	0	4.50
[H]ペルドモ	1	3	15	0	1	0	0	0	9.00
[H]沢村	1	4	13	1	0	0	0	0	0.00
[S]益田	1	3	12	0	1	0	0	0	0.00

[二]山口　野村　荻野　[盗]矢沢①　[失]五十幡　鈴木　2時間46分

二回無死二塁、ポランコに右越え2ランを浴びた先発ポンセ

◇ZOZOマリンスタジアム①　26,610人

ロッテ1勝

日本ハム	300	100	000	4
ロッテ	021	201	00X	6

[勝] 西野1試合1勝
[S] 益田1試合1S
[敗] ポンセ1試合1敗
[本] 野村1号③＝西野　ポランコ1号②＝ポンセ

【野村佑希】 一回に先制の3ラン

「真っすぐ系を打ちにいってうまく反応できた。僕のヒット、ホームランでしっかりと勝ちたい」

4-6

ポランコ　藤岡裕大　荻野貴司　西野勇士

4.5（水） VS 千葉ロッテ

接戦落とす　3連敗

ファイターズはリリーフ陣が崩れて逆転負けで3連敗。1―0の七回2死満塁で4番手玉井大翔の暴投の間に2点を失った。今季初先発の伊藤大海は5回3安打無失点。打線は七回にマルティネスの中犠飛で1点を奪うにとどまった。

日本ハム		打	安	点	本	打率
⑧	五十幡	4	0	0		.067
④	石井	4	0	0		.059
⑦	松本剛	4	3	0		.412
⑤	野村	4	1	0	①	.263
③	清宮	2	1	0		.263
DH	マルティネス	2	0	1		.200
⑥	上川畑	3	0	0		.125
②	宇佐見	2	0	0		.000
H	福田光	1	0	0		.000
2	清水	0	0	0		.500
⑨	江越	3	1	0		.250
犠盗失併残	1 0 0 0 5	29	6	1		.188

ロッテ		打	安	点	本	打率
⑨	荻野	3	0	0		.222
DH	角中	4	0	0		.250
④	中村奨	4	0	0		.056
③	山口	4	2	0		.278
⑦	ポランコ	2	0	0	①	.077
7	岡	1	0	0		.000
⑤	茶谷	4	0	0		.143
⑥	藤岡	1	1	0		.600
②	田村	3	0	0		.000
R	友杉	0	0	0		.250
2	佐藤都	0	0	0		.250
⑧	藤原	3	2	0		.438
犠盗失併残	0 1 0 1 7	29	5	0		.218

	回	打	投	安	振	球	失	責	防御率
伊藤	5	20	94	3	4	2	0	0	0.00
[H]ロドリゲス	1	4	10	1	0	0	0	0	0.00
[敗]メネズ	⅓	3	19	1	0	1	2	2	21.60
玉井	⅔	3	9	0	0	1	0	0	0.00
井口	1	3	20	0	1	0	0	0	0.00
メルセデス	6	20	72	3	2	1	0	0	0.00
[勝]中森	1	5	25	1	2	1	1	1	3.38
[H]ペルドモ	1	3	14	1	1	0	0	0	6.00
[S]益田	1	5	22	1	0	1	0	0	0.00

[二]藤原　山口　松本剛　[盗]藤岡①　[暴]玉井　中森　3時間6分

七回無死二塁、空振り三振に倒れた野村

◇ZOZOマリンスタジアム②　23,570人

ロッテ2勝

日本ハム	000	000	100	1
ロッテ	000	000	20X	2

[勝] 中森3試合1勝
[S] 益田2試合2S
[敗] メネズ3試合1敗

【伊藤大海】 今季初先発で5回94球を投げ無失点

「初登板で力みがあった。もう少しテンポ良く投げられれば良かった」

1-2

中森俊介　藤原恭大

4.6（木） VS 千葉ロッテ

打線低調　4連敗

ファイターズは先発の佐々木朗希から11三振を奪われるなど、終始劣勢で4連敗。先発の加藤貴之が7回3失点（自責点2）と粘投も2敗目を喫し、2番手井口和朋も3失点と崩れた。打線は千葉ロッテ投手陣から散発3安打で1点のみ。

日本ハム		打	安	点	本	打率
⑧	五十幡	3	0	0		.056
H8	今川	1	0	0		.333
⑨	万波	4	2	0		.222
⑦	松本剛	4	0	0		.333
⑤	野村	4	0	1	①	.217
③	清宮	2	0	0		.238
DH	マルティネス	3	0	0		.167
⑥	上川畑	3	0	0		.105
②	宇佐見	2	0	0		.000
H	谷内	1	1	0		1.00
2	清水	0	0	0		.500
④	石井	3	0	0		.050
犠盗失併残	0 0 1 2 3	30	3	1		.174

ロッテ		打	安	点	本	打率
⑨	荻野	3	2	0		.286
R9	角中	1	0	0		.231
⑥	友杉	3	1	0		.286
④	中村奨	4	3	1		.182
③	山口	3	1	1		.286
3	大下	0	0	0		—
DH	ポランコ	3	0	0	①	.063
RD	小川	0	0	0		—
⑤	茶谷	3	1	1		.200
⑦	岡	2	1	1		.111
②	松川	2	0	0		.250
H	井上	1	0	0		.111
2	佐藤都	1	0	0		.200
⑧	藤原	2	1	1		.444
犠盗失併残	4 2 0 0 5	28	10	5		.239

	回	打	投	安	振	球	失	責	防御率
[敗]加藤貴	7	28	98	7	3	2	3	2	3.21
井口	1	7	27	3	0	1	3	3	13.50
[勝]佐々木朗	6	19	80	1	11	0	0	0	0.00
[H]小野	1	5	22	1	0	1	1	1	6.00
[H]坂本	⅔	3	11	1	1	0	0	0	0.00
[H]カスティーヨ	⅓	1	2	0	0	0	0	0	6.75
西村	1	3	15	0	1	0	0	0	0.00

[二]中村奨　荻野　万波　藤原　[盗]中村奨①　小川①　[失]加藤貴　2時間45分

八回2死一塁、2ゴロに倒れ渋い顔の代打今川

◇ZOZOマリンスタジアム③　26,169人

ロッテ3勝

日本ハム	000	000	100	1
ロッテ	100	100	13X	6

[勝] 佐々木朗1試合1勝
[敗] 加藤貴2試合2敗

【加藤貴之】 先発の役割は十分に果たしながら2敗目を喫した

「先制点を与えてしまい、自分のミスで失点した。悔しい」

1-6

中村奨吾　佐々木朗希

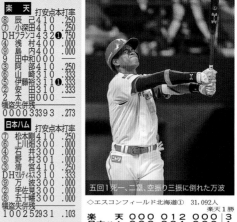

4.7 金 VS オリックス

追い上げ実らず

ファイターズは追い上げも実らず、5連敗。打線はオリックスの先発左腕宮城大弥に六回1死まで無安打。七回、万波中正の2点適時打で一時1点差としたが追いつけなかった。先発上原健太は5回で7安打を浴びながら3失点でまとめたが、勝利には結びつかなかった。

日本ハム		打	安	点	本	打率
⑨	万波	4	1	2		.231
R8	五十幡	0	0	0		.056
H	石井	1	0	0		.048
⑦	今川	4	1	0		.286
DH	松本剛	4	0	0		.280
⑤	野村	3	0	0	①	.192
③	清宮	2	0	0		.217
⑥	上川畑	4	0	0		.087
④	谷内	4	1	0		.400
②	伏見	2	0	0		.000
H	マルティネス	1	0	0		.158
2	清水	1	0	0		.333
⑧9	江越	2	0	0		.167
H	福田光	1	0	0		.000
犠盗失併残	01108	33	3	2		.161

オリックス		打	安	点	本	打率
⑨	茶野	4	2	0		.381
7	福田	0	0	0		.167
④	太田	4	2	0		.375
R4	大城	0	0	0		1.00
②	森	4	1	1	②	.240
DH	頓宮	4	2	2		.333
⑦	杉本	4	0	0	②	.259
79	小田	0	0	0		1.00
⑧3	中川圭	4	1	0		.346
⑤	宗	2	1	0	①	.217
③	ゴンザレス	4	1	0	①	.222
R8	佐野皓	0	0	0		―
⑥	野口	4	2	1		.174
犠盗失併残	21309	34	12	4		.278

	回	打	投	安	振	球	失	責	防御率
敗上原	5	23	77	7	2	1	3	2	3.60
池田	1	3	8	0	0	0	0	0	0.00
宮西	⅓	4	19	3	0	0	1	1	3.86
鈴木	⅔	2	4	0	0	0	0	0	0.00
メネズ	1	5	15	2	1	0	0	0	13.50
勝宮城	6	22	93	1	7	1	0	0	0.00
阿部	⅔	6	21	2	1	2	2	2	10.80
H比嘉	⅓	1	5	0	0	0	0	0	0.00
Hワゲスパック	1	4	14	0	1	1	0	0	9.00
S平野佳	1	4	19	0	2	0	0	0	0.00

二太田 野口 森　盗五十幡③ 佐野皓①　失野村 太田2 宗　暴ワゲスパック　3時間9分

六回2死一、二塁、空振り三振を喫した野村

◇京セラドーム大阪①　20,880人

オリックス1勝

日本ハム	000	000	200	2
オリックス	110	010	10X	4

勝　宮城1試合1勝
S　平野佳2試合2S
敗　上原1試合1敗

【江越大賀】9番・中堅でスタメン出場。守備で頭上を越えそうな打球を2度好捕

「外野守備は良くも悪くも点に絡む。誰にも負けない気持ちで」

2-4

頓宮裕真　宮城大弥

4.8 土 VS オリックス

逆転勝ちで連敗ストップ

ファイターズは逆転勝ちで連敗を5で止めた。1―2の四回、万波中正の適時二塁打と上川畑大悟の2点中前打で試合をひっくり返した。先発上沢直之は5回を被安打7、4四死球の内容だったが2失点と要所を締め、今季初勝利。リリーフ3人も無失点でつないだ。

日本ハム		打	安	点	本	打率
⑨	矢沢	4	2	0		.308
9	江越	1	0	0		.143
⑦	松本剛	4	1	1		.276
③	清宮	4	1	1		.222
⑤	野村	3	0	0	①	.172
4	石井	1	1	1		.091
DH	万波	5	3	1		.333
⑥	上川畑	4	1	2		.111
④5	谷内	2	0	0		.286
②	伏見	3	0	0		.000
⑧	五十幡	4	1	0		.091
犠盗失併残	22009	35	10	6		.179

オリックス		打	安	点	本	打率
⑨	茶野	3	1	0		.375
④	西野	5	0	0		.263
⑧	中川圭	4	1	0		.333
DH	森	5	2	0	②	.267
③	頓宮	5	1	0		.286
⑤	宗	3	1	0	①	.231
⑦	杉本	1	0	0	②	.250
⑥	ゴンザレス	4	1	0	①	.226
②	若月	3	1	1		.364
H	福田	1	0	0		.154
2	石川	0	0	0		―
犠盗失併残	10001	23	4	8	1	.272

	回	打	投	安	振	球	失	責	防御率
勝上沢	5	26	92	7	3	4	2	2	2.70
H鈴木	2	9	28	1	0	2	0	0	0.00
H田中正	1	3	11	0	1	0	0	0	0.00
石川	1	3	13	0	2	0	0	0	0.00
敗村西	3⅓	14	66	2	1	2	4	4	10.80
本田	1⅔	6	19	1	2	0	0	0	1.80
東	2⅓	14	58	6	0	1	1	1	6.23
近藤	1⅔	8	30	1	4	2	1	1	2.45

二矢沢 森 頓宮 万波2 中川圭　盗松本剛① 石井②　暴上沢　3時間20分

四回1死一、二塁、万波の同点適時打

◇京セラドーム大阪②　29,367人

1勝1敗

日本ハム	100	300	101	6
オリックス	020	000	000	2

勝　上沢2試合1勝
敗　村西1試合1敗

【鈴木健矢】2番手で登板し2回無失点

「(2連投も)疲労感もなく、いつも通り投げられた。僅差や勝っている場面での登板にやりがいを感じる」

6-2

上川畑大悟

4.9 日 VS オリックス

今季初2連勝

ファイターズは今季初の2連勝。打線は一回、3番清宮幸太郎の1号3ランで先制し、続く野村佑希の2号ソロで加点した。三回には5番万波中正の1号ソロなどで3点を追加した。先発金村尚真は6回1/3を投げ、9安打2失点でプロ初勝利。

日本ハム		打	安	点	本	打率
⑧	矢沢	4	1	2		.294
⑦	松本剛	3	1	0		.281
⑤	清宮	4	2	3	❶	.258
DH	野村	5	2	1	❷	.206
⑨	万波	4	1	1	❶	.318
⑥	上川畑	4	1	0		.129
③	マルティネス	5	2	0		.208
②	伏見	2	0	0		.000
④	石井	3	0	0		.080
H4	福田光	2	0	0		.000
犠盗失併残	11001	36	10	7		.191

オリックス		打	安	点	本	打率
⑨	茶野	5	3	0		.414
④3	太田	4	1	0		.333
②	森	4	3	0	②	.324
2	若月	1	0	0		.333
DH	頓宮	5	0	0		.211
⑦	杉本	3	1	2	②	.258
⑧	中川圭	4	0	0		.294
⑤	宗	4	1	0	①	.233
③6	ゴンザレス	4	1	0	①	.229
⑥	野口	2	0	0		.160
H4	西野	2	1	0		.286
犠盗失併残	00001	38	11	2		.275

	回	打	投	安	振	球	失	責	防御率
勝金村	6⅓	29	102	9	6	1	2	2	2.19
宮西	⅔	1	3	1	0	0	0	0	3.86
玉井	⅔	3	8	0	0	1	0	0	0.00
ロドリゲス	1	4	13	1	0	0	0	0	0.00
石川	1	3	18	0	2	0	0	0	0.00
敗ニックス	2	13	54	4	1	4	4	4	18.00
山岡	5⅔	28	106	6	7	4	3	3	3.18
漆原	1⅓	4	9	0	0	0	0	0	0.00

二マルティネス　盗矢沢②　暴山岡　3時間11分

先発の金村は7回途中2失点でプロ初勝利

◇京セラドーム大阪③　24,154人

日本ハム2勝1敗

日本ハム	403	000	000	7
オリックス	100	000	100	2

勝　金村2試合1勝
敗　ニックス1試合1敗
本　清宮1号③＝ニックス　野村2号①＝ニックス　万波1号①＝山岡

【矢沢宏太】三回2死二、三塁、中前2点打でプロ初打点

「先発が(同期入団の)金村だったので、絶対に点を取ってやろうと思っていた」

7-2

金村尚真

4.11 火 VS 福岡ソフトバンク

8人の継投力尽きる

ファイターズは今季初のサヨナラ負け。八回無死二塁から清宮幸太郎の適時打で同点に追いついたが、3―3で迎えた延長十回にファイターズの8番手ロドリゲスが無死満塁のピンチを招き、4番栗原陵矢に決勝の犠飛を浴びた。

日本ハム		打	安	点	本	打率
⑨	矢沢	5	1	0		.273
⑦	松本剛	5	1	0		.270
⑤3	清宮	5	2	1	①	.278
DH	野村	4	1	0	②	.211
③	万波	2	1	2	❷	.333
5	谷内	0	0	0		.286
⑥	上川畑	4	2	0		.171
④	福田光	3	0	0		.000
H	マルティネス	1	0	0		.200
4	奈良間	0	0	0		―
②	宇佐見	4	0	0		.000
⑧	五十幡	4	1	0		.115
犠盗失併残	00008	37	9	3		.197

ソフトバンク		打	安	点	本	打率
⑧	周東	3	2	0		.276
⑦	近藤	3	1	1	①	.314
DH	柳田	3	1	0		.241
RD	佐藤直	0	0	0		―
⑤	栗原	4	2	3	③	.333
④	牧原大	4	0	0		.343
③	中村晃	4	0	0		.321
⑥	今宮	4	0	0		.179
⑨	正木	3	0	0		.000
9	上林	1	0	0		.118
②	甲斐	3	0	0		.250
犠盗失併残	23008	32	6	4		.250

	回	打	投	安	振	球	失	責	防御率
池田	2⅔	12	58	2	2	2	2	2	4.91
北山	2	9	28	1	1	2	1	1	2.70
鈴木	⅓	2	8	1	0	0	0	0	0.00
メネズ	1	3	15	0	1	0	0	0	9.82
宮西	1	4	14	0	1	1	0	0	2.70
H田中正	1	3	11	0	0	0	0	0	0.00
H石川	1	3	11	0	0	0	0	0	0.00
敗ロドリゲス	⅓	4	9	2	0	1	1	1	2.08
石川	5	19	71	2	2	2	2	2	1.50
H又吉	1	6	22	2	1	1	0	0	0.00
H松本裕	1	3	17	1	2	0	0	0	0.00
モイネロ	1	6	18	2	2	1	1	1	9.00
Hオスナ	1	3	10	1	1	0	0	0	0.00
勝津森	1	4	15	1	0	0	0	0	0.00

二栗原 松本剛 清宮　盗周東3④　3時間28分

延長十回無死満塁、栗原に決勝犠飛を浴びたロドリゲス

◇ペイペイドーム①　35,619人

ソフトバンク1勝

日本ハム	000	200	010	0	3
ソフトバンク	002	010	000	1X	4

(延長十回)

勝　津森4試合1勝
敗　ロドリゲス5試合1敗
本　万波2号②＝石川

【清宮幸太郎】八回無死二塁でモイネロから中越え適時二塁打

「最低でも走者を進めようと思った。あれだけすごい投手から1本打てたのは自信になる」

3-4×

周東佑京　栗原陵矢

4.12 水 VS 福岡ソフトバンク

伊藤お手上げ　近藤弾

ファイターズは投打ともにふるわず2連敗。先発伊藤大海は6回2/3を投げ、8安打5失点で今季初黒星を喫した。打線は福岡ソフトバンクを上回る10安打を放ちながらも決定打に欠き、2得点にとどまった。

日本ハム		打	安	点	本	打率
⑨	矢沢	3	1	0		.280
H9	今川	1	0	0		.250
⑦	松本剛	4	0	0		.244
⑤	清宮	3	1	0	①	.282
DH	野村	4	3	0	②	.262
③	万波	4	3	2	②	.393
⑥	上川畑	4	1	0		.179
④	奈良間	3	0	0		.000
H	マルティネス	1	0	0		.192
⑧	五十幡	3	0	0		.103
②	伏見	3	1	0		.067
R	江越	0	0	0		.143
2	宇佐見	0	0	0		.000
犠盗失併残	00005	33	10	2		.207

ソフトバンク		打	安	点	本	打率
⑧	周東	4	1	1		.273
⑦	近藤	4	2	2	❷	.333
R7	佐藤直	0	0	0		―
DH	柳田	3	2	1		.281
RD	正木	0	0	0		.000
⑤	栗原	4	0	0	③	.300
④	牧原大	4	1	0		.333
③	中村晃	3	0	0		.290
3	川瀬	0	0	0		.000
⑥	今宮	3	2	0		.226
⑨	上林	3	0	0		.100
②	甲斐	3	1	1		.258
犠盗失併残	20026	31	9	5		.254

	回	打	投	安	振	球	失	責	防御率
敗伊藤	6⅔	30	105	8	5	2	5	5	3.86
メネズ	⅓	1	4	0	0	0	0	0	9.00
井口	1	4	12	1	0	0	0	0	9.00
勝東浜	7	27	100	8	4	1	1	1	2.92
モイネロ	1	3	13	0	1	0	0	0	4.50
板東	1	4	16	2	0	0	1	1	4.91

二野村2 万波 今宮2 周東 近藤 柳田　暴井口　2時間59分

五回2死、近藤に勝ち越しソロを打たれた伊藤

◇ペイペイドーム②　34,708人

ソフトバンク2勝

日本ハム	000	100	001	2
ソフトバンク	010	010	30X	5

勝　東浜2試合2勝
敗　伊藤2試合1敗
本　近藤2号①＝伊藤

【伊藤大海】6回2/3を8安打5失点

「最後七回を投げきれない。自分の弱さ」

2-5

東浜巨　近藤健介

4.14 金 VS 埼玉西武

野村　新球場チーム第1号

ファイターズは投打がかみ合い、連敗を2で止めた。0―0の三回2死一、三塁、4番野村佑希が新球場のチーム第1号となる3点本塁打で先制。先発加藤貴之は9回を6安打2失点、完投で今季初勝利を挙げた。

西武		打	安	点	本	打率
⑨	愛斗	4	1	0	②	.292
⑥	児玉	4	0	0		.306
④	外崎	4	1	2	❷	.297
DH	中村	4	0	0	①	.345
③	マキノン	4	1	0	①	.217
⑧	ペイトン	3	0	0	②	.200
⑤	佐藤龍	3	1	0		.222
②	古賀	3	2	0		.235
⑦	金子	2	0	0		.100
H	栗山	1	0	0		.063
7	山野辺	0	0	0		―
犠盗失併残	00003	32	6	2		.236

日本ハム		打	安	点	本	打率
⑦	松本剛	3	0	0		.227
7	矢沢	1	0	0		.269
⑨	今川	3	2	0		.364
R9	江越	0	0	0		.143
⑤	清宮	4	2	1	①	.302
5	谷内	0	0	0		.286
DH	野村	3	1	3	❸	.267
③	万波	4	0	0	②	.344
⑥	上川畑	3	0	0		.167
④	水野	4	2	0		.500
②	伏見	4	1	0		.105
⑧	五十幡	3	1	1		.125
犠盗失併残	10008	32	9	5		.213

	回	打	投	安	振	球	失	責	防御率
敗松本	6	27	94	5	4	4	4	4	3.00
大曲	1	5	19	2	1	0	1	1	2.25
張奕	1	5	20	2	1	0	0	0	0.00
勝加藤貴	9	32	100	6	6	0	2	2	2.74

二古賀 清宮　失大曲　2時間31分

三回2死一、三塁、野村が3ランを放つ

◇エスコンフィールド北海道①　26,602人

日本ハム1勝

西武	000	000	002	2
日本ハム	003	100	10X	5

勝　加藤貴3試合1勝2敗
敗　松本2試合1勝1敗
本　野村3号③＝松本　外崎2号②＝加藤貴

【水野達稀】この日2軍から昇格。さっそくスタメンで今季初出場して2安打

「状態も良い感じで手応えがあった。2本出てくれてほっとしている」

5-2

加藤貴之　野村佑希

4.15(土) VS 埼玉西武

投打さえず大敗

ファイターズは投打に精彩を欠き、完敗した。先発上沢直之は2018年以来となる自己ワーストタイの5回1／3を9失点。四回、3本の長短打などで3失点、六回は二つの押し出し四球を与えるなど崩れた。打線は松本剛の1安打のみと沈黙した。

六回1死一、三塁、ペイトンに適時打を打たれる上沢

◇エスコンフィールド北海道② 23,269人
1勝1敗

西　武	000	306	001		10
日本ハム	000	000	000		0

勝 高橋3試合2勝
敗 上沢3試合1勝1敗
本 滝沢1号①＝玉井

【上沢直之】5回1/3を9失点
「ストライクが入らないこと自体、ちょっと経験がない」

0-10

✎滝澤夏央

西武		打	安	点	本	打率
⑨	愛斗	4	1	1	②	.288
⑤	平沼	4	1	1		.214
④	外崎	3	0	1	②	.275
4	佐藤龍	0	0	0		.222
③	マキノン	4	1	1	①	.220
6	滝沢	1	1	1	❶	1.00
DH	栗山	4	1	0		.100
⑧	ペイトン	4	2	3	②	.227
7	山野辺	1	0	0		.000
⑦8	鈴木	4	1	0		.207
②	柘植	3	1	1		.250
⑥	児玉	2	0	1		.289
3	呉念庭	1	1	0		.250
犠盗失併残 10115		35	10	10		.240

日本ハム		打	安	点	本	打率
⑦	松本剛	4	1	0		.229
⑨	今川	3	0	0		.286
⑤3	清宮	2	0	0	①	.289
DH	野村	3	0	0	③	.250
HD	宇佐見	1	0	0		.000
③	万波	3	0	0	②	.314
2	マルティネス	0	0	0		.192
⑥	上川畑	2	0	0		.159
65	谷内	1	0	0		.250
④	水野	3	0	0		.286
②	清水	3	0	0		.167
6	奈良間	0	0	0		.000
⑧	五十幡	2	0	0		.118
8	江越	0	0	0		.143
犠盗失併残 00116		27	1	0		.201

	回	打	投	安	振	球	失	責	防御率
勝 高橋	7	26	101	1	5	4	0	0	0.39
佐藤隼	1	3	10	0	0	1	0	0	0.00
青山	1	4	26	0	1	1	0	0	2.25
敗 上沢	5⅓	27	104	7	3	4	9	8	6.46
メネズ	1⅔	8	39	1	3	2	0	0	6.35
井口	1	3	6	1	0	0	0	0	6.75
玉井	1	4	12	1	1	0	1	1	2.45

三ペイトン　失柘植　上沢
3時間14分

4.16(日) VS 埼玉西武

救援陣崩れる　2連敗

ファイターズは2連敗で2カード連続の負け越し。打線は終盤のチャンスを生かし切れず2得点に終わった。今季2度目の先発となった上原健太は4回2／3を2失点で走者を残して降板し、5番手石川直也が2暴投で3失点と救援陣も崩れた。

九回、石川が二死満塁から連続で暴投し、失点を許す

◇エスコンフィールド北海道③ 21,725人
西武2勝1敗

西　武	011	000	013		6
日本ハム	000	000	101		2

勝 エンス3試合1勝2敗
敗 上原2試合2敗
本 万波3号①＝増田

【石川直也】九回に登板し2死満塁から2つの暴投で全走者を生還させる
「(暴投はどちらも)投げたのはフォーク。もったいなかった」

2-6

✎エンス

西武		打	安	点	本	打率
⑨	愛斗	4	2	0	②	.304
⑤	呉念庭	2	1	1		.300
5	佐藤龍	1	0	0		.200
④	外崎	4	1	0	②	.273
DH	中村	3	0	1	①	.313
③	マキノン	4	2	0	①	.241
⑧	ペイトン	3	0	1	②	.213
⑦	鈴木	4	2	0		.242
R7	金子	0	0	0		.100
②	柘植	3	1	0		.259
⑥	児玉	4	0	0		.262
犠盗失併残 20015		32	9	3		.243

日本ハム		打	安	点	本	打率
⑦	松本剛	4	0	0		.212
④	水野	3	0	0		.200
H	今川	1	1	0		.333
R4	奈良間	0	0	0		.000
⑤	清宮	4	1	0	①	.286
DH	野村	4	1	0	③	.250
⑨3	万波	3	1	1	❸	.316
③	マルティネス	1	0	0		.185
R9	矢沢	1	0	0		.259
⑥	上川畑	2	0	1		.152
②	伏見	2	0	0		.095
H	谷内	1	0	0		.222
2	宇佐見	1	0	0		.000
⑧	江越	4	1	0		.182
犠盗失併残 00027		31	5	2		.199

	回	打	投	安	振	球	失	責	防御率
勝 エンス	6	19	91	0	8	2	0	0	4.26
H 森脇	⅔	6	21	2	1	2	1	1	4.50
H 平井	⅔	4	11	2	0	0	0	0	0.00
H 佐藤隼	⅓	1	1	0	0	0	0	0	0.00
H ティノコ	⅓	1	4	0	1	0	0	0	5.06
増田	1	5	22	1	2	1	1	1	7.20
敗 上原	4⅔	20	74	5	3	2	2	2	3.72
鈴木	1⅓	4	18	0	1	0	0	0	0.00
ロドリゲス	1	3	10	1	1	0	0	0	1.69
田中正	1	5	19	1	0	1	1	1	1.80
石川	1	6	22	2	0	1	3	3	5.40

三マキノン　二愛斗　暴石川2
3時間18分

4.18(火) VS 千葉ロッテ

奈良間初アーチ

ファイターズは逆転負けし、3連敗。打線は三回、奈良間大己のプロ初安打となる1号ソロで先制したが、逆転された直後の四回以降はつながりを欠き、九回に1点を返すにとどまった。先発金村尚真は6回4安打4失点(自責点2)でプロ初黒星を喫した。

三回無死、プロ初本塁打を放つ奈良間

◇エスコンフィールド北海道④ 16,606人
ロッテ4勝

ロッテ	000	202	000		4
日本ハム	001	000	001		2

勝 小島3試合1勝1敗
S 益田6試合5S
敗 金村3試合1勝1敗
本 奈良間1号①＝小島

【マルティネス】今季2度目のマルチ安打
「(3月のWBCの)キューバ代表の時から結果が残っていなくて、危惧していた。何としても結果を良くしようと練習してきた」

2-4

✎小島和哉

ロッテ		打	安	点	本	打率
⑧	藤原	5	2	0	①	.333
⑥	友杉	5	3	1		.348
④	中村奨	4	0	0	①	.160
⑦	山口	3	1	2		.217
7	岡	0	0	0	①	.158
⑤	安田	4	0	0	①	.244
③	茶谷	4	0	0		.227
DH	ポランコ	3	0	0	①	.103
RD	小川	0	0	0		.000
②	田村	4	1	0		.167
⑨	平沢	3	0	0	①	.105
犠盗失併残 01007		35	7	3		.220

日本ハム		打	安	点	本	打率
⑦	松本剛	4	0	0		.196
⑧	五十幡	4	1	0		.132
⑤	清宮	3	0	0	①	.269
③	野村	3	1	0	③	.255
⑨	万波	4	0	0	③	.286
DH	マルティネス	4	2	1		.226
⑥	上川畑	2	0	0		.146
H	矢沢	1	0	0		.250
②	伏見	2	0	0		.087
H	今川	1	0	0		.313
2	清水	0	0	0		.167
④	奈良間	3	1	1	❶	.167
犠盗失併残 00105		31	5	2		.196

	回	打	投	安	振	球	失	責	防御率
勝 小島	6⅓	23	84	2	6	3	1	1	2.55
H ペルドモ	⅔	3	12	1	1	0	0	0	2.70
H 沢村	1	3	14	0	1	0	0	0	5.40
S 益田	1	5	17	2	2	0	1	1	1.50
敗 金村	6	23	91	4	8	0	4	2	2.45
池田	1	3	9	0	0	0	0	0	3.86
宮西	1	6	16	2	0	1	0	0	2.08
井口	1	6	33	1	1	2	0	0	5.40

三藤原　二山口　盗友杉②　失奈良間　暴金村2
2時間54分

4.19(水) VS 千葉ロッテ

追い上げ届かず　4連敗

ファイターズは千葉ロッテに逃げ切られ4連敗、借金は8となった。先発伊藤大海は井上晴哉に先制2ランを浴びるなど6回4失点と粘れず2敗目。打線は相手を上回る11安打を放ち、終盤も追い上げたが、あと一本が出なかった。

九回2死一、三塁、右飛に倒れた万波

◇エスコンフィールド北海道⑤ 15,843人
ロッテ5勝

ロッテ	022	000	000		4
日本ハム	010	001	010		3

勝 森1試合1勝
S 沢村6試合1勝2S
敗 伊藤3試合2敗
本 井上1号②＝伊藤

【宮内春輝】八回にプロ初登板し1回無失点
「ブルペンでそわそわしたが、マウンドでは意外と落ち着いていた。ゼロで抑えることが使命だったので100点の投球だった」

3-4

✎森遼大朗

ロッテ		打	安	点	本	打率
⑧	藤原	5	2	1	①	.339
⑥	友杉	4	0	0		.296
④	中村奨	3	1	1	①	.170
⑦	山口	4	0	0		.200
⑤	安田	4	1	0	①	.244
③	茶谷	2	0	0		.208
H32	佐藤都	1	0	0		.167
DH	井上	3	2	2	❶	.238
②	江村	2	0	0		.000
H	角中	1	0	0		.250
3	大下	0	0	0		.000
⑨	平沢	4	2	0	①	.174
犠盗失併残 20007		33	8	4		.222

日本ハム		打	安	点	本	打率
⑧	五十幡	3	0	0		.122
8	江越	2	0	0		.154
⑦	松本剛	5	3	0		.230
⑤	清宮	4	3	0	①	.304
③	野村	5	0	0	③	.233
⑨	万波	5	1	0	③	.277
DH	マルティネス	3	0	0		.206
⑥	谷内	4	3	2		.385
②	宇佐見	1	0	0		.000
H	今川	1	0	0		.294
2	清水	0	0	0		.167
④	水野	4	1	1		.214
犠盗失併残 10101		37	11	3		.203

	回	打	投	安	振	球	失	責	防御率
勝 森	5⅓	22	81	5	2	1	2	2	3.38
H 坂本	⅔	4	19	1	0	1	0	0	0.00
H 唐川	1	5	19	1	0	1	0	0	0.00
H 小野	1	5	18	2	2	0	1	1	4.50
S 沢村	1	5	16	2	1	0	0	0	4.50
敗 伊藤	6	26	101	5	4	3	4	3	4.08
河野	1	3	11	0	1	0	0	0	0.00
宮内	1	4	10	1	1	0	0	0	0.00
玉井	1	5	19	2	0	0	0	0	1.93

二藤原　清宮　万波　失谷内　暴小野
3時間14分

4.20(木) VS 千葉ロッテ

救世主「サブマリン」

ファイターズは投手陣が今季初めて無失点に抑え、連敗を4で止めた。今季初先発の鈴木健矢が6回1安打無失点で2勝目。石川直也は今季初セーブ。打線は三回に松本剛、四回に奈良間大己がそれぞれ犠飛を放ち、1点ずつ挙げた。

先発の鈴木が6回1安打無失点で2勝目

◇エスコンフィールド北海道⑥ 15,816人
ロッテ5勝1敗

ロッテ	000	000	000		0
日本ハム	001	100	00X		2

勝 鈴木7試合2勝
S 石川6試合1S
敗 メルセデス3試合2敗

【松本剛】三回に先制の左犠飛
「最低限(の仕事)。チームとして点が簡単に取れていないのは事実。打線となってつながっていければ」

2-0

✎鈴木健矢　奈良間大己　松本剛

ロッテ		打	安	点	本	打率
⑧	藤原	4	0	0	①	.317
⑥	藤岡	4	0	0		.333
④	中村奨	4	0	0	①	.158
⑦	山口	4	1	0		.204
⑤	安田	3	1	0	①	.250
③	井上	3	0	0	①	.208
DH	ポランコ	3	1	0	①	.119
②	田村	3	0	0		.143
⑨	平沢	2	0	0	①	.160
犠盗失併残 00026		30	3	0		.215

日本ハム		打	安	点	本	打率
⑨	今川	2	1	0		.316
9	江越	1	1	0		.214
⑦	松本剛	3	1	1		.234
⑤	清宮	3	0	0	①	.288
DH	野村	2	1	0	③	.242
③	万波	4	1	0	③	.275
④	谷内	1	0	0		.357
⑥	奈良間	2	0	1	①	.125
6	上川畑	0	0	0		.146
②	伏見	3	0	0		.077
⑧	矢沢	2	0	0		.233
8	五十幡	0	0	0		.122
犠盗失併残 31116		23	5	2		.204

	回	打	投	安	振	球	失	責	防御率
敗 メルセデス	6	24	92	3	1	5	2	2	1.53
西村	1	3	8	0	2	0	0	0	0.00
中村稔	1	5	19	2	2	1	0	0	0.00
勝 鈴木	6	21	79	1	1	2	0	0	0.00
H ロドリゲス	1	5	16	1	1	1	0	0	1.42
H 田中正	1	3	9	0	2	0	0	0	1.50
S 石川	1	4	12	1	1	0	0	0	4.50

二安田　万波　江越　盗今川①　失清宮
2時間17分

4.21(金) VS 東北楽天

悪夢の幕切れ

ファイターズはサヨナラ負け。7－6の九回、6番手の田中正義が無死満塁とされ、西川遥輝に同点打、山崎剛に決勝打を許した。打線は0－1の五回、6本の長短打など打者12人で7点を奪い一時逆転したが、以降は得点できなかった。

九回無死満塁、山崎にサヨナラ打を浴びた田中正

◇楽天モバイルパーク宮城④ 16,442人
楽天3勝1敗

日本ハム	000	070	000		7
楽　天	100	031	012X		8

勝 鈴木翔10試合1勝
敗 田中正7試合1敗
本 西川1号①＝ロドリゲス

【田中正義】九回に決勝打を打たれる
「みんなが最後までつないだマウンドを守れず申し訳ない」

7-8×

✎西川遥輝　山崎剛

日本ハム		打	安	点	本	打率
⑦	松本剛	4	1	0		.235
④	谷内	4	0	0		.278
⑨	アルカンタラ	4	1	1		.200
9	江越	0	0	0		.214
DH	野村	5	2	3	③	.254
③	万波	3	1	0	③	.278
⑥	上川畑	3	2	1		.176
⑤	奈良間	4	1	1	①	.167
②	伏見	4	1	0		.100
⑧	矢沢	3	1	0		.242
8	五十幡	1	1	0		.143
犠盗失併残 11116		35	11	6		.211

楽天		打	安	点	本	打率
⑤4	小深田	5	2	0		.294
⑦	島内	4	2	2		.172
5	村林	0	0	0		—
④3	浅村	3	1	1	②	.189
DH	フランコ	5	2	1	②	.222
RD	岡島	0	0	0		.235
②	安田	4	0	0	①	.250
H	太田	0	0	0	①	.143
⑧	田中和	3	0	0		.000
H7	西川	2	2	2	❶	.200
⑥	山崎	5	2	1		.273
③	伊藤裕	3	2	0	①	.176
H	鈴木大	1	1	0		.182
R8	辰己	0	0	0	①	.143
⑨	小郷	3	2	1		.222
犠盗失併残 22011		38	16	8		.201

	回	打	投	安	振	球	失	責	防御率
加藤貴	5⅓	25	87	8	5	1	5	4	3.49
H 玉井	⅔	4	11	2	1	0	0	0	1.69
H 池田	1	3	10	0	0	1	0	0	3.18
H ロドリゲス	⅓	3	12	2	1	0	1	1	2.70
H 宮西	⅔	3	11	0	1	1	0	0	1.80
敗 田中正	0/3	5	18	4	0	0	2	2	4.50
田中将	4⅔	22	89	6	3	2	7	7	3.63
酒居	⅓	3	17	1	1	1	0	0	0.00
宮森	1	4	19	1	3	0	0	0	4.26
安楽	1	5	22	2	2	0	0	0	4.50
宋家豪	1	3	11	1	0	0	0	0	5.40
勝 鈴木翔	1	3	13	0	1	1	0	0	3.12

三奈良間　二島内　万波　矢沢　野村　小郷　盗五十幡④　小深田④　辰己⑤　失田中正　逸伏見　安田　暴田中将
3時間48分

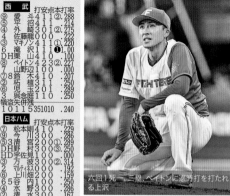

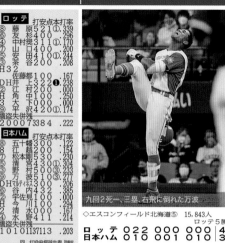

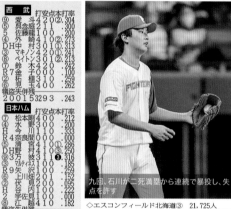

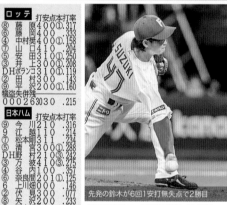

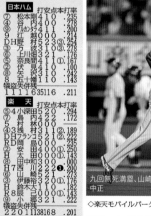

4.22(土) VS 東北楽天

投打がっちり 逃げ切る

ファイターズが逃げ切った。打線は六回、野村佑希の左中間への2点二塁打などで3点を先制。七回はアルカンタラの右前適時打、八回は上川畑大悟の中前適時打でそれぞれ加点した。先発上沢直之は7回2/3を投げ、8安打3失点で2勝目。

六回1死一、二塁、野村が先制適時打を放つ

日本ハム		打	安	点	本	打率
⑧	矢沢	3	0	0		.222
H8	五十幡	2	1	0		.159
⑤	アルカンタラ	3	2	1		.375
4	水野	1	1	0		.267
⑦	松本剛	4	1	0		.236
③	野村	4	1	2	③	.254
3	谷内	0	0	0		.278
⑨	万波	4	1	0	③	.276
R9	江越	0	0	0		.214
DH	マルティネス	4	1	1		.211
⑥	上川畑	3	1	1		.185
②	伏見	4	0	0		.088
④5	奈良間	4	0	0	①	.125
犠盗失併残	02147	36	9	5		.213

楽天		打	安	点	本	打率
④	小深田	4	1	0		.291
⑦	島内	3	1	0		.180
DH	浅村	4	1	0	②	.193
⑤	フランコ	4	1	0	②	.224
③	鈴木大	3	0	0		.143
H9	岡島	1	1	2	❶	.278
⑨	小郷	3	1	0		.250
3	村林	0	0	0		―
⑥	山崎	3	1	1	❶	.276
②	太田	2	1	0	①	.222
H2	安田	1	0	0	①	.240
H	伊藤裕	1	1	0	①	.222
⑧	西川	3	1	0	①	.231
犠盗失併残	11007	32	10	3		.208

	回	打	投	安	振	球	失	責	防御率
勝 上沢	7⅔	32	105	8	2	4	3	3	5.48
H 河野	⅓	2	6	1	0	0	0	0	0.00
S 宮西	1	3	12	1	1	0	0	0	1.50
敗 荘司	5⅔	24	92	4	6	3	3	3	4.76
安楽	⅓	1	4	0	0	0	0	0	4.26
宋家豪	1	5	14	2	0	0	1	1	6.00
伊藤茉	1	5	22	2	1	0	1	1	2.84
内	1	4	12	1	0	0	0	0	0.00

三水野　二アルカンタラ　野村　浅村　盗五十幡⑤　江越①　小郷②　失野村　3時間10分

◇楽天モバイルパーク宮城⑤　17,161人　楽天3勝2敗

日本ハム	000	003	110	5
楽天	000	000	120	3

勝　上沢4試合2勝1敗
S　宮西8試合1S
敗　荘司1試合1敗
本　山崎1号①＝上沢　岡島1号②＝上沢

【宮西尚生】今季初セーブ

「(リードした場面での登板は)何度も経験してきた。失敗できないプレッシャーはあったけど、これがオレの仕事」

5-3

野村佑希

4.23(日) VS 東北楽天

延長で力尽く

ファイターズは延長サヨナラ負け。先発上原健太は2回0/3を3失点で降板。以降はメネズらが踏ん張ったが、同点の延長十一回、7番手の玉井大翔が辰己涼介に適時打を浴びた。打線は一回、松本剛のソロで先制。七回に追いついたが、その後はつながらなかった。

延長十一回1死一、二塁からサヨナラ打を浴びた玉井

日本ハム		打	安	点	本	打率
⑦	松本剛	5	2	1	❶	.247
⑥	上川畑	4	1	0		.190
④5	アルカンタラ	5	1	1		.308
⑤3	野村	4	0	0	③	.240
③9	万波	5	1	0	③	.270
⑨	今川	4	0	0		.261
4	水野	1	0	0		.250
DH	マルティネス	4	0	0		.190
②	清水	4	3	0		.400
⑧	江越	3	0	1		.176
犠盗失併残	21009	39	8	3		.213

楽天		打	安	点	本	打率
⑦	小深田	3	0	1		.276
DH	島内	5	2	1		.197
④	浅村	5	2	0	②	.210
⑤	フランコ	4	0	0	②	.210
5	村林	0	0	0		―
H	鈴木大	1	1	0		.200
R	田中和	0	0	0		.000
⑧9	岡島	4	0	0	①	.227
⑥	山崎	3	0	0	①	.262
⑨	小郷	4	1	0		.250
8	辰己	1	1	1	①	.160
③	伊藤裕	1	0	0	①	.211
②	炭谷	2	1	1	①	.286
H	西川	1	0	0	①	.214
2	太田	1	0	0	①	.200
犠盗失併残	31008	35	8	4		.209

	回	打	投	安	振	球	失	責	防御率
上原	2 0/3	12	49	5	0	2	3	3	5.40
メネズ	3	10	31	1	3	0	0	0	4.15
河野	1	3	15	0	0	0	0	0	0.00
H 池田	1	4	15	0	1	1	0	0	2.70
H ロドリゲス	1	3	10	0	0	0	0	0	2.35
H 田中正	1	4	16	0	1	1	0	0	3.86
敗 玉井	1⅓	7	16	2	1	1	1	1	2.70
岸	5	22	94	4	4	3	2	2	6.92
H 宮森	1	3	5	0	0	0	0	0	3.68
鈴木翔	⅔	5	15	3	0	0	1	1	3.86
H 伊藤茉	⅓	1	5	0	0	0	0	0	2.70
H 西口	1	3	13	0	1	0	0	0	3.60
H 松井裕	2	7	29	0	3	1	0	0	0.00
勝 内	1	4	14	1	2	0	0	0	0.00

二浅村　アルカンタラ　辰己　盗今川②　山崎②　4時間

◇楽天モバイルパーク宮城⑥　21,128人　楽天4勝2敗

日本ハム	100	100	100	00	3
楽天	030	000	000	01X	4

(延長十一回)

勝　内3試合1勝
敗　玉井8試合1敗
本　松本剛1号①＝岸

【アルカンタラ】七回、左翼線へ一時同点の適時二塁打

「(最初は)セーフティーバントを狙ったが(相手守備の)ポジションを見て切り替えた。良い結果が出て良かった」

3-4×

内星龍　辰己涼介

4.25(火) VS オリックス

打撃戦落とす

逆転負けで2連敗のファイターズは借金が9に膨らんだ。先発伊藤大海が五回持たず6失点と序盤のリードを守れなかった。打線は二回に4連打で同点に追いつき、中盤に再び逆転されても諦めず、3試合ぶりの2桁安打と攻め立てたが及ばなかった。

九回1死二塁、三振を喫した万波

オリックス		打	安	点	本	打率
③	太田	3	0	1	①	.238
⑤	宗	5	2	0	①	.233
⑧	中川圭	3	1	0	①	.268
②	森	5	3	4	❹	.306
⑦	杉本	4	1	1	❼	.243
DH	シュウィンデル	5	1	2		.235
⑥	紅林	4	1	0		.391
④	ゴンザレス	3	0	0	④	.194
⑨	茶野	2	2	0		.299
犠盗失併残	21117	34	11	8		.256

日本ハム		打	安	点	本	打率
④	奈良間	4	1	1	①	.150
H4	谷内	1	0	0		.263
⑨	今川	2	1	0		.280
⑦	松本剛	5	4	3	①	.280
DH	野村	5	0	0	③	.225
③	万波	4	0	0	③	.254
⑥	上川畑	4	0	0		.177
⑤	アルカンタラ	4	2	2	❶	.353
②	伏見	4	2	0		.132
R	五十幡	0	0	0		.159
2	清水	0	0	0		.400
⑧	江越	3	1	1		.200
犠盗失併残	11018	36	11	7		.218

	回	打	投	安	振	球	失	責	防御率
宮城	1⅔	13	46	6	0	3	5	5	3.52
吉田	⅓	2	15	0	1	1	0	0	0.00
勝 コットン	4	15	66	3	9	1	1	1	2.25
H 本田	1	3	12	0	1	0	0	0	0.93
H 山崎颯	1	5	22	1	0	0	1	1	3.12
S 阿部	1	4	17	1	2	0	0	0	6.75
敗 伊藤	4 0/3	22	84	6	1	5	6	6	5.82
玉井	1	4	14	1	1	0	1	1	3.52
河野	1	4	18	1	1	1	0	0	0.00
宮内	2	9	37	3	3	0	1	1	3.00
堀	1	3	17	0	1	0	0	0	0.00

二シュウィンデル　アルカンタラ　盗中川圭①　今川③　失紅林　暴阿部　3時間44分

◇エスコンフィールド北海道④　19,605人　2勝2敗

オリックス	300	130	100	8
日本ハム	050	001	010	7

勝　コットン1試合1勝
S　阿部6試合1S
敗　伊藤4試合3敗
本　森3号②＝伊藤　森4号①＝宮内　杉本7号①＝玉井　アルカンタラ1号①＝山崎颯

【堀瑞輝】この日昇格し今季初登板。九回を三者凡退

「初めての新球場のマウンドは楽しかった。(昨季左肩を痛めた影響で)球速が戻ってないことは納得していないが、しっかりバッターと勝負できた」

7-8

森友哉

4.26(水) VS オリックス

田中正 プロ初セーブ

ファイターズが逃げ切り、連敗を2で止めた。打線は今季初めて4番に座った万波中正が二塁打2本を放ち、今季最多の4打点。先発鈴木健矢は5回4安打無失点で3勝目を挙げ、7年目の田中正義がプロ初セーブをマークした。

九回から5番手で登板した田中正が試合を締める

オリックス		打	安	点	本	打率
③	太田	3	0	0	①	.222
H	西野	1	0	0		.167
⑤	宗	3	0	0	①	.224
⑧	中川圭	4	1	1	❷	.267
②	森	3	3	1	❺	.333
⑦	杉本	4	1	1	❽	.243
⑥	紅林	4	0	0		.333
DH	頓宮	4	0	0	①	.238
④	ゴンザレス	4	2	0	④	.211
⑨	茶野	4	0	0		.282
犠盗失併残	01007	34	7	3		.253

日本ハム		打	安	点	本	打率
⑨	今川	4	2	0		.310
8	五十幡	0	0	0		.159
④	奈良間	3	1	0	①	.174
H4	細川	1	0	0		.000
⑦	松本剛	3	1	0	①	.282
③	万波	4	2	4	③	.268
⑤	アルカンタラ	2	0	0	①	.316
5	谷内	0	0	0		.263
DH	マルティネス	4	2	2	❶	.217
⑥	上川畑	4	0	0		.167
②	伏見	3	0	0		.122
⑧9	江越	3	0	0		.174
犠盗失併残	00116	31	8	6		.219

	回	打	投	安	振	球	失	責	防御率
敗 田嶋	4⅓	22	87	7	2	2	6	6	4.38
漆原	1	5	30	1	2	2	0	0	0.00
近藤	⅔	2	9	0	2	0	0	0	4.26
ワゲスパック	1	4	26	0	1	1	0	0	6.14
曽谷	1	3	16	0	2	0	0	0	0.00
勝 鈴木	5	20	77	4	2	1	0	0	0.00
堀	0/3	3	10	3	0	0	3	3	27.00
H 池田	2	7	32	0	1	1	0	0	2.08
H 宮西	1	4	21	0	1	1	0	0	1.29
S 田中正	1	3	10	0	2	0	0	0	3.38

二ゴンザレス　万波2　森　盗森①　失鈴木　暴漆原　池田　3時間21分

◇エスコンフィールド北海道⑤　19,072人　日本ハム3勝2敗

オリックス	000	003	000	3
日本ハム	022	020	00X	6

勝　鈴木8試合3勝
S　田中正9試合1敗1S
敗　田嶋4試合2勝2敗
本　マルティネス1号②＝田嶋　中川圭2号①＝堀　森5号①＝堀　杉本8号①＝堀

【マルティネス】二回、移籍後初アーチとなる先制の2ラン

「(初めてお立ち台に上がり)長い間この瞬間を待ち望んでいた。今季第1号を4月中に打てて良かった」

6-3

マルティネス　田中正義　万波中正

4.28(金) VS 福岡ソフトバンク

粘りの継投実らず

ファイターズは延長戦で競り負けて、連勝を逃した。先制され3点差をつけられても追いつき、延長にもつれ込む粘りを発揮したが、延長十回1死一、二塁から、4番手の池田隆英が柳田悠岐に3点本塁打を浴びて勝ち越された。

延長十回1死一、二塁、柳田に勝ち越し3ランを浴びた池田(右)

ソフトバンク		打	安	点	本	打率
④	三森	5	2	0		.231
⑧9	佐藤直	4	2	1		.333
⑦	近藤	4	1	1	②	.280
7	柳町	0	0	0		.250
DH	柳田	5	4	4	❷	.358
⑤	栗原	5	1	0	④	.238
5	川瀬	0	0	0		.000
③	リチャード	5	1	0		.200
R8	周東	0	0	0		.189
⑨3	中村晃	5	1	0	①	.284
⑥	今宮	5	1	0		.209
②	甲斐	3	0	0		.164
犠盗失併残	21008	41	13	6		.238

日本ハム		打	安	点	本	打率
⑤	アルカンタラ	4	0	0	①	.261
⑧	五十幡	4	1	0		.167
⑦	松本剛	3	1	1	①	.284
③	野村	4	0	0	③	.214
9	江越	0	0	0		.174
⑨3	万波	4	1	2	❹	.267
DH	マルティネス	3	0	0	①	.204
⑥	上川畑	4	0	0		.157
②	伏見	4	1	0		.133
④	細川	3	1	0		.250
4	水野	1	0	0		.235
犠盗失併残	11005	34	5	3		.216

	回	打	投	安	振	球	失	責	防御率
石川	7	29	107	5	4	3	3	3	3.47
H 松本裕	1	3	12	0	0	0	0	0	0.00
勝 津森	1	3	7	0	0	0	0	0	3.24
S オスナ	1	3	16	0	1	0	0	0	0.00
加藤貴	7	29	93	8	3	0	3	3	3.57
H 宮西	1	4	9	1	0	0	0	0	1.13
H 田中正	1	3	10	0	1	0	0	0	3.00
敗 池田	⅔	6	17	3	0	1	3	3	4.82
河野	⅓	2	4	1	0	0	0	0	0.00

三五十幡　二佐藤直　近藤　三森　中村晃　盗佐藤直②　五十幡⑥　3時間

◇エスコンフィールド北海道③　19,832人　ソフトバンク3勝

ソフトバンク	201	000	000	3	6
日本ハム	000	300	000	0	3

(延長十回)

勝　津森9試合3勝
S　オスナ8試合6S
敗　池田7試合1敗
本　万波4号②＝石川　柳田2号③＝池田

【加藤貴之】7回3失点と粘投したが、初回の2失点を反省

「(前の登板は5回1/3、5失点で)前回が前回だったので気合が入りすぎていた。ずるずるいかないようにと投げていた」

3-6

柳田悠岐

4.29(土) VS 福岡ソフトバンク

上沢 復調証明

ファイターズが競り勝った。先発上沢直之は再三走者を出したが、7回を8安打1失点で切り抜け3勝目。田中正義が2セーブ目を挙げた。打線は一回に上川畑大悟の2点打、四回に野村佑希のソロで3得点した。

二回2死満塁、甲斐を空振り三振に仕留めた上沢

ソフトバンク		打	安	点	本	打率
④	三森	4	0	0		.176
⑧	周東	1	1	0		.204
8	佐藤直	3	1	1	❶	.333
DH	近藤	4	0	0	②	.266
⑨	柳田	4	2	0	②	.366
⑤	栗原	4	0	0	④	.226
③	中村晃	4	2	0	①	.296
⑥	今宮	4	1	0		.211
⑦	柳町	2	1	0		.333
②	甲斐	2	0	0		.158
H	ガルビス	1	0	0		.167
2	海野	0	0	0		―
犠盗失併残	00006	33	8	1		.238

日本ハム		打	安	点	本	打率
⑤	野村	4	2	1	❹	.227
4	水野	0	0	0		.235
DH	松本剛	4	1	0	①	.283
④	アルカンタラ	4	1	0	①	.259
5	谷内	0	0	0		.263
③	万波	2	0	0	④	.260
⑦	今川	3	0	0		.281
H9	江越	0	0	0		.174
⑥	上川畑	4	2	2		.176
②	清水	2	0	0		.333
⑨7	矢沢	3	1	0		.231
⑧	五十幡	4	2	0		.192
犠盗失併残	20019	30	9	3		.219

	回	打	投	安	振	球	失	責	防御率
敗 東浜	7⅓	32	103	9	3	2	3	3	3.70
田浦	⅔	4	15	0	1	2	0	0	0.00
勝 上沢	7	28	116	8	10	1	1	1	4.50
H ロドリゲス	⅓	1	6	0	1	0	0	0	2.25
H 宮西	⅔	2	5	0	0	0	0	0	1.04
S 田中正	1	3	14	0	2	0	0	0	2.70

3時間1分

◇エスコンフィールド北海道④　26,037人　ソフトバンク3勝1敗

ソフトバンク	000	001	000	1
日本ハム	200	100	00X	3

勝　上沢5試合3勝1敗
S　田中正11試合1敗2S
敗　東浜4試合2勝2敗
本　野村4号①＝東浜　佐藤直1号①＝上沢

【野村佑希】四回に4号ソロを放ち、復調のきざし

「ボス(新庄監督)には気分転換というか、思い切りいってくれと言われた。なんとか1本出てほっとしている」

3-1

上川畑大悟　野村佑希　上沢直之

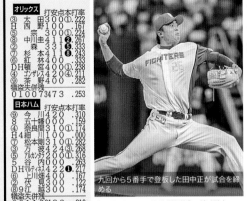

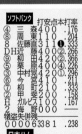

4.30（日） VS 福岡ソフトバンク

矢沢 待望1号

ファイターズは2連勝で新本拠地では初のカード勝ち越し。三回に、松本剛の適時打と万波中正の犠飛で2点を先制。五回には新人矢沢宏太がプロ初本塁打のソロを放つなど打線がつながり、逃げ切った。六回を無失点の3番手堀瑞輝が今季初白星。

ソフトバンク		打	安	点	本	打率
⑧	佐藤直	4	0	0	①	.231
④	三森	3	0	0		.150
H4	ガルビス	1	0	0		.154
DH	近藤	2	0	0	②	.259
⑨	柳田	4	2	0	②	.373
⑤	栗原	4	1	0	④	.227
⑦	増田	4	1	0	①	.211
③	中村晃	3	1	0	①	.297
⑥	今宮	3	2	0		.230
②	甲斐	1	0	0		.155
H	リチャード	0	0	0		.200
H	柳町	1	1	1		.429
2	海野	1	0	0		.000
犠盗失併残	0 0 1 1 5	31	8	1		.239

日本ハム		打	安	点	本	打率
⑤	アルカンタラ	3	1	1	❷	.267
9	江越	0	0	0		.174
⑦	松本剛	4	2	2	①	.292
③	万波	3	0	1	④	.250
DH	野村	3	0	0	④	.220
②	マルティネス	2	1	0	①	.216
2	伏見	2	0	0		.128
⑥	上川畑	4	0	0		.167
④5	谷内	4	1	0		.261
⑨	矢沢	2	1	1	❶	.244
4	水野	0	0	0		.235
⑧	五十幡	3	2	0		.218
犠盗失併残	1 1 0 3 5	30	8	5		.221

		回	打	投	安	振	球	失	責	防御率
敗	藤井	4⅓	20	83	7	5	1	4	4	2.49
	田浦	⅔	3	8	0	0	1	0	0	0.00
	大津	1	4	17	0	0	1	0	0	3.86
	板東	1	4	17	1	2	0	1	1	4.50
	古川	1	3	12	0	1	0	0	0	2.25
	メネズ	4⅓	17	66	4	2	2	1	1	3.46
H	宮内	⅔	3	13	1	0	0	0	0	2.45
勝	堀	1	4	19	1	1	0	0	0	13.50
H	玉井	1	3	12	1	0	0	0	0	3.12
	ロドリゲス	1	3	9	0	1	0	0	0	2.00
	杉浦	1	3	5	1	0	0	0	0	0.00

二栗原　盗五十幡⑦　失三森
3時間10分

五回、先頭の矢沢がプロ初本塁打を放つ

◇エスコンフィールド北海道⑤　24,461人
ソフトバンク3勝2敗

ソフトバンク	000	010	000	1
日本ハム	002	020	10X	5

勝　堀3試合1勝
敗　藤井4試合2勝2敗
本　矢沢1号①＝藤井　アルカンタラ2号①＝板東

【五十幡亮汰】 三回、三塁走者として浅い右飛でタッチアップに成功。五回には1盗塁
「（タッチアップは）あそこで勝負できる選手じゃないといけない。盗塁王にもこだわりたい」

5-1

矢沢宏太　松本剛

5.2（火） VS 埼玉西武

今季初3連勝

ファイターズが今季初の3連勝。今季5度目の登板の先発伊藤大海は7回1失点で初白星を挙げた。打線は三回、五十幡亮汰の安打と2盗塁で無死三塁とし、江越大賀のスクイズで1点を先制した。六、八、九回にも2点ずつ加えた。

日本ハム		打	安	点	本	打率
⑤	アルカンタラ	4	0	0	②	.235
5	奈良間	0	0	0	①	.174
④	谷内	4	2	0		.296
4	水野	0	0	1		.235
⑦	松本剛	3	1	0	①	.293
DH	野村	4	2	1	④	.232
③	万波	5	0	1	④	.235
⑥	上川畑	2	1	0		.175
②	伏見	4	0	0		.118
⑧	五十幡	4	2	0		.237
8	細川	0	0	0		.250
⑨	江越	3	1	2		.192
犠盗失併残	4 3 0 1 7	33	9	5		.223

西武		打	安	点	本	打率
⑨	愛斗	4	2	0	②	.283
⑧	西川	4	1	0		.300
④	外崎	4	1	1	⑤	.310
DH	中村	4	0	0	⑦	.343
⑤	マキノン	4	0	0	③	.247
③	山川	4	0	0		.233
⑦	鈴木	2	1	0		.273
②	柘植	3	0	0		.250
⑥	滝沢	2	0	0	①	.250
H6	呉念庭	1	1	0		.261
犠盗失併残	0 3 3 0 5	32	6	1		.251

		回	打	投	安	振	球	失	責	防御率
勝	伊藤	7	26	108	4	6	1	1	1	4.71
	ロドリゲス	1	3	7	1	0	0	0	0	1.80
	宮内	1	4	8	1	0	0	0	0	1.93
敗	エンス	6	24	96	4	3	1	3	1	3.75
	本田	1	3	10	0	0	0	0	0	1.04
	大曲	1	7	38	1	2	2	2	0	1.13
	張奕	1	7	31	4	1	1	2	2	9.00

三江越　盗野村①　五十幡2⑨　愛斗②　外崎⑦　鈴木④　失マキノン　山川　エンス　暴大曲
3時間10分

先発の伊藤は7回1失点で今季初勝利

◇ベルーナドーム④　18,785人
2勝2敗

日本ハム	001	002	022	7
西武	000	001	000	1

勝　伊藤5試合1勝3敗
敗　エンス5試合1勝4敗

【伊藤大海】 7回1失点の好投で今季初勝利
「ようやくぐっすり眠れる」

7-1

伊藤大海

5.3（水） VS 埼玉西武

連勝ストップ

ファイターズが競り負けた。打線は埼玉西武を上回る11安打を放ったものの好機であと一本が出ず。七回にはマルティネス、五十幡亮汰の連打と四球で無死満塁としたが、後続が打ち取られた。先発鈴木健矢は5回2失点（自責点0）で今季初黒星。

日本ハム		打	安	点	本	打率
⑦	松本剛	4	2	0	①	.301
④	谷内	5	2	0		.313
R	細川	0	0	0		.250
DH	万波	5	1	0	④	.233
③	野村	3	2	1	④	.245
⑥	上川畑	4	1	0		.179
⑤	アルカンタラ	3	0	0	②	.216
5	水野	1	0	0		.222
②	伏見	2	0	0		.113
H	マルティネス	1	1	0	①	.231
R	江越	0	0	0		.192
2	清水	1	0	0		.308
⑧	五十幡	4	1	0		.238
⑨	矢沢	3	1	0	①	.250
犠盗失併残	0 0 2 0 11	36	11	1		.226

西武		打	安	点	本	打率
⑨	愛斗	4	2	0	②	.291
⑧	西川	2	0	0		.250
④	外崎	3	1	1	⑤	.311
⑤3	マキノン	4	0	0	③	.238
DH	栗山	3	1	0		.148
RD	若林	0	0	0	①	.235
③	山川	4	1	2		.235
R5	呉念庭	0	0	0		.261
⑦	鈴木	4	1	0		.271
②	古賀	3	1	0		.259
⑥	滝沢	2	1	0	①	.333
犠盗失併残	3 1 0 1 7	29	8	3		.252

		回	打	投	安	振	球	失	責	防御率
敗	鈴木	5	22	86	5	1	2	2	0	0.00
	池田	1	3	11	0	0	0	0	0	4.35
	堀	1	4	14	1	0	0	0	0	9.00
	杉浦	1	5	24	2	1	0	1	1	4.50
勝	平良	7	29	115	8	6	2	1	1	1.73
H	ティノコ	⅓	3	8	1	0	1	0	0	4.15
H	佐藤隼	⅔	2	7	0	0	0	0	0	1.13
S	増田	1	5	16	2	1	0	0	0	6.75

三野村　二万波　矢沢　マルティネス　古賀　山川　盗鈴木(西)⑤　失アルカンタラ　鈴木
3時間2分

七回2死二、三塁、打ち取られた谷内

◇ベルーナドーム⑤　27,520人
西武3勝2敗

日本ハム	000	100	000	1
西武	000	110	01X	3

勝　平良4試合3勝
S　増田8試合5S
敗　鈴木9試合3勝1敗

【鈴木健矢】 この時点で計24回を投げて自責点はなく、防御率0.00
「自分のせいで点を取られているので全然（数字は）気にしていない」

1-3

佐藤隼輔　平良海馬

5.4（木） VS 埼玉西武

万波 決勝ソロ

ファイターズは5投手による完封リレーで守り勝って、2カード連続で勝ち越し。今季初先発の北山亘基が6回を無安打2四球、5奪三振の好投。以降は4投手の継投で埼玉西武打線を封じた。打線は七回に万波中正のソロで1点を奪った。

日本ハム		打	安	点	本	打率
⑦	矢沢	4	1	0	①	.250
⑧	五十幡	4	1	0		.239
DH	松本剛	4	1	0	①	.299
⑤	野村	4	2	0	④	.255
5	奈良間	0	0	0	①	.174
③	万波	3	1	1	❺	.237
②	マルティネス	3	1	0	①	.236
R	細川	0	0	0		.250
2	清水	1	0	0		.286
⑥	上川畑	3	0	0		.172
④	谷内	4	1	0		.306
⑨	江越	3	0	0		.172
犠盗失併残	1 0 0 1 7	33	8	1		.227

西武		打	安	点	本	打率
⑨	愛斗	4	1	0	②	.289
⑦	鈴木	3	1	0		.274
R	金子	0	0	0		.121
④	外崎	4	0	0	⑤	.298
③	マキノン	3	0	0	③	.231
DH	山川	3	0	0		.216
⑤	呉念庭	2	0	0		.240
H5	佐藤龍	1	0	0		.229
⑧	若林	2	0	0	①	.211
②	柘植	1	0	0		.246
H	栗山	1	0	0		.143
⑥	滝沢	2	0	0	①	.250
H	中村	1	0	0	⑦	.338
犠盗失併残	1 0 0 1 3	27	2	0		.247

		回	打	投	安	振	球	失	責	防御率
勝	北山	6	19	75	0	5	2	0	0	0.96
H	ロドリゲス	1	3	12	0	1	0	0	0	1.64
H	玉井	⅓	1	1	0	0	0	0	0	3.00
H	宮西	⅔	2	12	0	0	0	0	0	0.96
S	田中正	1	5	20	2	3	0	0	0	2.45
敗	松本	7	26	106	6	3	0	1	1	2.08
	森脇	1	5	20	2	2	0	0	0	4.05
	田村	1	4	18	0	0	1	0	0	0.00

3時間5分

七回1死、先制ソロを放った万波

◇ベルーナドーム⑥　27,523人
3勝3敗

日本ハム	000	000	100	1
西武	000	000	000	0

勝　北山4試合1勝1敗
S　田中正12試合1敗3S
敗　松本4試合2勝2敗
本　万波5号①＝松本

【田中正義】 投手陣の無安打リレーの中で九回に登板。2安打を打たれ、2死一、二塁を招くも無失点
「（無安打だったことは）気付いていなかった。しっかりゼロで終わることだけ考えていた」

1-0

北山亘基

5.5（金） VS 東北楽天

最下位脱出

ファイターズが逆転勝ちで最下位を抜け出した。1―2の八回、松本剛の右犠飛で同点に追い付くと、さらに1死一、三塁から万波中正の2点二塁打で勝ち越し。その後も細川凌平のスクイズで追加点を挙げた。2番手の宮内春輝がプロ初勝利。

楽天		打	安	点	本	打率
⑤	小深田	4	1	0		.256
③	伊藤裕	3	2	0	①	.276
R8	辰己	0	0	0	②	.161
④	浅村	4	0	0	③	.181
⑦	島内	4	0	1	②	.202
3	村林	0	0	0		.000
⑧7	岡島	3	2	0	①	.280
DH	フランコ	4	0	0	③	.185
⑨	小郷	4	1	0	①	.200
②	炭谷	3	1	0	①	.281
H	西川	1	0	0	①	.182
⑥	山崎	4	2	0	①	.272
犠盗失併残	1 1 0 1 7	34	9	1		.214

日本ハム		打	安	点	本	打率
⑧	五十幡	4	3	0		.268
④	アルカンタラ	4	3	0	②	.268
4	谷内	0	0	0		.306
⑦	松本剛	2	0	1	①	.294
⑤	野村	3	1	0	④	.257
5	水野	0	0	0		.222
③	万波	4	2	2	⑤	.247
DH	マルティネス	3	1	0	①	.241
RD	細川	0	0	1		.250
⑥	上川畑	4	0	0		.165
②	伏見	2	0	0		.109
H2	古川	0	0	1		.000
⑨	矢沢	3	0	0	①	.235
犠盗失併残	3 1 1 1 5	29	10	5		.231

		回	打	投	安	振	球	失	責	防御率
	田中将	7	27	91	6	4	2	1	1	2.97
敗	西口	⅓	3	12	2	0	0	2	2	5.68
	伊藤茉	⅔	4	9	2	0	0	2	2	3.72
	加藤貴	7	28	99	8	5	0	2	0	2.98
勝	宮内	1	5	11	1	1	1	0	0	1.59
S	田中正	1	3	7	0	0	0	0	0	2.25

二アルカンタラ2　マルティネス　伊藤裕　万波　盗山崎③　五十幡⑩　失アルカンタラ　暴西口
2時間49分

八回無死一、三塁、松本剛の犠飛で三走・五十幡が生還

◇エスコンフィールド北海道⑦　26,342人
楽天4勝3敗

楽天	000	002	000	2
日本ハム	000	000	14X	5

勝　宮内5試合1勝
S　田中正13試合1敗4S
敗　西口14試合4敗

【古川裕大】 5月2日に1軍に昇格し、今季初打席だった七回1死三塁で左犠飛
「結果にこだわってやらないといけない。何とか良い形になってくれて良かった」

5-2

万波中正　宮内春輝

5.6（土） VS 東北楽天

最下位逆戻り

ファイターズは今季2度目の零封負けで、最下位に逆戻り。打線は先発の滝中瞭太から再三得点圏に走者を進めたが、あと1本が出なかった。先発上沢直之は自己ワーストタイの3本塁打を浴びるなど4失点で2敗目を喫した。

楽天		打	安	点	本	打率
⑥	山崎	4	0	0	①	.260
⑤4	小深田	4	1	1	❶	.255
④	浅村	4	2	1	❹	.194
5	村林	0	0	0		.000
DH	島内	4	0	0	②	.194
⑦	岡島	4	2	2	❷	.296
R7	田中和	0	0	0		.000
③	鈴木大	4	2	0	②	.308
⑨	小郷	4	1	0	①	.205
②	安田	3	0	0	①	.182
⑧	辰己	4	1	1	②	.167
犠盗失併残	0 0 1 0 5	35	9	5		.215

日本ハム		打	安	点	本	打率
④	細川	4	0	0		.125
DH	五十幡	1	1	0		.278
HD	古川	1	1	0		1.00
HD	水野	2	0	0		.200
⑦	松本剛	4	3	0	①	.310
⑤	野村	3	0	0	④	.250
③	万波	4	0	0	⑤	.238
⑨	アルカンタラ	4	0	0	②	.244
②	清水	4	0	0		.222
⑥	奈良間	4	1	0	①	.185
⑧	江越	3	0	0		.156
犠盗失併残	0 0 1 0 8	34	6	0		.229

		回	打	投	安	振	球	失	責	防御率
勝	滝中	7	27	100	5	5	1	0	0	2.53
	宮森	1	4	17	1	1	0	0	0	3.86
	酒居	1	4	13	0	1	0	0	0	0.00
敗	上沢	7	27	98	5	4	1	4	4	4.62
	河野	1	3	10	0	0	0	0	0	0.00
	堀	1	7	26	4	1	1	1	1	9.00

二五十幡　古川　奈良間　失小深田　細川　暴滝中　酒居
2時間46分

三回2死一、三塁、野村が遊ゴロに倒れる

◇エスコンフィールド北海道⑧　26,761人
楽天5勝3敗

楽天	100	102	001	5
日本ハム	000	000	000	0

勝　滝中4試合1勝1敗
敗　上沢6試合3勝2敗
本　小深田1号①＝上沢　浅村4号①＝上沢　岡島2号②＝上沢

【上沢直之】 自己ワーストタイの3被弾
「打たれた安打5本のうち、3本がホームラン。悔しいというか何とかできた思いがある」

0-5

瀧中瞭太

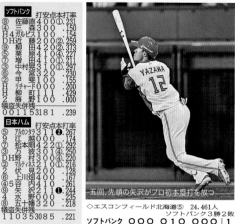

5.7（日） VS 東北楽天

上川畑 適時二塁打

ファイターズは今季2度目のサヨナラ勝ちで最下位を脱出した。2－2の九回1死一、二塁、上川畑大悟が中越えへ適時二塁打を放ち決着をつけた。サヨナラ勝利を収める直前の九回を完璧に封じた田中正義が、プロ7年目にして初白星を挙げた。

楽天		打	安	点	本	打率
⑥	山崎	3	0	0	①	.253
④	小深田	4	2	0	①	.265
DH	浅村	4	0	0	④	.186
⑦	島内	4	0	0	②	.187
8	田中和	0	0	0		.000
⑧7	岡島	4	1	0	②	.293
⑤	伊藤裕	4	1	0	①	.273
③	鈴木大	4	0	0	②	.279
⑨	小郷	4	1	0	①	.209
②	太田	2	0	0	①	.261

犠	盗	失	併	残	打	安	点	打率
1	1	0	1	8	33	5	0	.213

日本ハム		打	安	点	本	打率
⑨	矢沢	3	0	1	①	.222
④	谷内	3	0	0		.282
⑦	松本剛	1	0	0	①	.307
DH	野村	4	1	0	④	.250
③	万波	4	1	0	⑤	.238
R	細川	0	0	0		.125
②	マルティネス	2	2	1	❷	.267
2	伏見	0	0	0		.109
⑤	福田光	3	0	0		.000
⑥	上川畑	4	2	1		.179
⑧	江越	3	0	0		.143

犠	盗	失	併	残	打	安	点	打率
3	0	3	0	7	27	6	3	.229

	回	打	投	安	振	球	失	責	防御率
荘司	6	23	95	3	5	3	1	1	3.24
鈴木翔	⅔	3	15	1	2	0	1	1	5.73
H安楽	1⅓	5	21	0	0	1	0	0	3.18
敗宮森	⅓	4	15	2	0	1	1	1	4.50
メネズ	6	25	86	4	1	2	2	0	2.37
河野	1	5	20	0	1	1	0	0	0.00
H宮西	1	4	15	1	2	0	0	0	0.87
勝田中正	1	3	13	0	3	0	0	0	2.08

三上川畑　二上川畑　盗岡島①　失万波　上川畑　河野　3時間12分

九回1死一、二塁、サヨナラ打を放ち、抱き合う上川畑（中央）

◇エスコンフィールド北海道⑨　25,250人
楽天5勝4敗

楽天	001	010	000	2
日本ハム	000	010	101X	3

勝　田中正14試合1勝1敗4S
敗　宮森15試合2敗
本　マルティネス2号①＝鈴木翔

【マルティネス】七回に2号ソロを放ち、試合を振り出しに戻す

「（鈴木翔の6球目の）スライダーを打てたのは、2球目のスライダーの軌道が頭にあったから。メネズの負けを消せてうれしかった」

3×-2

田中正義　上川畑大悟

5.9（火） VS 福岡ソフトバンク

痛恨失策 サヨナラ負け

ファイターズは今季4度目のサヨナラ負け。九回、3番手のロドリゲスが1死二塁から甲斐拓也の内野安打に失策が絡み決勝点を与えた。打線は先発の大関友久の前に沈黙。9回1安打で無得点に封じ込まれ、13三振を喫した。

日本ハム		打	安	点	本	打率
⑤	奈良間	4	0	0	①	.161
⑦	アルカンタラ	4	1	0	②	.245
DH	マルティネス	3	0	0	②	.254
③	野村	3	0	0	④	.243
⑨	万波	2	0	0	⑤	.234
④	谷内	2	0	0		.268
R4	中島	0	0	0		—
②	伏見	2	0	0		.105
⑥	上川畑	3	0	0		.173
⑧	江越	3	0	0		.132

犠	盗	失	併	残	打	安	点	打率
1	0	3	0	2	26	1	0	.224

ソフトバンク		打	安	点	本	打率
③	中村晃	4	2	0	②	.297
④	川瀬	3	1	0		.214
DH	近藤	4	1	0	③	.248
⑨	柳田	4	0	0	⑤	.337
⑤	栗原	4	1	0	④	.239
⑦	柳町	4	1	0		.375
⑥	今宮	4	1	0	①	.250
⑧	周東	2	0	0		.203
②	甲斐	4	1	0		.155

犠	盗	失	併	残	打	安	点	打率
1	1	0	1	10	33	8	0	.243

	回	打	投	安	振	球	失	責	防御率
伊藤	7	30	119	7	5	1	0	0	3.79
H宮西	1	3	13	0	2	0	0	0	0.79
敗ロドリゲス	⅓	3	13	1	0	1	1	0	1.59
勝大関	9	29	125	1	13	2	0	0	1.54

盗周東⑧　失谷内　伏見　上川畑　暴伊藤　2時間50分

九回1死二塁、甲斐の打球を後逸してしまう上川畑

◇リブワーク藤崎台⑥　14,109人
ソフトバンク4勝2敗

日本ハム	000	000	000	0
ソフトバンク	000	000	001X	1

勝　大関6試合2勝3敗
敗　ロドリゲス14試合2敗

【上川畑大悟】この試合唯一、得点圏まで走者を進めた八回2死二塁の好機、三ゴロに倒れる

「（大関について）真っすぐもスライダーも良い。良い投手だと思う」

0-1×

大関友久

5.10（水） VS 福岡ソフトバンク

斎藤綱 移籍後初白星

ファイターズは一発攻勢で逆転勝ち。1点を追う六回、マルティネスが逆転の3号2ランを放ち、アルカンタラの2者連続本塁打となる3号ソロでリードを広げた。先発の鈴木健矢を救援した斎藤綱記が移籍後初白星となる今季初勝利を挙げた。

日本ハム		打	安	点	本	打率
⑨	矢沢	4	0	0	①	.207
⑥	上川畑	5	0	0		.165
③	万波	3	0	0	⑤	.227
R4	中島	0	0	0		—
⑤3	野村	4	2	1	❺	.252
④5	福田光	3	2	1		.143
DH	マルティネス	4	1	2	❸	.254
⑦	アルカンタラ	4	2	2	❸	.264
⑧	江越	4	2	0		.167
②	伏見	3	0	0		.100

犠	盗	失	併	残	打	安	点	打率
1	1	0	1	5	34	9	6	.225

ソフトバンク		打	安	点	本	打率
③	中村晃	4	0	0	②	.286
④	川瀬	4	1	0		.222
DH	近藤	3	0	0	③	.241
⑨	柳田	4	2	2	❻	.343
⑤	栗原	3	0	0	④	.233
⑦	柳町	4	1	1		.357
⑥	今宮	3	0	0	①	.242
⑧	周東	2	0	0		.197
②	甲斐	1	0	0		.153
H	野村大	1	0	0		.000
2	嶺井	0	0	0		.167

犠	盗	失	併	残	打	安	点	打率
1	1	0	0	3	29	4	3	.240

	回	打	投	安	振	球	失	責	防御率
鈴木	4⅓	18	81	3	6	3	2	2	0.64
勝斎藤綱	⅔	2	7	0	0	0	0	0	0.00
H河野	2	6	34	0	1	0	0	0	0.00
玉井	1	3	16	0	1	0	0	0	2.70
池田	1	4	18	1	1	0	1	1	4.76
森	5	20	73	3	6	2	1	1	0.82
敗松本裕	1	6	21	3	2	0	3	3	4.50
板東	1	3	16	0	1	0	0	0	3.55
高橋礼	2	9	27	3	1	1	2	2	10.38

二江越　柳田　福田光　盗江越②　川瀬①　2時間55分

2番手の斎藤綱がファイターズ移籍後初登板初勝利

◇ペイペイドーム⑦　35,204人
ソフトバンク4勝3敗

日本ハム	010	003	020	6
ソフトバンク	000	200	001	3

勝　斎藤綱1試合1勝
敗　松本裕15試合1敗
本　野村5号①＝森　マルティネス3号②＝松本裕　アルカンタラ3号①＝松本裕　柳田6号①＝池田

【福田光輝】5番二塁で先発出場。六回に移籍後初安打

「（安打が）1本出ると気持ちは全然違う。常に必死でアピールしていきたい」

6-3

マルティネス

5.11（木） VS 福岡ソフトバンク

リーグ最速20敗

ファイターズは逆転負けで、リーグ最速で20敗を喫した。先発・北山亘基は1－0の三回、甲斐拓也に同点ソロを浴び、四球の走者を三塁まで進められ犠飛で勝ち越された。継投陣も打ち込まれた。打線は先発の藤井皓哉を捉えきれなかった。

日本ハム		打	安	点	本	打率
⑨7	矢沢	3	1	0	①	.213
⑤4	福田光	4	1	0		.167
④5	谷内	3	0	1		.250
③	野村	3	0	0	⑤	.246
3	清水	0	0	0		.222
⑦9	アルカンタラ	3	0	0	③	.250
H	中島	1	0	0		.000
②	マルティネス	4	2	1	❹	.268
DH	万波	4	0	0	⑤	.219
⑧	江越	4	1	1	❶	.174
⑥	水野	2	1	0		.227

犠	盗	失	併	残	打	安	点	打率
1	0	1	0	5	31	6	3	.224

ソフトバンク		打	安	点	本	打率
⑧	周東	4	0	0		.185
④5	川瀬	3	0	0		.190
DH	近藤	2	2	3	❹	.255
RD	野村大	0	0	0		.000
⑨	柳田	3	0	0	⑥	.333
R9	谷川原	0	0	0		.500
③	中村晃	2	1	0	②	.290
⑤	栗原	3	1	0	④	.235
4	三森	1	0	0		.148
⑦	柳町	2	0	1		.333
7	佐藤直	1	0	0	①	.227
⑥	今宮	4	1	1	①	.242
②	甲斐	4	2	1	❶	.171

犠	盗	失	併	残	打	安	点	打率
2	2	0	0	7	29	7	6	.240

	回	打	投	安	振	球	失	責	防御率
敗北山	4⅔	20	99	2	7	4	3	3	2.57
斎藤綱	⅓	2	7	1	0	0	1	1	9.00
宮内	1	6	27	3	1	0	2	2	4.05
杉浦	1	5	19	0	2	2	0	0	3.00
池田	1	4	19	1	2	0	0	0	4.38
勝藤井	6	24	98	4	6	3	1	1	2.28
津森	1	4	11	1	1	0	1	1	2.92
田浦	1	3	10	0	2	0	0	0	0.00
大津	1	4	10	1	1	0	1	1	4.09

二矢沢　近藤　水野　福田光　栗原　盗周東⑨　今宮①　失マルティネス　3時間23分

六回無死二、三塁、柳町に犠飛を打たれた宮内

◇ペイペイドーム⑧　30,762人
ソフトバンク5勝3敗

日本ハム	100	000	101	3
ソフトバンク	002	022	00X	6

勝　藤井5試合3勝2敗
敗　北山5試合1勝2敗
本　甲斐1号①＝北山　近藤4号②＝斎藤綱　江越1号①＝津森　マルティネス4号①＝大津

【江越大賀】七回、移籍後初となる本塁打

「詰まっていたので入ると思わなかった。前の打席に三振していたので何とか出塁しようと思っていた」

3-6

藤井皓哉　近藤健介

5.13（土） VS 千葉ロッテ

加藤 すいすい完封

ファイターズは投打がかみ合い快勝。加藤貴之が新球場では完封一番乗りで2勝目を飾った。9回4安打、無四球で球数はわずか102球。二塁も踏ませず、付け入る隙を与えなかった。打線は三回に江越大賀の3ランを含む5連打を放ち5得点するなど、今季最多の12安打。

ロッテ		打	安	点	本	打率
⑤	池田	4	0	0	①	.318
⑥	藤岡	4	0	0		.246
⑧	藤原	3	1	0	②	.275
7	岡	1	0	0	①	.250
④	中村奨	3	1	0	②	.194
③	茶谷	3	1	0		.388
DH	安田	3	1	0	②	.260
⑨	平沢	3	0	0	①	.195
②	江村	2	0	0		.000
H	大下	1	0	0		.000
2	佐藤都	0	0	0	①	.212
⑦8	和田	3	0	0		.125

犠	盗	失	併	残	打	安	点	打率
0	0	1	1	3	30	4	0	.226

日本ハム		打	安	点	本	打率
⑨	万波	5	1	0	⑤	.218
⑦	アルカンタラ	2	0	0	③	.241
H	ハンソン	1	0	0		.000
7	細川	1	0	0		.111
DH	松本剛	4	1	0	①	.305
⑤	野村	4	1	0	⑤	.246
③	マルティネス	3	1	0	④	.270
④	福田光	4	1	1		.182
⑥	上川畑	4	3	1		.187
⑧	江越	2	2	3	❷	.208
②	伏見	4	2	0		.125

犠	盗	失	併	残	打	安	点	打率
1	0	0	1	9	34	12	5	.228

	回	打	投	安	振	球	失	責	防御率
敗森	4	23	101	9	4	2	5	5	6.43
広畑	2	7	29	1	2	0	0	0	3.86
坂本	1	3	11	0	1	1	0	0	1.74
岩下	1	5	17	2	1	0	0	0	0.00
勝加藤貴	9	30	102	4	5	0	0	0	2.45

失平沢　2時間42分

先発の加藤貴が完封勝利

◇エスコンフィールド北海道⑦　27,909人
ロッテ5勝2敗

ロッテ	000	000	000	0
日本ハム	005	000	00X	5

勝　加藤貴7試合2勝2敗
敗　森3試合1勝2敗
本　江越2号③＝森

【ハンソン】この日1軍に合流し代打出場。来日初打席は空振り三振

「次に（起用される）チャンスが来たら一発で仕留める。1軍の投手の球筋が見られたのは大きな一歩」

5-0

加藤貴之　江越大賀

5.14（日） VS 千葉ロッテ

ミス連鎖で逆転負け

ファイターズは逆転負け。打線は二回に適時失策と、伏見寅威の適時打で2点を先制したが、以降は得点できなかった。七回の好機も、送りバント失敗で二塁走者の万波中正が飛び出してけん制死するなど、精彩を欠いた。先発メネズは四回途中4失点で2敗目。

ロッテ		打	安	点	本	打率
⑥	友杉	5	1	0		.289
⑧	藤原	5	2	1	②	.280
④	中村奨	4	1	1	②	.195
DH	井上	5	1	0	①	.214
③	茶谷	3	1	0		.385
⑤	安田	4	2	0	②	.269
⑦	岡	3	0	0	①	.234
②	田村	2	0	2		.146
⑨	和田	3	2	0		.211

犠	盗	失	併	残	打	安	点	打率
3	5	2	1	8	34	10	4	.228

日本ハム		打	安	点	本	打率
⑧	矢沢	3	0	0	①	.203
⑦	アルカンタラ	4	0	0	③	.226
DH	松本剛	3	0	0	①	.298
⑤	野村	4	1	0	⑤	.246
③	マルティネス	4	1	0	④	.269
④	福田光	4	1	0		.192
⑨	万波	4	1	0	⑤	.220
⑥	上川畑	4	1	0		.189
②	伏見	3	2	1		.149
R	細川	0	0	0		.111
2	清水	0	0	0		.222

犠	盗	失	併	残	打	安	点	打率
1	0	1	0	6	33	7	1	.228

	回	打	投	安	振	球	失	責	防御率
勝メルセデス	6	24	86	4	3	1	2	0	1.80
Hペルドモ	1	5	23	3	0	0	0	0	2.30
H沢村	1	3	11	0	1	0	0	0	4.40
S益田	1	3	11	0	1	0	0	0	1.17
敗メネズ	3⅔	18	69	6	2	1	4	3	3.18
池田	1⅓	6	27	2	1	0	0	0	3.95
杉浦	1	4	19	1	2	0	0	0	2.25
河野	2	9	32	1	2	2	1	1	0.93
宮内	1	3	14	0	0	0	0	0	3.52

三藤原　二安田　中村奨　盗友杉③　井上①　茶谷①　和田2④　失茶谷　安田　伏見　暴メルセデス　3時間11分

七回無死一、二塁、けん制に戻りきれずアウトになった二走万波

◇エスコンフィールド北海道⑧　28,006人
ロッテ6勝2敗

ロッテ	003	100	010	5
日本ハム	020	000	000	2

勝　メルセデス6試合1勝3敗
S　益田16試合12S
敗　メネズ11試合2敗

【伏見寅威】三回自らの悪送球により三塁走者が生還し、決勝点を奪われる

「しっかり強い球を投げなければいけないと、頭では分かっていたのに」

2-5

メルセデス

5.16（火） VS 埼玉西武

最下位に転落

ファイターズは終盤に逆転負け、最下位に転落した。2−1の九回、守護神の田中正義が長谷川信哉のソロで追い付かれた。延長十二回は無死二塁からのバント処理で、杉浦稔大の悪送球と江越大賀の失策が重なり、勝ち越しを許した。

延長十二回無死二塁、自らの悪送球が失点につながり肩を落とす杉浦

西武		打	安	点	本	打率
⑧	長谷川	5	2	1	❶	.231
⑤	平沼	6	3	0		.318
④	外崎	2	0	0	⑥	.285
DH	中村	5	1	0	⑧	.324
RD7	金子	0	0	0		.135
③	マキノン	5	2	1	❼	.254
R	若林	0	0	0	①	.212
3	呉念庭	1	0	0		.222
⑨	愛斗	6	1	1	③	.255
⑦	鈴木	5	2	0		.250
1	森脇	0	0	0		—
②	古賀	5	1	0		.200
⑥	滝沢	3	0	0	①	.188
H	栗山	1	0	0		.111
6	児玉	2	0	0		.234
犠盗失併残	140214	46	12	3		.238

日本ハム		打	安	点	本	打率
⑨	矢沢	3	0	0	①	.194
H	水野	1	1	1		.261
2	清水	1	0	0		.211
③	マルティネス	5	0	0	④	.253
⑦	松本剛	5	2	0	①	.302
⑤	野村	4	0	0	⑤	.239
R	細川	0	0	0		.111
④	谷内	4	0	0		.229
H	アルカンタラ	1	0	0	③	.222
⑥	上川畑	3	0	0		.184
DH	ハンソン	2	0	0		.000
RD	中島	1	1	0		.500
⑧	江越	3	1	1	❸	.216
②	伏見	2	0	0		.145
H9	万波	2	0	0	⑤	.216
犠盗失併残	10223	37	5	2		.225

	回	打	投	安	振	球	失	責	防御率
今井	8	28	108	3	9	3	2	2	2.59
Ⓗ平井	1	3	10	0	2	0	0	0	1.23
Ⓗ佐藤隼	1	4	15	1	1	0	0	0	1.38
勝増田	1	3	8	0	1	0	0	0	7.59
Ⓢ森脇	1	3	4	1	0	0	0	0	2.53
鈴木	4⅔	20	78	3	2	5	0	0	0.55
池田	1	6	21	2	0	1	1	1	4.30
河野	⅓	1	7	0	1	0	0	0	0.90
Ⓗ玉井	1	4	18	1	1	0	0	0	2.45
Ⓗロドリゲス	1	3	9	0	0	0	0	0	1.46
田中正	1	6	35	2	0	1	1	1	2.57
Ⓗ宮西	1	5	20	2	2	0	0	0	0.73
敗杉浦	1 0/3	6	28	2	2	0	2	0	1.80
斎藤綱	1	3	14	0	1	0	0	0	4.50

二 松本剛　古賀　愛斗　盗 長谷川①　平沼①　外崎2⑨　失 江越　杉浦
4時間23分

◇エスコンフィールド北海道⑦　18,852人
西武4勝3敗

西武	000	001	001	002	4
日本ハム	000	001	010	000	2

（延長十二回）

勝 増田11試合1勝1敗5S
S 森脇13試合1敗2S
敗 杉浦5試合1敗
本 マキノン7号①＝池田　江越3号①＝今井　長谷川1号①＝田中正

【水野達稀】1-1の八回2死二塁、代打で一時勝ち越しの右前適時打

「代打の少ないチャンスでも1本出せばまた使ってもらえると思う。しっかり準備して臨めた」

2-4

長谷川信哉

5.17（水） VS 埼玉西武

上沢完封 三塁踏ませず

ファイターズは快勝で連敗を2で止めた。上沢直之が5年ぶりの完封で4勝目。打線は、五回に清水優心、アルカンタラ、松本剛の3者連続適時打で3点を挙げ、今季2試合対戦し防御率0・75に抑えられていた先発エンスを攻略した。

二回無死一塁、愛斗を併殺打に打ち取った上沢

西武		打	安	点	本	打率
⑧	長谷川	3	0	0	①	.207
⑤	平沼	4	0	0		.269
④	外崎	4	1	0	⑥	.284
DH	中村	4	1	0	⑧	.321
③	マキノン	2	1	0	⑦	.257
⑨	愛斗	3	0	0	③	.250
⑦	鈴木	3	1	0		.253
②	古賀	3	0	0		.188
⑥	児玉	2	0	0		.229
H	栗山	1	0	0		.108
6	滝沢	0	0	0	①	.188
犠盗失併残	00004	29	4	0		.236

日本ハム		打	安	点	本	打率
⑦	松本剛	4	2	1	①	.308
⑥	中島	3	0	0		.200
③	野村	4	1	0	⑤	.239
4	水野	0	0	0		.261
DH	マルティネス	4	1	0	④	.253
⑨	万波	3	1	0	⑤	.219
④3	谷内	2	0	0		.220
⑧	江越	2	0	0	③	.208
②	清水	3	1	1		.227
⑤	アルカンタラ	2	1	1	③	.231
R5	福田光	1	0	0		.185
犠盗失併残	10024	28	7	3		.225

	回	打	投	安	振	球	失	責	防御率
敗エンス	4⅓	20	79	6	3	2	3	3	4.05
ボー	1⅔	5	21	0	1	0	0	0	1.42
ティノコ	1	3	12	0	1	0	0	0	3.95
青山	1	3	12	1	0	0	0	0	3.29
勝上沢	9	31	120	4	9	2	0	0	3.72

二 外崎　鈴木　2時間37分

◇エスコンフィールド北海道⑧　18,082人
4勝4敗

西武	000	000	000	0
日本ハム	000	030	00X	3

勝 上沢7試合4勝2敗
敗 エンス7試合1勝6敗

【松本剛】五回に左前適時打でチーム3点目を挙げる

「（先発上沢の）背中から出ている気迫を、野手は感じ取ったと思う。なんとか先に（点を取る）という思いがあった」

3-0

清水優心　上沢直之

5.18（木） VS 埼玉西武

3カードぶり勝ち越し

ファイターズが連勝で3カードぶりの勝ち越し。四回は万波中正の2点二塁打で先制。2−2の七回は2死満塁から野村佑希に代わり守備から登場した谷内亮太が決勝点となる中前適時打を放った。先発伊藤大海は7回2失点で2勝目。

八回1死満塁、適時打を放つ水野

西武		打	安	点	本	打率
⑧	長谷川	5	2	0	①	.235
③	平沼	3	2	0		.310
④	外崎	3	0	0	⑥	.277
DH	マキノン	4	1	1	⑦	.257
⑦	鈴木	4	0	0		.242
⑤	佐藤龍	3	1	0		.209
⑨	愛斗	4	1	1	③	.250
⑥	児玉	3	1	0		.232
H	若林	1	0	0	①	.206
②	古賀	2	0	0		.180
H	金子	1	0	0		.132
2	古市	1	0	0		.125
犠盗失併残	01308	34	8	2		.236

日本ハム		打	安	点	本	打率
⑨	矢沢	4	1	0	①	.197
④	水野	4	1	2		.259
⑦	松本剛	1	1	1	①	.313
7	細川	0	0	0		.111
DH	マルティネス	4	1	0	④	.253
⑤	野村	3	1	0	⑤	.241
5	谷内	1	1	1		.235
⑥	上川畑	3	0	0		.179
③	万波	4	2	2	⑤	.227
⑧	江越	4	0	0	③	.193
②	伏見	4	0	0		.137
犠盗失併残	111110	32	8	6		.226

	回	打	投	安	振	球	失	責	防御率
平良	5	23	103	4	7	4	2	2	2.19
ティノコ	1	3	10	0	1	0	0	0	3.68
敗佐藤隼	1	7	23	1	0	3	1	1	1.93
森脇	1	7	21	3	1	0	3	1	3.09
勝伊藤	7	31	117	8	6	3	2	2	3.59
Ⓗロドリゲス	1	3	5	0	0	0	0	0	1.35
玉井	1	3	12	0	1	0	0	0	2.25

二 平沼　マルティネス　万波　佐藤龍　水野　盗 外崎⑩　水野①　失 佐藤龍　万波　平良　森脇
3時間10分

◇エスコンフィールド北海道⑨　24,580人
日本ハム5勝4敗

西武	000	001	100	2
日本ハム	000	200	13X	6

勝 伊藤7試合2勝3敗
敗 佐藤隼16試合1勝1敗

【万波中正】四回1死満塁、左翼線への2点二塁打で先制。5日以来の打点を挙げる

「しばらく得点圏（に走者を置いた場面）で打てていなかった。何とか1本打ちたいなという、ただそれだけでした」

6-2

伊藤大海　谷内亮太

5.19（金） VS オリックス

3連勝で4位浮上

ファイターズが接戦を制し、3連勝で4位に浮上した。0−0の八回1死二、三塁から代打ハンソンの入団後初安打を放ち、この一打がチームの4位浮上を決める決勝打となった。先発・加藤貴之は打たせて取る投球で8回4安打無失点で3勝目を挙げた。

八回1死二、三塁、先制適時打を放ったハンソン

日本ハム		打	安	点	本	打率
③	野村	3	0	0	⑤	.236
39	アルカンタラ	1	1	0	③	.242
⑨3	万波	3	0	0	⑤	.222
④	水野	3	0	0		.233
H	ハンソン	1	1	1		.250
5	福田光	0	0	0		.185
⑦	松本剛	4	1	0	①	.311
DH	マルティネス	3	0	0	④	.245
⑤4	谷内	4	0	0		.218
②	伏見	3	2	0		.158
⑧	江越	4	1	0	③	.197
⑥	上川畑	3	1	0		.183
犠盗失併残	10118	32	7	1		.226

オリックス		打	安	点	本	打率
⑧9	佐野皓	3	0	0	①	.200
H	小田	1	0	0	①	.364
⑤	宗	4	0	0	①	.245
⑦8	中川圭	3	0	0	④	.273
②	森	3	1	0	⑤	.307
③	頓宮	3	2	0	①	.330
DH	セデーニョ	3	0	0		.000
⑥	紅林	3	1	0	①	.250
⑨	茶野	2	0	0		.275
H7	福田	1	0	0		.179
④	大城	3	0	0		.286
犠盗失併残	00013	29	4	0		.263

	回	打	投	安	振	球	失	責	防御率
勝加藤貴	8	27	94	4	4	1	0	0	2.12
Ⓢ田中正	1	3	9	0	1	0	0	0	2.40
山岡	5	19	84	4	8	1	0	0	2.14
Ⓗ本田	2	7	30	1	4	0	0	0	1.42
敗阿部	1	7	25	2	1	2	1	1	4.05
山崎颯	1	3	19	0	2	0	0	0	2.55

二 頓宮　失 松本剛　暴 加藤貴
2時間30分

◇京セラドーム大阪⑥　20,235人
日本ハム4勝2敗

日本ハム	000	000	010	1
オリックス	000	000	000	0

勝 加藤貴8試合3勝2敗
S 田中正16試合1勝1敗5S
敗 阿部14試合2敗1S

【加藤貴之】8回無失点で3勝目

「（捕手の伏見）寅威さんの配球通りに投げただけ」

1-0

ハンソン

5.20（土） VS オリックス

先発北山2勝目

ファイターズは逃げ切り、今季初の4連勝。打線は二回、野村佑希の2点二塁打で先制した。五回は万波中正の6号ソロで追加点を挙げ、六回は細川凌平と中島卓也の適時打で2点を加点した。先発北山亘基は5回3安打1失点で2勝目。

先発の北山が5回3安打1失点で2勝目

日本ハム		打	安	点	本	打率
③	野村	5	2	2	⑤	.242
④	中島	4	1	1		.222
DH	松本剛	3	0	0	①	.304
②	マルティネス	4	1	0	④	.245
2	伏見	1	0	0		.156
⑨	万波	3	1	1	❻	.225
⑦	アルカンタラ	4	0	0	③	.229
⑥	上川畑	3	0	0		.179
⑧	矢沢	4	2	0	①	.213
⑤	細川	4	1	1		.154
犠盗失併残	01008	35	8	5		.226

オリックス		打	安	点	本	打率
⑦	福田	4	1	0		.188
⑤	西野	4	2	0		.200
⑧	中川圭	2	0	1	④	.269
DH	森	4	0	0	⑤	.297
③	頓宮	3	2	1	①	.339
⑨	小田	4	0	0	①	.324
②	若月	3	1	1		.293
④	宜保	3	0	0		.357
H	セデーニョ	1	0	0		.000
4	大城	0	0	0		.286
⑥	紅林	3	0	0	①	.242
犠盗失併残	20108	31	6	3		.262

	回	打	投	安	振	球	失	責	防御率
勝北山	5	22	83	3	3	4	1	1	2.37
池田	1	3	10	0	2	0	0	0	4.02
河野	1	4	14	1	1	0	0	0	0.82
宮内	⅔	5	18	2	1	1	2	2	5.40
Ⓗ宮西	⅓	1	6	0	0	0	0	0	0.71
Ⓢ田中正	1	3	16	0	1	0	0	0	2.25
敗竹安	1 0/3	7	28	1	0	4	1	1	9.00
山田	2⅓	10	42	2	0	1	1	1	3.86
村西	2⅓	12	53	5	4	0	3	3	7.27
比嘉	⅓	2	7	0	0	0	0	0	3.86
小木田	1	3	12	0	0	0	0	0	3.38
ワゲスパック	1	3	10	0	2	0	0	0	4.35
漆原	1	3	12	0	1	0	0	0	0.00

三 細川　二 野村　西野　頓宮　若月　盗 中島①　失 宜保　暴 宮西
3時間24分

◇京セラドーム大阪⑦　30,278人
日本ハム5勝2敗

日本ハム	020	012	000	5
オリックス	000	010	020	3

勝 北山6試合2勝2敗
S 田中正17試合1勝1敗6S
敗 竹安1試合1敗
本 万波6号①＝村西

【中島卓也】六回に右前適時打を放ち、今季初打点。直後に今季初盗塁を記録

「（適時打は）なんとか食らいついていった結果。（通算200盗塁にあと一つに迫り）今まで積み重ねてきた。早く決めたい」

5-3

野村佑希

5.21（日） VS オリックス

連勝4でストップ

ファイターズは、連勝が4でストップした。先発・鈴木健矢は二回に4長短打で3失点。四回には2番手・斎藤綱記が中川圭太に3ランを許し、この後宮内春輝も失点するなど、試合は中盤までに壊れた。打線は福田光輝の2ランなどで4得点したが及ばなかった。

五回無死二、三塁、セデーニョに適時打を浴びた宮内

日本ハム		打	安	点	本	打率
③	野村	5	2	0	⑤	.247
⑥	中島	4	0	0		.154
⑦	松本剛	4	1	0	①	.303
4	水野	0	0	0		.233
DH	ハンソン	4	1	1		.250
⑨	万波	4	2	1	❼	.232
④5	福田光	4	1	2	❶	.194
②	伏見	3	2	0		.175
2	清水	1	0	0		.217
⑤47	細川	4	0	0		.118
⑧	江越	3	0	0	③	.188
犠盗失併残	00106	36	9	4		.226

オリックス		打	安	点	本	打率
⑨	茶野	5	1	0		.272
⑤	宗	4	2	0	①	.252
⑧	中川圭	4	1	3	❺	.269
②	森	4	1	1	⑤	.295
③	頓宮	4	2	0	①	.345
7	佐野皓	0	0	0	①	.200
④	西野	3	3	1		.256
H6	紅林	1	0	0	①	.240
DH	セデーニョ	4	2	3		.250
⑥4	宜保	3	0	1		.323
⑦	小田	3	1	1	①	.325
H3	広岡	1	0	0		.000
犠盗失併残	10003	36	13	10		.264

	回	打	投	安	振	球	失	責	防御率
敗鈴木	2⅔	14	46	6	0	0	5	5	1.77
斎藤綱	1⅓	8	23	4	2	0	3	3	10.80
宮内	2	9	34	3	3	0	2	2	6.10
杉浦	1	3	15	0	1	0	0	0	1.50
矢沢	1	3	13	0	2	0	0	0	0.00
コットン	3⅓	15	64	4	3	1	2	2	6.75
比嘉	⅔	3	11	1	0	0	0	0	3.38
本田	1	5	15	2	0	0	1	1	1.80
勝黒木	2	7	22	1	3	0	0	0	4.82
阿部	1	4	16	1	0	0	1	1	4.40
山崎颯	1	3	12	0	3	0	0	0	2.41

三 森　二 セデーニョ　宗　西野2　万波　ハンソン　失 万波
2時間48分

◇京セラドーム大阪⑧　31,148人
日本ハム5勝3敗

日本ハム	000	210	010	4
オリックス	032	320	00X	10

勝 黒木4試合1勝2敗
敗 鈴木12試合3勝2敗
本 福田光1号②＝コットン　中川圭5号③＝斎藤綱　万波7号①＝阿部

【福田光輝】四回、中越え2ラン。プロ入り4年目で初本塁打

「体がうまく反応してくれた。両親も来てたし、地元大阪で打ててうれしい」

4-10

西野真弘　中川圭太　セデーニョ

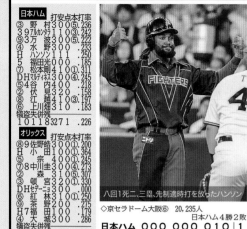

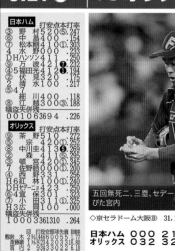

5.23 (火)　VS 福岡ソフトバンク

救援陣　耐え切れず

ファイターズは2度追い付く粘りを見せたが競り負けた。六回に3番手河野竜生が柳田悠岐に勝ち越し本塁打を許し、続く杉浦稔大も1失点と救援陣が崩れた。打線は六回以降の4イニングはいずれも三者凡退に封じられるなど、反撃できなかった。

六回、先頭の柳田にソロを打たれる河野

ソフトバンク		打	安	点	本	打率
③	中村晃	4	2	0	②	.293
R4	三森	0	0	0		.128
⑥	今宮	2	1	0	①	.261
⑦	近藤	5	2	0	⑤	.238
⑨	柳田	3	1	3	❽	.321
9	佐藤直	0	0	0	①	.192
⑤	栗原	4	1	0	④	.244
DH	野村大	4	1	0		.273
⑧	柳町	2	1	0		.333
R8	周東	0	0	0	①	.182
④3	川瀬	3	1	0		.250
②	甲斐	4	1	0	①	.180
犠盗失併残	51001 0	31	11	3		.242

日本ハム		打	安	点	本	打率
DH	野村	5	1	0	⑤	.245
⑨	矢沢	4	0	0	①	.203
⑦	松本剛	3	2	0	①	.310
③	万波	4	2	1	⑦	.240
⑤	福田光	3	0	0	①	.176
H4	水野	1	0	0		.226
②	マルティネス	2	1	1	❺	.250
⑥	上川畑	3	1	0		.183
⑧	江越	3	0	0	③	.179
H	ハンソン	1	0	0		.222
④5	谷内	3	0	0		.207
H	中島	1	0	0		.143
犠盗失併残	11218	33	7	2		.226

	回	打投安振球失責	防御率
勝 大関	5	2510376322	2.00
H 大津	1	31301000	2.93
H 津森	1	37000000	2.08
H モイネロ	1	31703000	1.29
S オスナ	1	31403000	0.00
メネズ	3⅔	165923521	3.16
池田	2	53000000	3.57
敗 河野	1	51631011	1.50
杉浦	1	61831011	2.57
宮内	1	42012000	5.56
長谷川	1	51720000	0.00

二万波　盗周東⑫　上川畑①　失万波　メネズ　暴メネズ　3時間43分

◇エスコンフィールド北海道⑨　20,866人
ソフトバンク6勝3敗

ソフトバンク	101	001	100	4
日本ハム	010	010	000	2

勝　大関8試合3勝4敗
S　オスナ15試合10S
敗　河野12試合1敗
本　マルティネス5号①＝大関　柳田8号①＝河野

【河野竜生】 同点に追い付いた直後に柳田悠岐に一発を浴びる
「初球のホームランは反省しないといけない」

2-4

🎤大関友久

5.24 (水)　VS 福岡ソフトバンク

二回以降得点できず

ファイターズは福岡ソフトバンク投手陣の牙城を崩し切れず3連敗。打線は初回にハンソンのチーム加入後初本塁打となるソロで先制したが、その後は得点できなかった。先発の上沢直之は1－0の二回に栗原陵矢に逆転の5号2ランを浴びた。

九回無死一塁、松本剛が併殺打に倒れる

ソフトバンク		打	安	点	本	打率
③	中村晃	4	0	0	②	.285
⑧	周東	4	1	0	①	.185
⑦	近藤	4	1	0	⑤	.238
DH	柳田	4	0	0	⑧	.312
⑨	柳町	2	0	0		.321
R4	三森	0	0	0		.128
⑤	栗原	4	2	2	❺	.250
R9	佐藤直	0	0	0	①	.192
⑥	今宮	4	1	0	①	.261
④5	川瀬	3	0	0		.233
②	甲斐	3	1	0	①	.184
犠盗失併残	11126	32	6	2		.241

日本ハム		打	安	点	本	打率
④	アルカンタラ	4	0	0	③	.216
DH	ハンソン	3	1	1	❶	.250
RD	矢沢	0	0	0	①	.203
⑦	松本剛	4	0	0	①	.302
⑤	野村	4	0	0	⑤	.239
⑨	万波	3	0	0	⑦	.235
③	マルティネス	2	0	0	⑤	.245
②	清水	3	1	0		.231
⑥	上川畑	2	0	0		.180
⑧	江越	3	1	0	③	.186
犠盗失併残	10113	28	3	1		.224

	回	打投安振球失責	防御率
勝 和田	5	198234111	2.73
H 甲斐野	1	31100000	0.00
H 津森	1	38010000	1.96
H モイネロ	1	31002000	1.20
S オスナ	1	31300100	0.00
敗 上沢	7	2711955122	3.57
河野	1	31101000	1.38
ロドリゲス	1	52410100	1.26

二甲斐　盗周東⑬　失今宮　上川畑　3時間1分

◇エスコンフィールド北海道⑩　22,446人
ソフトバンク7勝3敗

ソフトバンク	020	000	000	2
日本ハム	100	000	000	1

勝　和田6試合4勝1敗
S　オスナ16試合11S
敗　上沢8試合4勝3敗
本　ハンソン1号①＝和田　栗原5号②＝上沢

【ハンソン】 独立リーグを経て入団した新外国人は、初回に加入後初本塁打で先制点を挙げる
「最高。日頃の努力の成果が実って良かった。ホームランボールは自宅に飾りたい」

1-2

🎤和田毅

5.25 (木)　VS 福岡ソフトバンク

万波勝ち越し弾　連敗止める

ファイターズは逆転勝ちで連敗を3で止めた。0－1の二回は水野達稀の適時二塁打で同点、三回は万波中正の8号2ランで勝ち越した。五回にもマルティネスの6号2ランでリードを広げた。先発加藤貴之は6回1失点で4勝目。

三回2死一塁、万波が勝ち越し2ランを放つ

ソフトバンク		打	安	点	本	打率
③	中村晃	5	1	0	②	.282
⑥	今宮	4	0	0	①	.254
⑦	近藤	3	1	0	⑤	.240
⑨	柳田	4	2	0	⑧	.317
⑤	栗原	4	2	1	⑤	.256
DH	野村大	4	0	0		.231
⑧	柳町	3	1	0		.322
②	嶺井	2	0	0		.091
H2	谷川原	2	1	0		.600
④	川瀬	3	0	0		.217
H	ガルビス	0	0	0		.167
犠盗失併残	00109	34	8	1		.241

日本ハム		打	安	点	本	打率
DH	ハンソン	3	0	0	①	.200
③	マルティネス	4	1	2	❻	.245
8	江越	0	0	0	③	.186
⑦	松本剛	4	0	0	①	.294
5	谷内	0	0	0		.207
⑤3	野村	4	2	0	⑤	.246
⑨	万波	4	2	2	❽	.242
④	加藤豪	3	1	0		.333
6	上川畑	0	0	0		.180
⑧7	アルカンタラ	3	0	0	③	.208
②	伏見	3	1	0		.181
⑥4	水野	3	1	1		.235
犠盗失併残	00014	31	8	5		.225

	回	打投安振球失責	防御率
敗 ガンケル	5	247784155	5.56
泉	1	39010000	0.00
板東	1	31402000	2.81
松本裕	1	31902100	4.85
勝 加藤貴	6	249553111	2.07
ロドリゲス	1	48100000	1.17
宮西	1	51511100	0.66
玉井	1	41210100	2.08

二水野　万波　失今宮　2時間35分

◇エスコンフィールド北海道⑪　24,749人
ソフトバンク7勝4敗

ソフトバンク	100	000	000	1
日本ハム	012	020	00X	5

勝　加藤貴9試合4勝2敗
敗　ガンケル2試合1敗
本　万波8号②＝ガンケル　マルティネス6号②＝ガンケル

【マルティネス】 5月に入って5本目の本塁打
「コンディションは最高。これで終わらずに継続することが大事。続けていきたい」

5-1

🎤加藤貴之　万波中正

5.26 (金)　VS 東北楽天

八回　浅村に手痛い一発

ファイターズは中盤以降の好機を生かせず、逆転負け。先発伊藤大海が八回無死一塁から浅村栄斗に逆転2ランを浴び4敗目。打線は一回、万波中正の犠飛や野村佑希の本盗などで3点を先行したが、二回以降は3安打で沈黙した。

八回無死一塁、浅村に逆転2ランを許した伊藤

日本ハム		打	安	点	本	打率
⑥4	水野	4	1	0		.237
H	ハンソン	1	0	0	①	.188
DH	松本剛	5	2	0	①	.297
③	マルティネス	4	1	0	⑥	.245
⑤	野村	3	2	0	⑤	.253
R6	上川畑	0	0	0		.180
⑨	万波	2	0	1	⑧	.239
④	加藤豪	4	1	1		.286
5	谷内	0	0	0		.207
②	伏見	2	0	0		.176
⑧	江越	4	0	0	③	.176
⑦	矢沢	3	0	0	①	.195
犠盗失併残	12208	32	7	2		.224

楽天		打	安	点	本	打率
⑥	山崎	3	1	0	②	.247
⑦	小深田	4	2	2	①	.240
⑤	フランコ	4	1	0	⑤	.232
R	小郷	0	0	0	①	.203
5	伊藤裕	0	0	0	①	.235
④	浅村	4	1	2	❽	.207
③	鈴木大	4	0	0	②	.274
DH	島内	4	1	0	③	.182
⑧	辰己	4	1	0	②	.155
⑨	岡島	3	0	0	③	.213
9	田中和	0	0	0		.000
②	太田	2	0	0	②	.257
犠盗失併残	11017	32	7	4		.210

	回	打投安振球失責	防御率
敗 伊藤	7⅔	3111567244	3.81
宮西	1	41210000	0.61
藤平	5	248877333	3.67
宋家豪	1	31101000	4.35
酒居	1	31101000	0.00
勝 内	1	51401200	1.29
S 松井裕	1	31402000	0.64

二水野　山崎　盗野村②　加藤豪①　辰己⑥　失水野2　暴藤平2　3時間9分

◇楽天モバイルパーク宮城⑩　16,444人
楽天6勝4敗

日本ハム	300	000	000	3
楽天	000	020	02X	4

勝　内13試合2勝1敗
S　松井裕14試合1勝1敗7S
敗　伊藤8試合2勝4敗
本　浅村8号②＝伊藤

【加藤豪将】 日本での初盗塁を記録
「僕はユーティリティー（役に立つこと）さを買われている」

3-4

🎤浅村栄斗

5.27 (土)　VS 東北楽天

福田光先制打　快勝

ファイターズは投打がかみ合い、快勝した。先発鈴木健矢は5回3安打無失点と好投し、4勝目。打線は二回、福田光輝の中前2点打で先制し、六回は野村佑希の右前適時打で加点した。九回に田中正義が伊藤裕季也にソロを打たれ1点を返されたが、逃げ切った。

二回2死二、三塁、先制適時打を放った福田光

日本ハム		打	安	点	本	打率
DH	ハンソン	3	0	0	①	.158
HD	上川畑	0	0	0		.180
③	マルティネス	4	0	0	⑥	.237
4	谷内	0	0	0		.207
⑦	松本剛	3	1	0	①	.298
⑤3	野村	4	1	1	⑤	.253
⑨	万波	4	2	0	⑧	.245
⑥	水野	3	0	0		.220
②	清水	3	1	0		.241
⑧	アルカンタラ	2	0	0	③	.203
8	江越	1	0	0	③	.173
④5	福田光	4	1	2	①	.184
犠盗失併残	20026	31	6	3		.224

楽天		打	安	点	本	打率
⑥	山崎	4	0	0	②	.240
④	小深田	3	1	0	①	.242
⑧	辰己	2	1	0	②	.163
DH	浅村	4	2	0	⑧	.214
⑦	島内	3	1	0	③	.185
③	鈴木大	3	0	0	②	.263
9	岡島	1	0	0	③	.211
⑨	小郷	2	0	0	①	.197
H5	フランコ	2	0	0	⑤	.228
⑤3	黒川	2	0	0	①	.105
H3	伊藤裕	1	1	1	❷	.246
②	安田	2	1	0	②	.220
H2	炭谷	2	0	0	①	.244
犠盗失併残	02219	31	7	1		.210

	回	打投安振球失責	防御率
勝 鈴木	5	207030400	1.55
H 池田	1	52221000	3.38
H 河野	1	42301100	1.29
H ロドリゲス	1	41810100	1.10
S 田中正	1	42012011	2.65
敗 松井友	6	248943233	2.45
安楽	1	52000100	3.18
西口	1	41311000	3.86
伊藤茉	1	31011000	3.55

二万波2　盗小深田2⑩　失小深田　小郷　暴松井友　3時間22分

◇楽天モバイルパーク宮城⑪　20,111人
楽天6勝5敗

日本ハム	020	001	000	3
楽天	000	000	001	1

勝　鈴木13試合4勝2敗
S　田中正18試合1勝1敗7S
敗　松井友2試合1勝1敗
本　伊藤裕2号①＝田中正

【福田光輝】 二回に先制の中前2点適時打を放つ
「多くの打席をもらえる立場ではない。一打席、一打席にかけ、自分のスイングをしようと思っている」

3-1

🎤福田光輝

5.28 (日)　VS 東北楽天

必死の粘り　届かず

ファイターズは今季5度目のサヨナラ負け。延長十二回1死二、三塁、ロドリゲスが岡島豪郎に決勝の適時打を打たれた。先発の北山は7回1失点と好投。打線も二回に万波中正の9号ソロ、四回に上川畑大悟の中犠飛で加点したが、五回以降は無安打だった。

延長十二回1死二、三塁からサヨナラ打を打たれたロドリゲス（左）

日本ハム		打	安	点	本	打率
DH	加藤豪	4	1	0		.273
⑤	福田光	4	0	0	①	.167
⑦	松本剛	5	0	0	①	.289
③	野村	4	0	0	⑤	.247
⑨	万波	5	2	1	❾	.250
⑥	上川畑	3	0	1		.176
②	伏見	4	0	0		.169
④	谷内	3	0	0		.197
H	ハンソン	1	0	0	①	.150
4	水野	0	0	0		.220
⑧	江越	3	0	0	③	.167
犠盗失併残	20013	36	3	2		.221

楽天		打	安	点	本	打率
⑥	山崎	3	0	0	②	.235
⑦5	小深田	4	1	1	❷	.242
DH	フランコ	4	1	0	⑤	.229
RD7	田中和	0	0	0		.000
④	浅村	4	1	0	⑧	.215
③	鈴木大	2	1	0	②	.269
R9	小郷	0	0	1	①	.197
⑤3	伊藤裕	4	0	0	②	.233
⑨7	島内	4	1	0	③	.187
1	酒居	0	0	0		——
1	宋家豪	0	0	0		——
H	岡島	1	1	1	③	.220
⑧	辰己	4	0	0	②	.156
②	太田	2	0	0	②	.243
H	阿部	1	0	0		.114
2	炭谷	1	0	0	①	.239
犠盗失併残	31006	34	6	3		.209

	回	打投安振球失責	防御率
北山	7	248136211	2.08
H 宮西	⅔	2701000	0.59
H 玉井	⅓	1400000	2.03
田中正	1	62111211	3.00
H 河野	1	31900000	1.20
H 池田	1	31700100	3.20
敗 ロドリゲス	⅓	41320111	1.62
荘司	9	3111437122	3.06
H 松井裕	1	31300000	0.60
H 酒居	1	42200200	0.00
勝 宋家豪	1	31000000	3.97

二加藤豪　万波　島内　盗山崎⑩　3時間50分

◇楽天モバイルパーク宮城⑫　20,954人
楽天7勝5敗

日本ハム	010	100	000	000	2
楽天	000	100	001	001X	3

（延長十二回）

勝　宋家豪12試合1勝
敗　ロドリゲス20試合3敗
本　万波9号①＝荘司　小深田2号①＝北山

【万波中正】 二回、外角の直球をとらえ、左中間席へリーグトップタイとなる9号ソロ
「しっかり腰が入ったいいバッティングだった。（同じ2000年生まれの荘司から打ち）同級生には負けたくない。めちゃくちゃ意識している」

2-3×

🎤荘司康誠　岡島豪郎

5.30（火） VS ヤクルト

上原 今季初勝利

ファイターズが競り勝ち、交流戦白星スタート。5年目の万波中正が四回に同点の10号ソロ、六回に決勝の11号ソロを放った。2打席連続本塁打はプロ初。先発上原健太は6回5安打1失点で今季初勝利を挙げた。

五回2死一、二塁のピンチで村上を見逃し三振に打ち取った上原

ヤクルト		打	安	点	本	打率
⑨	太田	4	0	0		.216
⑧	山崎	2	0	0		.257
H4	西浦	1	0	0		.250
④	山田	4	2	0	⑥	.270
R8	並木	0	0	0		.208
⑤	村上	4	1	0	⑨	.218
DH	サンタナ	3	0	0	⑤	.284
③	オスナ	4	0	0	⑧	.267
⑦	浜田	3	1	0	④	.225
②	中村	3	2	0	③	.238
⑥	長岡	3	1	1	①	.192
H	川端	1	1	0	①	.407
R	武岡	0	0	0		.276
犠盗失併残	01109	32	8	1		.229

日本ハム		打	安	点	本	打率
⑦	松本剛	4	1	0	①	.288
⑧4	細川	4	2	0		.190
②	マルティネス	3	1	0	⑥	.239
2	伏見	1	0	0		.167
⑨	万波	3	3	2	⓫	.263
DH	ハンソン	3	0	0	①	.130
HD	上川畑	1	0	0		.174
③	野村	3	0	0	⑤	.243
⑤	アルカンタラ	2	0	0	③	.198
H8	江越	1	1	0	③	.177
④5	谷内	3	1	0		.203
⑥	水野	3	0	0		.205
犠盗失併残	00016	31	9	2		.222

	回	打	投	安	振	球	失	責	防御率
敗石川	7	27	86	8	3	0	2	2	3.38
木沢	1	5	25	1	1	1	0	0	3.44
勝上原	6	25	93	5	7	4	1	1	4.08
H河野	1	3	11	1	1	0	0	0	1.13
H宮西	⅔	3	9	1	1	0	0	0	0.56
H玉井	⅓	1	7	0	1	0	0	0	1.98
S田中正	1	5	21	1	2	1	0	0	2.84

二浜田　盗並木④　失木沢　暴木沢
2時間54分

◇エスコンフィールド北海道①　25，268人
日本ハム１勝

				計
ヤクルト	010	000	000	1
日本ハム	000	101	00X	2

勝　上原４試合１勝２敗
S　田中正20試合１勝１敗８Ｓ
敗　石川５試合１勝３敗
本　万波10号①＝石川　万波11号①＝石川

【細川凌平】四回２死二塁、中前打を捕球し、本塁へのノーバウンド送球で二塁走者をアウトに。補殺は外野手としてプロ初

「刺さないといけないと思った。（送球時の）体の使い方、ボールへのチャージを意識している」

2-1

上原健太　万波中正

5.31（水） VS ヤクルト

加藤豪 日本球界1号

小刻みに得点したファイターズが連勝でカードを勝ち越した。一回は併殺崩れで先制し、二回は松本剛の適時打、三、五回は加藤豪将の日本球界1号を含む2打席連続本塁打で加点。六回は福田光輝のソロで突き放した。上沢直之は8回2失点で5勝目。

五回2死、加藤豪が2打席連続本塁打を放つ

ヤクルト		打	安	点	本	打率
⑨	浜田	4	1	1	④	.226
⑦	青木	3	2	0		.287
④	山田	4	0	0	⑥	.262
⑤	村上	2	0	0	⑨	.215
DH	サンタナ	4	0	1	⑤	.277
⑧	山崎	4	1	0		.256
③	オスナ	4	1	0	⑧	.267
②	中村	3	0	0	③	.231
H	太田	1	0	0		.211
⑥	武岡	3	1	0		.281
H	川端	1	1	0	①	.429
R	古賀	0	0	0		.167
犠盗失併残	00108	33	7	2		.229

日本ハム		打	安	点	本	打率
⑦	松本剛	4	2	1	①	.293
8	矢沢	0	0	0	①	.195
⑧7	細川	2	0	0		.174
DH	マルティネス	2	0	0	⑥	.235
HD	ハンソン	1	0	0	①	.125
⑨	万波	3	0	0	⑪	.259
9	江越	0	0	0	③	.177
④	加藤豪	4	2	3	❷	.333
③	野村	4	1	0	⑤	.243
⑤	福田光	3	1	1	❷	.178
②	清水	3	1	0		.250
⑥	水野	4	0	0		.188
犠盗失併残	10017	30	7	5		.222

	回	打	投	安	振	球	失	責	防御率
敗市川	5	24	94	5	3	4	4	4	7.45
丸山翔	1	6	17	2	1	1	1	1	3.00
今野	1	3	8	0	1	0	0	0	0.00
山本	1	3	14	0	0	0	0	0	6.35
勝上沢	8	33	125	6	6	4	2	2	3.39
S玉井	1	4	15	1	0	0	0	0	1.84

二松本剛2　浜田　失市川
2時間50分

◇エスコンフィールド北海道②　24，973人
日本ハム２勝

				計
ヤクルト	001	000	010	2
日本ハム	111	011	00X	5

勝　上沢９試合５勝３敗
S　玉井18試合１勝１敗１Ｓ
敗　市川２試合２敗
本　加藤豪１号①＝市川　加藤豪２号①＝市川　福田光２号①＝丸山翔

【玉井大翔】2020年以来のセーブを記録し、プロ通算２セーブ目

「セーブの場面と意識せずにマウンドに上がった。どんな場面でもいくのが僕の持ち味。どんな場面でも自分のピッチングをしたい」

5-2

福田光輝　加藤豪将

6.1（木） VS ヤクルト

4度目零封負け

ファイターズはヤクルト投手陣に苦戦し、今季4度目の零封負けで連勝は2でストップ。打線はサイスニードを前に3安打と沈黙し、救援の清水昇、田口麗斗も崩せなかった。先発加藤貴之は6回2/3を4失点（自責点3）で3敗目。

五回1死一塁、空振り三振に倒れた上川畑

ヤクルト		打	安	点	本	打率
④	山田	4	0	0	⑥	.254
4	武岡	0	0	0		.281
⑦	青木	4	1	0		.286
R7	浜田	1	0	0	④	.224
DH	川端	5	3	1	①	.455
⑤	村上	4	2	3	❿	.222
⑨	サンタナ	4	1	0	⑤	.276
R8	並木	0	0	0		.208
②	中村	3	1	0	③	.234
③	オスナ	3	1	1	⑧	.268
⑧9	山崎	3	1	0		.262
⑥	長岡	3	1	0	①	.194
犠盗失併残	30107	34	11	5		.231

日本ハム		打	安	点	本	打率
⑧	矢沢	4	0	0	①	.186
⑦	松本剛	4	1	0	①	.292
DH	ハンソン	4	0	0	①	.107
⑨	万波	3	0	0	⑪	.254
④3	加藤豪	3	2	0	②	.389
③5	野村	4	0	0	⑤	.238
⑤4	福田光	2	0	0	②	.170
H4	アルカンタラ	2	2	0	③	.217
②	伏見	3	1	0		.172
H	江越	1	0	0	③	.175
⑥	上川畑	3	0	0		.170
H	マルティネス	1	0	0	⑥	.233
犠盗失併残	00229	34	6	0		.221

	回	打	投	安	振	球	失	責	防御率
勝サイスニード	7	27	95	3	6	2	0	0	2.15
清水	1	4	15	1	3	0	0	0	1.71
田口	1	5	14	2	2	0	0	0	1.93
敗加藤貴	6⅔	30	105	10	2	1	4	3	2.25
杉浦	⅓	1	2	0	0	0	0	0	2.45
宮内	1	4	17	1	1	0	1	1	5.84
長谷川	1	4	17	0	1	1	0	0	0.00

二加藤豪　サンタナ　失山田　加藤豪　上川畑
2時間52分

◇エスコンフィールド北海道　最終戦
27，183人
日本ハム２勝１敗

				計
ヤクルト	102	000	110	5
日本ハム	000	000	000	0

勝　サイスニード９試合４勝２敗
敗　加藤貴10試合４勝３敗
本　村上10号②＝加藤貴

【上川畑大悟】サイスニードについて

「直球も強くて、落ち球も良かった。打つのが難しい投手」

0-5

サイスニード

6.2（金） VS 巨人

巨人に大勝

ファイターズが大勝した。0―1の四回、4本の長短打などで3得点。五回にマルティネスの2ランで突き放し、以降も着実に加点した。先発鈴木健矢は5回2/3を2失点で5勝目。投打の二刀流に挑むドラフト1位新人の矢沢宏太は九回、左翼守備から5番手で登板して無失点。

五回2死一塁、2ランを放つマルティネス

日本ハム		打	安	点	本	打率
⑦	松本剛	5	0	0	①	.284
1	ロドリゲス	0	0	0		—
5	福田光	0	0	0	②	.170
⑧57	細川	5	1	0		.179
③	加藤豪	4	1	1	❸	.364
⑨	万波	4	3	0	⑪	.266
②	マルティネス	4	3	3	❼	.250
⑤	野村	4	1	1	⑤	.238
R8	江越	1	1	0	③	.185
④	アルカンタラ	4	2	0	③	.230
4	谷内	1	0	0		.200
⑥	上川畑	4	1	1		.173
①	鈴木	3	0	1		.000
1	河野	0	0	0		—
1	池田	0	0	0		—
H	ハンソン	1	1	1	❷	.138
71	矢沢	0	0	0	①	.186
犠盗失併残	03018	40	14	8		.224

巨人		打	安	点	本	打率
⑧	丸	5	2	0	④	.229
⑨	梶谷	4	2	1	❶	.254
H	萩尾	1	0	0		.143
⑦	秋広	4	2	1	④	.339
③	岡本和	3	0	0	⑫	.316
②	大城卓	4	1	0	⑦	.271
R2	岸田	0	0	0		—
⑥5	中山	4	2	0		.242
④	吉川	4	2	0	①	.234
⑤	門脇	3	0	0	①	.170
1	平内	0	0	0		.000
1	菊地	0	0	0		—
H	ブリンソン	1	0	0	⑤	.250
①	横川	2	0	0		.067
1	田中千	0	0	0		—
H6	坂本	2	0	0	⑦	.245
犠盗失併残	00119	37	11	2		.249

	回	打	投	安	振	球	失	責	防御率
勝鈴木	5⅔	27	102	9	3	1	2	2	1.75
H河野	⅓	1	6	0	0	0	0	0	1.10
池田	1	3	9	0	1	0	0	0	3.05
ロドリゲス	1	3	10	1	0	0	0	0	1.53
矢沢	1	4	11	1	1	0	0	0	0.00
敗横川	5	24	88	9	2	0	5	5	3.11
田中千	1	4	15	1	1	0	0	0	5.93
平内	2	10	35	3	1	1	3	3	5.79
菊地	1	5	20	1	0	2	0	0	6.10

二丸2　万波　マルティネス　秋広　吉川　江越　盗万波①　アルカンタラ①　上川畑②　失吉川
3時間7分

◇東京ドーム①　39，017人
日本ハム１勝

				計
日本ハム	000	320	210	8
巨人	001	010	000	2

勝　鈴木14試合５勝２敗
敗　横川９試合３勝３敗
本　マルティネス７号②＝横川　梶谷１号①＝鈴木　加藤豪３号①＝平内　ハンソン２号①＝平内

【万波中正】３安打。五回にプロ５年目で初盗塁を記録

「（二盗は）サインが出て、絶対にけん制も来ないと思った。めっちゃうれしいです」

8-2

マルティネス

6.3（土） VS 巨人

遠い一本 サヨナラ負け

ファイターズは今季6度目のサヨナラ負け。ファイターズ打線は終盤に追いつく粘りは見せたが、九回と延長十回の勝ち越しの好機を生かせなかった。5番手の玉井大翔が同点の十回無死一塁、岡本和真に決勝の適時二塁打を浴び2敗目。

延長十回無死一塁、岡本にサヨナラ打を打たれた玉井

日本ハム		打	安	点	本	打率
⑦	松本剛	5	2	0	①	.287
⑧	江越	4	0	0	③	.176
④3	加藤豪	5	2	1	❹	.370
⑨	万波	4	2	0	⑪	.271
R9	矢沢	1	0	0	①	.184
③	マルティネス	3	1	0	⑦	.252
R4	細川	1	1	0		.207
⑤	アルカンタラ	2	1	0	③	.236
H5	野村	2	0	0	⑤	.236
②	伏見	2	0	0		.168
H	ハンソン	1	0	0	②	.133
2	清水	0	0	1		.250
⑥	上川畑	4	1	0		.175
①	伊藤	2	0	0		.000
H	福田光	1	0	0	②	.167
1	池田	0	0	0		—
1	宮西	0	0	0		—
H	水野	1	0	0		.184
1	田中正	0	0	0		—
1	玉井	0	0	0		—
犠盗失併残	30111	38	10	2		.225

巨人		打	安	点	本	打率
⑨	丸	5	1	0	④	.228
⑥	坂本	5	2	1	⑦	.250
⑦	秋広	3	2	0	④	.347
R7	重信	1	1	0		.500
③	岡本和	5	2	1	⑫	.318
②	大城卓	3	0	0	⑦	.266
H	中田翔	0	0	0	⑧	.305
R2	小林	0	0	0		.000
⑧	ブリンソン	4	1	1	⑤	.250
④	吉川	4	2	0	①	.241
⑤	門脇	3	1	0	①	.176
H	ウォーカー	1	0	0	④	.259
1	大勢	0	0	0		—
①	グリフィン	2	0	0		.095
H	梶谷	1	0	0	①	.250
1	鈴木康	0	0	0		—
1	中川	0	0	0		—
5	北村拓	1	0	0		.000
犠盗失併残	02101	38	12	3		.251

	回	打	投	安	振	球	失	責	防御率
伊藤	7	28	104	7	5	1	1	1	3.49
池田	⅓	3	9	2	1	0	1	1	3.43
宮西	⅔	4	13	1	0	1	0	0	0.54
H田中正	1	3	11	0	1	0	0	0	2.70
敗玉井	0/3	2	2	2	0	0	1	1	2.45
グリフィン	7	26	106	4	6	1	1	1	2.52
H鈴木康	⅔	3	13	1	1	0	0	0	4.15
H中川	⅓	1	5	0	0	0	0	0	5.40
勝大勢	2	12	44	5	3	0	1	1	3.15

二松本剛　アルカンタラ　坂本　吉川　岡本和　盗丸②　重信③　失清水　門脇
3時間26分

◇東京ドーム②　40，809人
１勝１敗

					計
日本ハム	000	100	001	0	2
巨人	001	000	010	1X	3

（延長十回）

勝　大勢19試合２勝11Ｓ
敗　玉井19試合２敗１Ｓ
本　加藤豪４号①＝グリフィン

【宮西尚生】八回１死一、二塁から登板。球団OBの江夏豊に並ぶ歴代６位の通算829試合登板を達成

「難しい場面だったが（走者をかえし）責任を感じている。切り替えてやっていく」

2-3×

重信慎之介　岡本和真

6.4（日） VS 巨人

北山 投打のヒーロー

攻守がかみ合ったファイターズは今季初の2桁得点で、2カード連続の勝ち越し。先発北山亘基は7回3失点で3勝目。2安打2打点と投打に光った。打線は二回に2得点し逆転。三回に野村佑希の3ラン、六回に打者一巡の攻撃で4点を加えた。

先発の北山が7回3失点で3勝目

日本ハム		打	安	点	本	打率
⑦	松本剛	5	1	0	①	.285
1	杉浦	0	0	0		—
1	宮内	0	0	0		—
⑥	上川畑	4	0	0		.170
6	谷内	1	0	0		.197
③5	加藤豪	5	3	1	④	.406
⑨	万波	4	3	1	⑪	.281
②	マルティネス	3	0	1	⑦	.246
H2	清水	1	0	0		.242
⑤3	野村	4	2	3	❻	.241
④	福田光	5	2	0	②	.189
①	北山	4	2	2		.500
7	江越	1	0	0	③	.174
⑧	細川	3	1	2		.219
犠盗失併残	10027	40	14	10		.228

巨人		打	安	点	本	打率
⑨	丸	4	1	1	❺	.228
1	三上	0	0	0		—
⑥	坂本	4	2	1	⑦	.256
⑦	秋広	4	1	0	④	.344
⑤	岡本和	4	2	1	⓭	.321
③	中田翔	3	0	0	⑧	.298
④	吉川	4	0	0	①	.234
②	大城卓	3	1	0	⑦	.267
R2	岸田	0	0	0		—
H	若林	1	0	0		.000
⑧	ブリンソン	3	0	0	⑤	.245
H	門脇	1	1	0	①	.185
①	松井	0	0	0		.500
H	中山	1	1	0		.254
1	菊地	0	0	0		—
H	松原	1	0	0		.000
1	鍬原	0	0	0		—
1	田中千	0	0	0		—
H9	梶谷	2	1	0	①	.258
犠盗失併残	00006	35	10	3		.252

	回	打	投	安	振	球	失	責	防御率
勝北山	7	28	101	8	6	1	3	3	2.45
杉浦	1	4	21	1	1	0	0	0	2.16
宮内	1	4	16	1	3	0	0	0	5.40
敗松井	3	17	66	7	4	1	5	5	4.15
菊地	2	6	32	0	3	0	0	0	5.11
鍬原	⅔	9	26	5	0	2	4	4	9.00
田中千	1⅓	4	19	0	3	0	0	0	5.40
三上	2	8	28	2	1	0	1	1	3.00

二細川　中山　福田光　加藤豪　万波　門脇　犠北山
3時間5分

◇東京ドーム　最終戦　40，818人
日本ハム２勝１敗

				計
日本ハム	023	004	010	10
巨人	101	001	000	3

勝　北山８試合３勝２敗
敗　松井３試合１勝１敗
本　丸５号①＝北山　野村６号③＝松井　岡本和13号①＝北山

【北山亘基】投打で大活躍

「先発としてちゃんと投げることが一番大事だった。バッティングはラッキー」

10-3

北山亘基

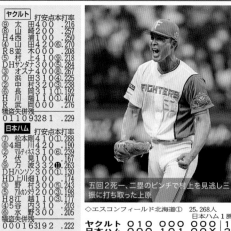

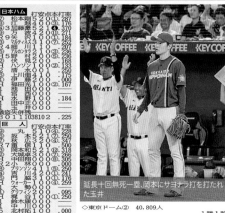

6.6 (火) VS 広島

救援陣粘れず

ファイターズは八回に救援陣がつかまり、逆転負け。2－1の八回、3番手の宮西尚生が2死一、二塁から西川龍馬に同点適時打を打たれ、継投した4番手玉井大翔が松山竜平に勝ち越し打を許した。打線は三回の松本剛の2点本塁打のみで援護できなかった。

広島		打	安	点	本	打率
④	菊池	5	0	0	③	.280
⑨	野間	4	1	0		.238
⑧	秋山	4	1	0	③	.345
DH	マクブルーム	3	1	0	⑤	.220
RD	曽根	0	0	0		.143
⑦	西川	3	2	1	⑥	.315
⑤	上本	3	1	0	①	.247
H	松山	1	1	1		.282
R5	田中	0	0	0	③	.216
③	堂林	4	1	1	②	.226
②	会沢	2	0	0		.161
H2	坂倉	2	0	0	④	.268
⑥	矢野	4	1	0		.212
犠盗失併残	00017	35	9	3		.244

日本ハム		打	安	点	本	打率
⑧9	細川	3	0	0		.200
H	アルカンタラ	1	0	0	③	.233
⑦	松本剛	4	1	2	❷	.284
③	加藤豪	4	2	0	④	.417
⑨	万波	4	0	0	⑪	.275
8	江越	0	0	0	③	.174
②	マルティネス	0	0	0	⑦	.246
2	伏見	2	1	0		.175
H	ハンソン	1	0	0	②	.129
2	清水	0	0	0		.242
⑤	野村	2	2	0	⑥	.249
R4	水野	0	0	0		.184
④5	福田光	3	0	0	②	.179
DH	郡	4	1	0		.250
⑥	上川畑	3	1	0		.173
犠盗失併残	20018	31	8	2		.228

		回	打	投	安	振	球	失	責	防御率
	大瀬良	6	27	115	7	6	3	2	2	2.83
勝	栗林	1	4	19	1	1	0	0	0	6.28
H	島内	1	3	20	0	2	1	0	0	1.47
S	矢崎	1	3	13	0	2	0	0	0	1.76
	上原	6	24	93	6	4	1	1	1	3.42
H	池田	1	3	9	0	1	0	0	0	3.27
敗	宮西	2/3	5	25	2	1	1	2	2	1.56
	玉井	1/3	2	4	1	0	0	0	0	2.40
	河野	1	3	11	0	1	0	0	0	1.04

二 西川 堂林 伏見 野村
3時間32分

四回2死一、三塁、堂林から適時打を浴びた上原

◇エスコンフィールド北海道①　22,393人
広島1勝

広島	000	100	020	3
日本ハム	002	000	000	2

勝 栗林15試合1勝5敗7S
S 矢崎17試合3勝6S
敗 宮西22試合1敗1S
本 松本剛2号②＝大瀬良

【上原健太】先発で6回6安打1失点

「安打は打たれたが、最少失点で抑えることができた。(課題として)もっと三者凡退のイニングを増やして、良いリズムをつくりたかった」

2-3

栗林良吏

6.7 (水) VS 広島

広島に負け越し

ファイターズは今季5度目の零封負けを喫し2連敗。打線は相手を上回る4安打を放ったが、九里亜蓮ら3投手に完封リレーを許した。8回1失点の加藤貴之は8回をソロ本塁打による1失点にとどめたが、打線の援護がなく4敗目。

広島		打	安	点	本	打率
④	菊池	4	0	0	③	.274
⑤	上本	4	0	0	①	.237
⑧	秋山	4	0	0	③	.338
③	松山	4	1	0		.279
3	韮沢	0	0	0		.152
⑦	西川	4	0	0	⑥	.309
DH	マクブルーム	3	1	0	⑤	.222
RD	曽根	0	0	0		.143
②	坂倉	2	1	1	❺	.272
⑨	野間	3	0	0		.231
⑥	矢野	3	0	0		.194
犠盗失併残	00004	31	3	1		.241

日本ハム		打	安	点	本	打率
④	ハンソン	4	0	0	②	.114
③	加藤豪	4	2	0	④	.425
DH	松本剛	4	0	0	②	.279
⑨	万波	4	1	0	⑪	.275
⑤	野村	2	0	0	⑥	.246
R5	細川	0	0	0		.200
⑥	水野	1	0	0		.180
2	清水	1	0	0		.235
⑦	アルカンタラ	3	0	0	③	.226
H	谷内	0	0	0		.197
②	伏見	1	0	0		.173
H6	上川畑	2	0	0		.171
⑧	江越	3	1	0	③	.180
犠盗失併残	20108	29	4	0		.227

		回	打	投	安	振	球	失	責	防御率
勝	九里	7	26	101	2	7	3	0	0	1.83
H	ターリー	1	4	11	1	1	0	0	0	1.16
S	矢崎	1	5	14	1	0	1	0	0	1.65
敗	加藤貴	8	29	122	3	2	1	1	1	2.14
	杉浦	1	3	17	0	1	0	0	0	1.93

二 マクブルーム　失 水野
2時間39分

三回1死満塁、ファウルフライに終わった松本剛

◇エスコンフィールド北海道②　23,109人
広島2勝

広島	000	010	000	1
日本ハム	000	000	000	0

勝 九里10試合5勝2敗
S 矢崎18試合3勝7S
敗 加藤貴11試合4勝4敗
本 坂倉5号①＝加藤貴

【ハンソン】入団から17試合目で初めて守備につき、二ゴロを三つさばく

「まず打撃、次に守備という順序で調整していた。守備機会があって打席に入る(本来の)野球の流れに戻ることができて良かった」

0-1

九里亜蓮

6.8 (木) VS 広島

広島に3連敗

ファイターズは広島に6年ぶりの同一カード3連敗。先発上沢直之は1－1の五回、2安打に失策も絡み、3失点。8回4失点(自責点1)で4敗目を喫した。打線は二回の清水優心の適時打で先制したがその後逆転され、五回のハンソンの犠飛で1点を返すのが精一杯だった。

広島		打	安	点	本	打率
④	菊池	4	1	1	③	.274
⑨	野間	4	1	2		.231
⑧	秋山	4	0	0	③	.332
③	松山	4	0	0		.255
3	韮沢	0	0	0		.152
⑦	西川	4	0	0	⑥	.303
DH	マクブルーム	3	1	0	⑤	.223
RD	羽月	0	0	0		.000
②	坂倉	2	1	0	⑤	.275
⑤	上本	1	0	0	①	.235
5	田中	2	2	3	❹	.237
⑥	矢野	4	0	0		.175
犠盗失併残	11112	32	6	6		.240

日本ハム		打	安	点	本	打率
④	ハンソン	3	0	1	②	.105
③	加藤豪	4	0	0	④	.386
⑦	松本剛	4	0	0	②	.273
⑨	万波	4	1	0	⑪	.274
DH	マルティネス	4	1	0	⑦	.246
⑤	野村	3	0	0	⑥	.243
⑥	上川畑	2	0	0		.169
②	清水	2	1	1		.250
⑧	細川	2	0	0		.189
犠盗失併残	20203	28	3	2		.225

		回	打	投	安	振	球	失	責	防御率
勝	コルニエル	7	26	95	3	5	2	2	2	4.46
H	島内	1	3	13	0	1	0	0	0	1.40
	中崎	1	3	11	0	1	0	0	0	3.00
敗	上沢	8	30	121	5	9	1	4	1	3.13
	ロドリゲス	1	6	17	1	0	2	3	3	2.89

三 坂倉　二 菊池　盗 羽月④　失 矢野 清水 上沢
2時間49分

八回2死走者なし、三振に倒れた加藤豪

◇エスコンフィールド北海道　最終戦
23,199人
広島3勝

広島	001	030	003	7
日本ハム	010	010	000	2

勝 コルニエル7試合1勝4敗
敗 上沢10試合5勝4敗
本 田中4号③＝ロドリゲス

【マルティネス】6日の試合で死球を受け、左手甲の打撲。2試合ぶりの出場で第1打席に右前打

「左手は少し腫れが残るが、集中してプレーすれば痛みは忘れるので大丈夫」

2-7

コルニエル

6.9 (金) VS 阪神

連敗3でストップ

ファイターズは投打がかみ合い、連敗を3で止めた。先発鈴木健矢は6回4安打無失点の好投で、6勝目。打線は二回に伏見寅威の2点打で先制。三回はマルティネスの適時二塁打、四回は江越大賀のソロで突き放した。

阪神		打	安	点	本	打率
⑧	近本	4	0	0	③	.311
④	中野	3	0	0	①	.307
⑨	前川	4	2	0		.263
③	大山	4	1	0	⑦	.305
⑤	佐藤輝	4	0	0	⑧	.227
DH	糸原	2	1	0		.150
HD	原口	2	1	0	①	.158
⑥	木浪	4	0	0		.277
②	梅野	3	1	0	①	.179
⑦	島田	2	1	0		.200
H7	ミエセス	2	0	0	④	.200
犠盗失併残	02109	34	7	0		.246

日本ハム		打	安	点	本	打率
⑧	江越	3	1	1	❹	.185
④	ハンソン	4	0	0	②	.095
③	加藤豪	3	0	0	④	.362
5	谷内	0	0	0		.197
⑨	万波	4	2	0	⑪	.279
⑦	松本剛	3	1	0	②	.274
DH	マルティネス	4	2	1	⑦	.254
⑤3	野村	4	1	0	⑥	.243
⑥	奈良間	4	1	0	①	.171
②	伏見	4	1	2		.176
犠盗失併残	00108	33	9	4		.226

		回	打	投	安	振	球	失	責	防御率
敗	富田	3	16	80	5	2	2	3	2	4.09
	西純	3	13	42	3	3	1	1	1	4.94
	浜地	1	4	17	1	1	0	0	0	8.16
	島本	1	3	10	0	1	0	0	0	0.00
勝	鈴木	6	23	102	4	1	1	0	0	1.55
	河野	1	4	20	1	2	0	0	0	0.98
	池田	1	4	18	1	2	0	0	0	3.13
	田中正	1	5	22	1	0	1	0	0	2.57

二 マルティネス 野村 前川　盗 中野⑦ 島田②　失 島田 野村
3時間7分

二回2死二、三塁、先制の適時打を放った伏見

◇エスコンフィールド北海道①　28,838人
日本ハム1勝

阪神	000	000	000	0
日本ハム	021	100	00X	4

勝 鈴木15試合6勝2敗
敗 富田8試合1勝1敗
本 江越4号①＝西純

【江越大賀】右越えに4号ソロ

「阪神時代のユニホームやタオルを掲げている阪神ファンが多くてうれしかった」

4-0

伏見寅威　鈴木健矢　江越大賀

6.10 (土) VS 阪神

宮西 2年ぶりの白星

ファイターズは競り合いを制し2連勝。マルティネスと伏見寅威のソロなどで3点をとったが、四回に前川右京の適時打で同点に。3－3の八回無死一、二塁、加藤豪将が決勝の適時打を放った。2番手の宮西尚生が2年ぶりの白星。

阪神		打	安	点	本	打率
⑧	近本	4	0	1	③	.305
④	中野	4	1	0	①	.306
⑦	ノイジー	4	1	0	④	.241
③	大山	4	1	0	⑦	.304
⑤	佐藤輝	4	0	0	⑧	.222
⑨	前川	4	1	2		.261
DH	ミエセス	3	1	0	④	.208
⑥	木浪	3	3	0		.290
②	坂本	1	0	0		.239
犠盗失併残	20013	31	8	3		.246

日本ハム		打	安	点	本	打率
⑧	江越	3	1	0	④	.189
DH	マルティネス	3	2	2	❽	.262
RD	細川	0	0	0		.189
③	加藤豪	4	2	1	④	.373
⑨	万波	4	0	0	⑪	.273
⑦	松本剛	4	0	0	②	.269
⑤	野村	3	0	0	⑥	.239
⑥	上川畑	2	0	0		.167
H4	谷内	1	0	0		.194
②	伏見	3	2	1	❶	.190
④6	奈良間	3	0	0	①	.158
犠盗失併残	00004	30	7	4		.226

		回	打	投	安	振	球	失	責	防御率
敗	大竹	7 2/3	30	111	7	5	2	4	4	1.24
	加治屋	1	2	7	0	0	0	0	0	0.00
	伊藤	7	27	111	8	7	0	3	3	3.53
勝	宮西	1	3	13	0	2	0	0	0	1.47
S	田中正	1	3	14	0	0	0	0	0	2.45

二 マルティネス 大山 江越
2時間53分

八回を無失点に抑え、今季初勝利を挙げた宮西

◇エスコンフィールド北海道②　32,558人
日本ハム2勝

阪神	001	200	000	3
日本ハム	111	000	01X	4

勝 宮西23試合1勝1敗1S
S 田中正23試合1勝1敗9S
敗 大竹9試合6勝1敗
本 伏見1号①＝大竹　マルティネス8号①＝大竹

【伏見寅威】1-0の二回、移籍後初本塁打となるソロを放ち、リードを広げる

「ホームランは予想外だが、(大竹の)決め球のチェンジアップを打てたことと、追加点が取れたことはかなりでかかった」

4-3

マルティネス　伏見寅威　加藤豪将

6.11 (日) VS 阪神

得点奪えず

ファイターズは今季6度目の零封負けで3連勝を逃した。二回に渡邉諒に適時打を打たれ、そのまま逃げ切られた。打線は阪神投手陣の前に5安打無得点に抑えられ、計6投手の継投で1失点にしのいだ投手陣を援護できなかった。

阪神		打	安	点	本	打率
⑧	近本	3	0	0	③	.301
④	中野	5	0	0	①	.299
⑦	ノイジー	2	0	0	④	.239
R	植田	0	0	0		.000
7	小野寺	1	0	0		.357
③	大山	2	0	0	⑦	.301
⑨	前川	4	1	0		.259
9	島田	0	0	0		.200
⑤	渡辺諒	4	1	1	①	.211
DH	糸原	2	0	0		.136
HD	原口	1	0	0	①	.150
⑥	木浪	3	1	0		.291
②	梅野	3	1	0	①	.183
犠盗失併残	14121	33	4	1		.244

日本ハム		打	安	点	本	打率
③	郡	4	2	0		.375
⑧	細川	3	0	0		.175
H5	野村	1	0	0	⑥	.238
DH	加藤豪	4	1	0	④	.364
⑨	万波	4	0	0	⑪	.268
②	マルティネス	2	0	0	⑧	.259
R	上川畑	0	0	0		.167
④	ハンソン	4	1	0	②	.109
⑥	奈良間	4	0	0	①	.143
⑤	福田光	1	0	0	②	.175
H7	松本剛	1	0	0	②	.268
⑦	アルカンタラ	2	1	0	③	.232
H8	江越	0	0	0	④	.189
犠盗失併残	11007	30	5	0		.225

		回	打	投	安	振	球	失	責	防御率
勝	才木	7	25	106	4	5	2	0	0	1.53
H	岩崎	1	4	10	0	0	0	0	0	0.42
S	湯浅	1	5	18	1	1	1	0	0	3.29
敗	北山	4 2/3	23	108	3	6	6	1	1	2.39
	福田俊	1/3	1	6	0	1	0	0	0	0.00
	杉浦	1	5	22	0	1	2	0	0	1.74
	宮内	1	4	19	0	1	1	0	0	5.02
	河野	1	4	19	1	2	0	0	0	0.93
	池田	1	4	9	0	0	1	0	0	3.00

三 前川　盗 近本2⑩ 植田③ 梅野② 郡①　失 岩崎
3時間41分

六回1死一、二塁、併殺打に倒れた万波

◇エスコンフィールド北海道　最終戦
32,087人
日本ハム2勝1敗

阪神	010	000	000	1
日本ハム	000	000	000	0

勝 才木9試合5勝3敗
S 湯浅14試合1敗8S
敗 北山9試合3勝3敗

【福田俊】五回2死満塁を救援し、無失点で切り抜ける

「一つのアウトがすごく遠かった。結果的にゼロで抑えられて良かった」

0-1

渡邉諒

6.13（火） VS DeNA

追い上げ及ばず連敗

DeNAに逃げ切られたファイターズは2連敗。先発上原健太が4回4失点と試合をつくれず3敗目を喫した。打線は4－0とリードされた後、マルティネスの適時二塁打や松本剛のソロなどで追い上げたが及ばなかった。

日本ハム		打	安	点	本	打率
⑧	江越	3	0	0	④	.184
H8	アルカンタラ	1	0	0	③	.229
②	マルティネス	5	2	1	⑧	.264
④3	加藤豪	3	0	1	④	.345
⑨	万波	4	0	0	⑪	.263
⑦	松本剛	4	3	1	❸	.276
⑥	上川畑	4	2	0		.175
⑤	野村	4	3	0	⑥	.248
①	上原	2	0	0		.000
1	宮内	0	0	0		―
1	長谷川	0	0	0		―
H4	石井	2	0	0		.074
③4	郡	3	1	0		.364
1	杉浦	0	0	0		―
1	福田俊	0	0	0		―
H	ハンソン	1	0	0	②	.106
犠盗失併残	00008	36	11	3		.227

DeNA		打	安	点	本	打率
⑨7	関根	4	2	3	③	.332
⑧	桑原	4	3	2	③	.301
⑦3	佐野	4	0	0	⑧	.253
④	牧	4	0	0	⑪	.288
⑤	宮崎	4	0	0	⑪	.375
5	柴田	0	0	0		.154
③	ソト	4	0	0	④	.217
9	神里	0	0	0		.158
⑥	大和	3	1	0		.211
6	京田	0	0	0	①	.239
②	戸柱	3	3	0	③	.291
①	今永	2	1	0		.364
1	伊勢	0	0	0		―
H	オースティン	1	1	0		.273
1	山崎	0	0	0		―
犠盗失併残	21018	33	11	5		.261

	回	打投安振球失責	防御率
敗上原	4	21 69 9 2 0 4 4	4.23
宮内	1⅓	630 1 1 1 1 1	5.17
長谷川	⅔	23 0 0 0 0 0 0	0.00
杉浦	1	312 0 0 0 0 0	1.59
福田俊	1	514 1 0 1 0 0	0.00
勝今永	7	30117 9 5 2 2 2	2.78
H伊勢	1	516 2 3 0 1 1	1.59
S山崎	1	320 0 2 0 0 0	4.71

二桑原2　戸柱2　郡　松本剛　マルティネス　盗関根③　3時間8分

二回無死満塁の好機だったが、併殺打に倒れた上原

◇横浜①　32,991人

DeNA1勝

日本ハム	000	010	110	3
DeNA	020	201	00X	5

勝　今永8試合4勝1敗
S　山崎23試合3敗16S
敗　上原6試合1勝3敗
本　松本剛3号①＝伊勢

【石井一成】けがから2カ月ぶりとなる1軍復帰

「もっと緊張すると思ったけど、違和感なく（試合に）入っていけた」

3-5

関根大気　桑原将志　今永昇太

6.14（水） VS DeNA

バウアー崩せず3連敗

ファイターズは競り負け、3連敗。打線は先発バウアーを打ちあぐね、わずか3安打で12三振。万波中正が七回に5月30日以来の意地の12号ソロを放つにとどまった。先発加藤貴之は7安打2失点で完投したものの、打線の援護がなく5敗目。

日本ハム		打	安	点	本	打率
⑧	アルカンタラ	3	0	0	③	.222
H	石井	1	1	0		.107
R	江越	0	0	0	④	.184
③	清宮	4	1	0	①	.286
④	加藤豪	4	0	0	④	.323
⑨	万波	3	1	1	⓬	.264
⑦	松本剛	3	0	0	③	.273
②	マルティネス	2	0	0	⑧	.260
⑤	野村	3	0	0	⑥	.244
⑥	上川畑	3	0	0		.172
①	加藤貴	2	0	0		.000
H	郡	1	0	0		.333
犠盗失併残	03012	29	3	1		.225

DeNA		打	安	点	本	打率
⑨7	関根	4	1	0	③	.330
⑧	蝦名	3	0	0		.000
⑦3	佐野	3	0	0	⑧	.250
④	牧	3	2	0	⑪	.293
⑤	宮崎	3	1	0	⑪	.374
③	ソト	3	1	2	④	.220
9	神里	0	0	0		.158
⑥	大和	3	2	0		.233
②	伊藤	3	0	0		.211
①	バウアー	3	0	0		.000
犠盗失併残	10013	28	7	2		.261

	回	打投安振球失責	防御率
敗加藤貴	8	29102 7 4 0 2 2	2.15
勝バウアー	9	30113 3 12 1 1 1	4.00

二宮崎　ソト　盗江越2④　清宮①　2時間8分

七回1死走者なし、空振り三振に倒れた加藤豪

◇横浜②　33,003人

DeNA2勝

日本ハム	000	000	100	1
DeNA	000	020	00X	2

勝　バウアー7試合4勝2敗
敗　加藤貴12試合4勝5敗
本　万波12号①＝バウアー

【加藤貴之】今季3度目完投も報われず

「良いバッターがそろっているのは分かっているし、粘りきれなかった自分の責任」

1-2

ソト　バウアー

6.16（金） VS 中日

上沢力投 連敗ストップ

ファイターズが逆転勝ちで連敗を3で止めた。先発上沢直之は中日打線に的を絞らせず、8回3安打1失点で6勝目。打線は1－1の四回2死一、三塁で二走の盗塁死の間に三走がかえり決勝点を挙げた。

日本ハム		打	安	点	本	打率
④3	加藤豪	3	0	1	④	.308
5	谷内	0	0	0		.194
⑦	松本剛	4	1	0	③	.272
②	マルティネス	3	0	0	⑧	.255
R	細川	0	0	0		.175
2	伏見	0	0	0	①	.190
⑨	万波	3	1	0	⑫	.265
⑤3	清宮	4	0	0	①	.269
③	野村	3	0	0	⑥	.241
4	石井	1	0	0		.103
⑥	上川畑	3	2	0		.181
⑧	江越	2	0	0	④	.180
①	上沢	3	1	0		.333
1	田中正	0	0	0		―
犠盗失併残	30104	29	5	1		.224

中日		打	安	点	本	打率
⑧	岡林	4	0	0	②	.287
⑦	ブライト	4	0	0		.265
⑤	福永	4	0	0	②	.293
⑨	細川	3	1	1	❽	.329
③	福田	2	0	0		.000
R6	溝脇	1	0	0		.138
④	村松	4	1	0	①	.239
②	石橋	2	0	0		.200
H3	石川昂	1	1	0	⑤	.220
⑥	龍空	2	0	0	①	.145
H	高橋周	1	0	0		.195
1	藤嶋	0	0	0		―
1	勝野	0	0	0		.000
①	小笠原	2	0	0		.095
H	伊藤	1	0	0		.176
2	加藤匠	0	0	0		.000
犠盗失併残	00005	31	3	1		.239

	回	打投安振球失責	防御率
勝上沢	8	30112 3 5 2 1 1	2.92
S田中正	1	320 0 0 0 0 0	2.35
敗小笠原	7	2599 5 6 0 2 2	2.85
藤嶋	1	312 0 2 0 0 0	1.65
勝野	1	514 0 2 1 0 0	1.37

二松本剛　失上沢　暴勝野　2時間53分

七回2死満塁で力投する上沢

◇バンテリンドームナゴヤ①　27,376人

日本ハム1勝

日本ハム	001	100	000	2
中日	010	000	000	1

勝　上沢11試合6勝4敗
S　田中正24試合1勝1敗10S
敗　小笠原11試合4勝4敗
本　細川8号①＝上沢

【上沢直之】8回1失点の好投で6勝目

「勝ち星は野手が点を取ってくれて、救援の人たちが勝っている状況で試合を終わらせてくれているおかげ」

2-1

上沢直之

6.17（土） VS 中日

マルティネス逆転3ラン

ファイターズは逆転勝ちで2連勝。1－3の六回1死一、二塁で、昨季まで在籍した中日相手にマルティネスが逆転の9号3ランを放った。先発伊藤大海は立ち上がり不安定だったが、中盤から持ち直し7回6安打3失点で3勝目。

日本ハム		打	安	点	本	打率
④	加藤豪	4	0	0	④	.290
4	石井	1	0	0		.100
⑦	松本剛	4	1	0	③	.272
H7	アルカンタラ	1	0	0	③	.220
⑥	上川畑	2	1	0		.185
⑨	万波	4	2	0	⑫	.269
③	マルティネス	3	1	3	❾	.256
5	谷内	0	0	0		.194
⑤3	清宮	3	1	1	①	.271
②	伏見	3	1	0	①	.194
⑧	江越	4	0	0	④	.173
①	伊藤	3	1	1		.200
1	河野	0	0	0		―
1	池田	0	0	0		―
H	野村	1	0	0	⑥	.240
1	田中正	0	0	0		―
犠盗失併残	00015	33	8	5		.224

中日		打	安	点	本	打率
⑦	大島	4	0	0		.270
④	村松	3	1	0	①	.241
⑧	岡林	2	1	0	②	.289
⑨	細川	4	1	2	⑧	.327
⑤	福永	4	1	0	②	.293
③	ビシエド	4	0	0	②	.211
②	石橋	4	2	0		.333
⑥	龍空	3	1	0	①	.151
H	福田	1	0	0		.000
①	松葉	1	0	1		.000
1	藤嶋	0	0	0		―
1	上田	0	0	0		―
H	高橋周	1	0	0		.192
1	鈴木	0	0	0		.000
1	松山	0	0	0		―
H	石川昂	1	0	0	⑤	.218
犠盗失併残	10116	32	7	3		.238

	回	打投安振球失責	防御率
勝伊藤	7	2887 6 4 2 3 3	3.57
河野	⅓	210 0 0 1 0 0	0.92
H池田	⅔	211 0 1 0 0 0	2.92
S田中正	1	415 1 1 0 0 0	2.25
松葉	5⅓	2262 5 0 2 3 3	2.56
敗藤嶋	⅔	417 1 1 1 1 1	2.12
上田	1	310 0 1 0 0 0	0.00
鈴木	1	621 2 1 2 2 2	4.15
松山	1	314 0 3 0 0 0	0.00

二石橋2　伊藤　失福永　2時間43分

六回1死一、二塁、藤嶋から逆転3ランを放つマルティネス

◇バンテリンドームナゴヤ②　36,301人

日本ハム2勝

日本ハム	000	013	020	6
中日	111	000	000	3

勝　伊藤11試合3勝4敗
S　田中正25試合1勝1敗11S
敗　藤嶋19試合1敗
本　マルティネス9号③＝藤嶋

【伊藤大海】5月18日以来、ほぼ1カ月ぶりの白星を手にした

「点を取られたので良い気分じゃないけれど、後半には自分の良いところは出せた」

6-3

マルティネス

6.18（日） VS 中日

完封リレー 中日退治

ファイターズは零封勝ちで3連勝。今季初の同一カード3連勝。先発北山亘基は力のある直球で押し、七回途中1安打無失点で4勝目。打線は一回、2四球を足がかりに万波中正、マルティネスの連続適時打で2点先取した。

日本ハム		打	安	点	本	打率
⑤3	清宮	3	2	0	①	.288
H8	細川	1	0	0		.171
⑦	松本剛	5	1	1	③	.270
③	加藤豪	2	0	0	④	.282
5	谷内	0	0	0		.194
⑨	万波	4	1	1	⑫	.269
②	マルティネス	4	1	1	⑨	.256
⑥	上川畑	3	0	0		.181
④	石井	3	0	0		.091
①	北山	3	0	0		.286
1	河野	0	0	0		―
H	ハンソン	1	0	0	②	.104
1	玉井	0	0	0		―
1	杉浦	0	0	0		―
⑧	江越	3	2	0	④	.187
H3	郡	1	0	0		.308
犠盗失併残	01007	33	7	3		.224

中日		打	安	点	本	打率
⑦	大島	4	0	0		.265
7	加藤翔	0	0	0		.214
⑤	福永	4	0	0	②	.286
⑧	岡林	2	0	0	②	.286
⑨	細川	4	0	0	⑧	.321
③	石川昂	4	0	0	⑤	.213
④	村松	3	0	0	①	.236
1	上田	0	0	0		―
②	石橋	3	2	0		.417
2	味谷	0	0	0		.333
⑥	龍空	3	0	0	①	.146
①	福谷	1	0	0		.154
H	福田	0	0	0		.000
R	伊藤	0	0	0		.176
1	祖父江	0	0	0		―
1	松山	0	0	0		―
4	溝脇	1	0	0		.133
犠盗失併残	00115	29	2	0		.236

	回	打投安振球失責	防御率
勝北山	6⅔	23104 1 7 2 0 0	2.03
河野	⅓	160 1 0 0 0 0	0.90
玉井	1	411 1 0 0 0 0	2.25
杉浦	1	422 0 2 1 0 0	1.46
敗福谷	6	2485 5 2 2 2 2	3.96
祖父江	⅔	628 2 1 2 2 2	2.92
松山	⅓	14 0 0 0 0 0 0	0.00
上田	2	724 0 2 1 0 0	0.00

盗江越⑤　失岡林　暴松山　2時間57分

試合終了後、捕手のマルティネスと話す杉浦

◇バンテリンドームナゴヤ　最終戦　35,920人

日本ハム3勝

日本ハム	200	000	200	4
中日	000	000	000	0

勝　北山10試合4勝3敗
敗　福谷10試合3勝4敗

【清宮幸太郎】今季初の1番で2安打を含め3度出塁

「（1番は）びっくりしたけど、いつもと変わらずに。調子悪いので、丁寧にいったことが良かった」

4-0

北山亘基

6.19（月） VS DeNA

5年ぶりの交流戦勝ち越し

ファイターズは4連勝で交流戦を締めくくった。2018年以来5年ぶりに交流戦を勝ち越した。八回に2点差を追い付き、3－3の延長十回、万波中正が決勝の13号ソロを放ち、その裏の守備を7番手玉井大翔が無失点で締めて2セーブ目を挙げた。

日本ハム		打	安	点	本	打率
⑤3	清宮	5	1	0	①	.282
⑦	松本剛	5	1	0	③	.269
③	野村	2	0	0	⑥	.238
R4	石井	1	0	0		.088
⑨	万波	4	2	1	⓭	.273
②	マルティネス	3	1	2	⑨	.258
R8	江越	1	0	0	④	.185
④	ハンソン	4	2	1	❸	.135
2	伏見	1	1	0	①	.202
⑥5	谷内	5	1	0		.194
⑧	細川	3	1	0		.182
1	宮西	0	0	0		―
1	田中正	0	0	0		―
1	玉井	0	0	0		―
①	上原	2	1	0		.250
1	杉浦	0	0	0		―
H	加藤豪	1	0	0	④	.278
1	河野	0	0	0		―
1	池田	0	0	0		―
6	上川畑	1	0	0		.180
犠盗失併残	12209	38	11	4		.225

DeNA		打	安	点	本	打率
⑨7	関根	5	1	0	③	.320
⑧	蝦名	4	0	0		.083
⑦3	佐野	4	3	2	⑧	.259
④	牧	5	1	0	⑪	.296
⑤	宮崎	3	1	0	⑬	.373
9	神里	1	0	0		.167
③	ソト	2	0	0	④	.231
H9	楠本	1	0	0	①	.194
1	伊勢	0	0	0		―
1	エスコバー	0	0	0		―
H	森	1	1	0		.250
1	山崎	0	0	0		―
⑥	大和	5	1	1		.246
②	山本	1	0	0	①	.255
H	大田	1	0	0	①	.125
1	入江	0	0	0		―
H	オースティン	1	0	0		.277
1	ウェンデルケン	0	0	0		―
5	柴田	1	0	0		.133
①	上茶谷	1	0	0		.000
1	三嶋	0	0	0		―
1	森原	0	0	0		―
H2	伊藤	4	1	0		.208
犠盗失併残	01121	44	9	3		.261

	回	打投安振球失責	防御率
上原	5⅓	2173 4 4 1 1 1	3.82
杉浦	⅔	511 1 0 2 0 0	1.38
河野	⅓	518 2 1 1 2 1	1.33
池田	⅔	212 0 2 0 0 0	2.84
H宮西	1	620 0 1 3 0 0	1.40
勝田中正	1	420 1 2 0 0 0	2.16
S玉井	1	412 1 1 0 0 0	2.12
上茶谷	4	1458 3 5 1 0 0	0.92
三嶋	⅔	410 3 0 0 1 1	3.93
森原	1	211 0 1 0 0 0	3.46
入江	1	421 0 1 1 0 0	2.37
Hウェンデルケン	1	413 1 0 0 0 0	1.96
伊勢	⅔	420 2 0 2 2 2	2.28
Hエスコバー	2	623 0 1 0 0 0	10.61
敗山崎	1	520 2 0 0 1 1	4.70

二佐野　伏見　盗野村③　ハンソン①　森①　失細川　河野　山本　4時間15分

延長十回1死、万波が勝ち越しソロを放つ

◇横浜　最終戦　32,056人

DeNA2勝1敗

日本ハム	000	010	020 1	4
DeNA	000	001	200 0	3

（延長十回）

勝　田中正26試合2勝1敗11S
S　玉井22試合2敗2S
敗　山崎25試合4敗16S
本　ハンソン3号①＝三嶋　万波13号①＝山崎

【玉井大翔】7番手で登板し、プロ通算300試合登板の節目をきっちりと抑える

「プロに入ってこんなに投げられると思っていなかった。1試合ずつまた（数字を）積み重ねていきたい」

4-3

万波中正

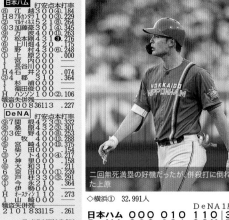

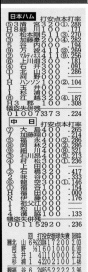

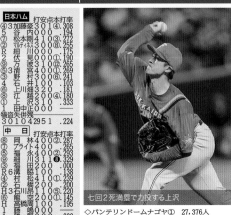

6.23（金） VS 千葉ロッテ

今季初5連勝

ファイターズは投打がかみ合い、今季初の5連勝。打線は一回、万波中正の右前適時打で先制し、2−0の七回は石井一成の中越え適時二塁打、清宮幸太郎の中前適時打で2点を追加した。八回は、野村佑希の7号ソロで加点。加藤貴之は5勝目。

日本ハム		打	安	点	本	打率
④	石井	5	2	1		.128
⑦	松本剛	4	2	0	③	.273
⑤	清宮	3	1	2	①	.284
⑨	万波	5	1	1	⑬	.271
②	マルティネス	4	1	0	⑨	.257
2	伏見	0	0	0	①	.202
③	野村	4	1	1	❼	.238
DH	加藤豪	3	1	0	④	.280
⑥	上川畑	3	0	0		.177
⑧	江越	2	0	0	④	.182
犠盗失併残	21018	33	9	5		.226

ロッテ		打	安	点	本	打率
⑧	藤原	4	0	0	②	.276
⑥	友杉	4	1	0		.264
④	中村奨	4	1	0	⑤	.224
DH	ポランコ	3	2	0	⑦	.215
⑨3	山口	4	2	1	⑤	.215
⑦	角中	3	1	1	①	.250
⑤	安田	2	0	0	⑤	.258
H5	池田	2	0	0	②	.309
②	佐藤都	2	0	0	③	.205
H2	田村	2	1	1	②	.181
③	茶谷	2	0	0		.260
H9	岡	1	0	0	②	.248
犠盗失併残	10105	33	8	3		.231

		回	打	投	安	振	球	失	責	防御率
勝	加藤貴	6⅔	26	95	7	1	0	2	2	2.19
H	玉井	⅓	1	6	0	1	0	0	0	2.08
H	池田	1	3	7	0	1	0	0	0	2.73
S	田中正	1	5	26	1	1	1	1	1	2.42
敗	種市	6	26	107	6	8	3	2	2	2.52
	坂本	1	6	23	2	1	1	2	2	3.09
	東妻	1	4	9	1	0	0	1	1	2.81
	横山	1	4	15	0	1	1	0	0	3.60

二石井2　中村奨　山口　盗松本剛②　失山口　暴加藤貴　3時間6分

八回を無失点に抑えた池田

◇ＺＯＺＯマリンスタジアム⑨　29，277人
ロッテ6勝3敗

日本ハム	100	010	210	5
ロッテ	000	000	201	3

勝　加藤貴13試合５勝５敗
S　田中正27試合２勝１敗12Ｓ
敗　種市11試合４勝３敗
本　野村７号①＝東妻

【石井一成】１番で先発起用され２安打

「強いスイングをしようと取り組んでいる。（2軍戦に出場して）いい感覚になってきている」

5-3

野村佑希

6.24（土） VS 千葉ロッテ

好機生かせず 連勝ストップ

ファイターズはサヨナラ負けを喫し、連勝が5で止まった。先発の上沢直之は中盤に2本の本塁打を浴びるなど、序盤のリードを守り切れなかった。打線は4−4の九回無死二、三塁の好機を生かせず、直後の九回1死二、三塁から宮西尚生が決勝の左犠飛を打たれた。宮西は2敗目。

日本ハム		打	安	点	本	打率
④	石井	4	1	1		.140
⑦	松本剛	4	0	0	③	.268
⑤	清宮	4	2	0	①	.294
⑨	万波	4	1	1	⑬	.271
③	野村	4	1	0	⑦	.238
DH	加藤豪	3	2	0	④	.295
②	伏見	3	0	0	①	.196
⑥	ハンソン	3	1	1	③	.145
6	上川畑	1	1	0		.182
⑧	江越	3	1	1	④	.186
犠盗失併残	21116	33	10	4		.227

ロッテ		打	安	点	本	打率
⑧	藤原	3	1	0	②	.277
⑥	友杉	3	1	0		.266
④	中村奨	4	1	0	⑤	.224
DH	ポランコ	4	2	2	❽	.222
③	山口	4	1	2	❻	.216
⑦	角中	3	0	0	①	.241
9	小川	0	0	0		.200
H	大下	1	1	0	①	.278
R	和田	0	0	0		.191
②	田村	4	1	0	②	.184
R	池田	0	0	0	②	.309
⑤	安田	3	0	1	⑤	.254
⑨7	岡	3	0	0	②	.243
犠盗失併残	20124	32	8	5		.231

		回	打	投	安	振	球	失	責	防御率
	上沢	7	28	100	6	4	1	4	3	3.00
H	河野	1	3	13	0	0	0	0	0	1.27
敗	宮西	⅔	4	13	2	1	0	1	1	1.80
	メルセデス	4	18	71	8	4	0	4	4	2.51
	岩下	1	3	14	0	1	0	0	0	1.13
	東妻	1	4	15	0	3	1	0	0	2.65
H	西村	1	5	17	0	1	1	0	0	0.75
H	ペルドモ	1	4	12	1	0	0	0	0	1.67
勝	益田	1	3	10	1	1	0	0	0	1.69

二清宮　ポランコ　上川畑　盗江越⑥　失ハンソン　友杉　2時間50分

九回1死三塁、石井がスリーバントスクイズを失敗し、三走の江越もタッチアウト

◇ＺＯＺＯマリンスタジアム⑩　28，218人
ロッテ7勝3敗

日本ハム	031	000	000	4
ロッテ	100	201	001X	5

勝　益田28試合２勝18Ｓ
敗　宮西25試合１勝２敗１Ｓ
本　山口６号②＝上沢　ポランコ８号①＝上沢

【万波中正】拙攻で白星を取りこぼす展開について

「良い負け方とは言えない。ずるずるといかないよう明日、しっかり勝ちたい」

4-5×

安田尚憲　田村龍弘　益田直也

6.25（日） VS 千葉ロッテ

追い上げ届かず

ファイターズは2連敗。3−3の七回、3番手生田目翼が1死三塁とされると、石井一成が二ゴロを本塁悪送球して勝ち越しを許した。打線は3点差の九回、清宮幸太郎の2号2ランで追い上げたが、あと一歩及ばなかった。

日本ハム		打	安	点	本	打率
④	石井	4	2	0		.170
⑦	松本剛	4	0	0	③	.264
⑤	清宮	4	2	3	❷	.303
DH	万波	5	1	0	⑬	.269
③	野村	5	3	0	⑦	.246
②	マルティネス	3	0	0	⑨	.253
H	加藤豪	1	0	0	④	.291
2	伏見	0	0	0	①	.196
⑥	上川畑	3	3	2		.196
⑨	アルカンタラ	2	0	0	③	.216
8	江越	1	0	0	④	.184
⑧9	細川	4	1	0		.188
犠盗失併残	10129	36	12	5		.229

ロッテ		打	安	点	本	打率
⑧	藤原	4	0	0	②	.270
DH	福田	4	2	0		.500
④	中村奨	4	1	1	❻	.225
⑦	ポランコ	2	1	0	⑧	.226
7	岡	1	1	1	❸	.248
③	山口	4	1	0	⑥	.217
⑨	角中	2	1	3	❷	.247
R9	和田	0	0	0		.191
②	田村	3	0	0	②	.178
⑤	安田	3	1	0	⑤	.255
⑥	茶谷	2	0	0		.255
犠盗失併残	21014	29	8	5		.232

		回	打	投	安	振	球	失	責	防御率
	鈴木	4⅔	19	72	5	1	1	3	3	1.89
	福田俊	⅓	1	1	0	0	0	0	0	0.00
敗	生田目	1⅓	6	22	1	0	1	1	0	0.00
	玉井	⅔	2	7	0	1	0	0	0	2.00
	杉浦	1	6	20	2	2	1	2	2	2.57
	西野	5⅓	24	88	8	6	2	3	3	2.84
	坂本	⅔	3	12	1	1	0	0	0	3.00
勝	沢村	1	5	24	0	0	2	0	0	5.91
H	ペルドモ	1	4	11	1	0	0	0	0	1.61
S	益田	1	5	21	2	1	0	2	2	2.28

二上川畑　安田　石井　盗福田①　失石井　暴生田目　3時間

九回2死走者なし、空振り三振に倒れる野村

◇ＺＯＺＯマリンスタジアム⑪　28，960人
ロッテ8勝3敗

日本ハム	001	101	002	5
ロッテ	030	000	12X	6

勝　沢村22試合４勝２敗２Ｓ
S　益田29試合２勝19Ｓ
敗　生田目１試合１敗
本　角中２号③＝鈴木　中村奨６号①＝杉浦　岡３号①＝杉浦　清宮２号②＝益田

【清宮幸太郎】九回に故障から復帰後初アーチ

「あまり調子が良いとは思っていない。もっと大事な場面で打ちたい。まだまだです」

5-6

中村奨吾　澤村拓一

6.27（火） VS 埼玉西武

伊藤熱投 逆転呼ぶ

ファイターズが逆転勝ちで連敗を2で止めた。0−1の七回無死一塁、万波中正の14号2ランで試合をひっくり返した。先発伊藤大海は7回6安打、1失点で4勝目。八、九回は継投陣がしっかり締めた。

日本ハム		打	安	点	本	打率
DH	石井	2	1	0		.184
⑥	上川畑	5	0	0		.190
③	野村	4	0	0	⑦	.242
54	細川	0	0	0		.188
⑤3	清宮	4	1	0	②	.301
⑨	万波	4	1	2	⓮	.269
④	加藤豪	3	0	0	④	.280
4	谷内	0	0	0		.194
R5	郡	0	0	0		.308
⑦	松本剛	4	1	0	③	.264
⑧	江越	4	1	0	④	.186
②	伏見	3	0	0	①	.191
犠盗失併残	10029	33	5	2		.228

西武		打	安	点	本	打率
⑥	源田	4	2	0		.222
⑦	鈴木	2	0	0		.258
④	外崎	3	1	1	⑨	.274
③	渡部	4	2	0	③	.272
R5	平沼	0	0	0	①	.283
DH	中村	3	0	0	⑧	.299
⑤3	マキノン	4	2	0	⑧	.249
R	金子	0	0	0		.167
⑧	岸	3	0	0	②	.273
②	古賀	2	0	0		.158
H	栗山	1	0	0	①	.127
⑨	蛭間	4	1	0	①	.214
犠盗失併残	30208	30	8	1		.230

		回	打	投	安	振	球	失	責	防御率
勝	伊藤	7	27	98	6	9	2	1	1	3.36
H	池田	1	5	26	1	2	1	0	0	2.63
S	田中正	1	4	12	1	1	0	0	0	2.33
敗	平良	7	29	111	5	11	2	2	2	2.15
	平井	1	3	14	0	2	0	0	0	1.82
	ティノコ	1	6	19	0	1	2	0	0	3.16

三石井　失源田　外崎　3時間6分

五回を無失点に抑えた伊藤

◇沖縄セルラースタジアム那覇⑩　9，524人
日本ハム6勝4敗

日本ハム	000	000	200	2
西武	000	001	000	1

勝　伊藤12試合４勝４敗
S　田中正28試合２勝１敗13Ｓ
敗　平良11試合５勝３敗
本　万波14号②＝平良

【伊藤大海】７回を１失点で切り抜け４勝目

「最近は前半に苦しんでいたイメージがあったので、初回から力を入れていった。狙った併殺も取れたので良かった」

2-1

伊藤大海

6.28（水） VS 埼玉西武

連勝ならず

ファイターズは継投に失敗し、連勝ならず。打線は先発の與座海人を打ちあぐねた。0−0の八回に2番手河野竜生、3番手玉井大翔がともに崩れた。河野は2敗目。先発上原健太は7回無失点と好投したが、報われなかった。

日本ハム		打	安	点	本	打率
DH	石井	3	1	0		.192
④	アルカンタラ	2	0	0	③	.212
H	ハンソン	1	0	0	③	.143
4	細川	0	0	0		.188
③	加藤豪	4	1	0	④	.279
⑤	清宮	4	1	0	②	.299
⑨	万波	4	0	0	⑭	.265
⑦	松本剛	4	0	0	③	.260
⑥	上川畑	2	1	0		.194
②	梅林	3	2	0		.667
⑧	江越	3	0	0	④	.182
犠盗失併残	00106	30	6	0		.227

西武		打	安	点	本	打率
⑥	源田	3	0	0		.216
⑦	鈴木	3	1	0		.259
④	外崎	3	2	1	⑨	.279
③	渡部	3	0	0	③	.262
R5	平沼	0	0	0	①	.283
DH	中村	4	1	1	⑧	.298
RD	呉念庭	0	0	0		.225
⑤3	マキノン	3	1	0	⑧	.250
⑧9	岸	4	0	0	②	.243
②	古賀	3	0	0		.153
⑨	蛭間	2	1	0	①	.250
R8	長谷川	0	0	0	④	.227
犠盗失併残	20038	28	6	2		.230

		回	打	投	安	振	球	失	責	防御率
	上原	7	26	92	4	9	1	0	0	3.15
敗	河野	⅔	3	10	0	0	1	1	1	1.64
	玉井	⅓	5	23	2	0	2	1	1	2.45
	与座	7	24	83	3	4	3	0	0	4.01
勝	森脇	1	5	19	2	2	0	0	0	1.57
S	増田	1	4	8	1	0	0	0	0	5.16

二外崎　失上川畑　暴与座　3時間4分

八回2死二塁、外崎に適時打を打たれた玉井（右）

◇沖縄セルラースタジアム那覇⑪　9，311人
日本ハム6勝5敗

日本ハム	000	000	000	0
西武	000	000	02X	2

勝　森脇26試合２勝１敗３Ｓ
S　増田23試合２勝１敗12Ｓ
敗　河野25試合２敗

【上原健太】５年ぶりとなる那覇での凱旋登板で７回無失点の好投

「僕も（相手先発で沖縄出身の）与座もものすごく良いゲームを見せられて良かった」

0-2

外崎修汰　與座海人

6.30（金） VS オリックス

山本攻略できず

ファイターズは投打が振るわず2連敗。加藤貴之が8安打5失点と打ち込まれ、5回で降板し6敗目。打線はオリックスのエース山本由伸を攻略しきれず、八回に浅間大基の適時打で1点を返すのがやっとだった。

オリックス		打	安	点	本	打率
⑧	中川圭	5	2	3	⑥	.243
8	佐野皓	0	0	0	①	.250
④	大城	4	1	2	❶	.240
⑥	紅林	4	1	0	④	.294
DH	森	3	1	0	⑫	.277
③	頓宮	4	1	0	⑧	.346
⑦	杉本	4	1	0	⑪	.253
R7	小田	0	0	0	①	.300
⑤	ゴンザレス	4	1	0	⑨	.234
5	宗	0	0	0	①	.243
②	若月	3	1	0		.246
⑨	広岡	3	0	0	①	.193
犠盗失併残	10116	34	9	5		.254

日本ハム		打	安	点	本	打率
④	石井	2	0	0		.185
H	細川	1	1	0		.204
2	梅林	0	0	0		.667
DH	郡司	4	1	0		.250
⑧	浅間	4	1	1		.250
⑤	清宮	4	0	0	②	.287
⑨	万波	4	0	0	⑭	.261
⑦	松本剛	4	2	0	③	.263
③	野村	2	0	0	⑦	.240
H3	郡	2	0	0		.267
⑥	上川畑	3	1	0		.196
②	伏見	2	1	0	①	.197
H4	アルカンタラ	1	0	0	③	.210
犠盗失併残	11016	33	7	1		.227

		回	打	投	安	振	球	失	責	防御率
勝	山本	8	31	112	7	7	0	1	1	1.89
	平野佳	1	3	10	0	1	0	0	0	1.56
敗	加藤貴	5	24	72	8	1	1	5	5	2.53
	生田目	2	8	32	0	2	2	0	0	0.00
	山本拓	1	3	9	1	0	0	0	0	0.00
	福田俊	1	3	12	0	1	0	0	0	0.00

三浅間　二ゴンザレス　中川圭　盗松本剛③　失大城　2時間38分

三回2死三塁、浅間が三振を喫する

◇エスコンフィールド北海道⑨　25，638人
日本ハム5勝4敗

オリックス	003	200	000	5
日本ハム	000	000	010	1

勝　山本11試合７勝３敗
敗　加藤貴14試合５勝６敗
本　大城１号②＝加藤貴

【山本拓実】中日から移籍後、3番手で初登板。1回を無失点

「落ち着いて、思い切り腕を振ることだけを考えた。マウンドでしっかり勝負を楽しめたので良かった」

1-5

山本由伸

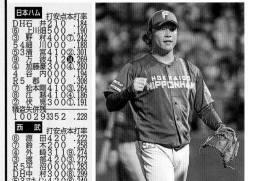

7.1 土 VS オリックス

上沢KO負け 3連敗

ファイターズは接戦を落とし、3連敗。先発上沢直之は11安打を浴びて、8回3失点で5敗目。2018年から続くオリックス戦の連勝は12で止まった。打線は四回にマルティネスの適時打で一時同点に追い付いたが、得点はこの1点のみに終わった。

三回無死二塁、若月に先制適時打を打たれた上沢

オリックス		打	安	点	本	打率
⑨	茶野	4	1	0	①	.265
⑤	宗	4	1	2	①	.243
⑥	紅林	5	1	0	④	.292
DH	森	3	3	0	⑫	.286
RD	福田	1	0	0		.185
③	頓宮	4	0	0	⑧	.339
⑦	杉本	3	2	0	⑪	.259
7	小田	0	0	0	①	.300
⑧	中川圭	4	0	0	⑥	.239
④	宜保	4	2	0		.359
②	若月	3	2	1		.256
犠盗失併残	1 0 1 1 10	35	12	3		.255

日本ハム		打	安	点	本	打率
⑧	浅間	5	1	0		.222
⑦	松本剛	3	0	0	③	.260
DH	郡司	4	2	0		.375
⑨	万波	4	1	0	⑭	.261
⑤	清宮	4	2	0	②	.295
③	加藤豪	4	1	0	④	.278
②	マルティネス	4	1	1	⑨	.253
⑥	上川畑	3	0	0		.193
H	伏見	1	0	0	①	.195
④	石井	2	0	0		.179
4	細川	2	1	0		.216
犠盗失併残	0 0 0 1 9	36	9	1		.228

		回	打	投	安	振	球	失	責	防御率
	コットン	3	13	51	3	3	0	0	0	5.51
勝	本田	1	5	18	2	2	0	1	1	5.26
H	小木田	2	7	23	1	2	0	0	0	2.21
H	阿部	1	5	18	1	0	1	0	0	2.49
H	山﨑颯	1	4	12	1	1	0	0	0	1.42
S	平野佳	1	3	9	1	1	0	0	0	1.47
敗	上沢	8	35	117	11	5	3	3	3	3.03
	宮西	1	5	20	1	1	1	0	0	1.71

二 森 宜保 マルティネス 宗 茶野 失 頓宮 暴 上沢2 3時間7分

◇エスコンフィールド北海道⑩ 30,576人
5勝5敗

オリックス	001	020	000	3
日本ハム	000	100	000	1

勝 本田23試合2勝1敗
S 平野佳20試合1勝1敗12S
敗 上沢13試合6勝5敗

【マルティネス】左手有鉤骨(ゆうこうこつ)を痛めている影響もあり、6月25日以来の出場。四回に適時打

「状態は問題ない。何日間か休む機会があり、良くなった」

1-3

宗佑磨

7.2 日 VS オリックス

爽やか新風 勝利呼び込む

逆転勝ちでファイターズは連敗を3で止めた。1点を追う三回、浅間大基、郡司裕也の連続2点適時打でリードを奪った。その後も清宮幸太郎が新球場では初となる3号ソロを放つなど点差を広げ、5投手の継投で逃げ切った。

三回2死満塁、浅間が逆転適時打を放つ

オリックス		打	安	点	本	打率
⑨	茶野	3	0	0	①	.262
H	T－岡田	1	1	1		.667
R9	佐野皓	0	0	0	①	.250
⑤	宗	4	0	0	①	.238
⑥	紅林	4	1	1	❺	.291
DH	セデーニョ	4	2	0		.190
RD	広岡	0	0	0	①	.193
③	頓宮	3	0	0	⑧	.335
⑦	杉本	4	0	0	⑪	.254
④	ゴンザレス	4	1	1	⑨	.234
⑧	中川圭	4	1	0	⑥	.239
②	若月	3	2	0		.267
犠盗失併残	0 1 1 1 5	34	8	3		.255

日本ハム		打	安	点	本	打率
③	加藤豪	4	0	0	④	.266
⑤	清宮	4	3	1	❸	.312
⑦	松本剛	5	2	0	③	.263
⑨	万波	5	1	1	⑭	.259
②	マルティネス	2	0	0	⑨	.250
4	石井	0	0	0		.179
⑧	浅間	4	2	2		.308
R8	江越	0	0	0	④	.182
DH	郡司	4	3	2		.500
⑥	上川畑	3	1	0		.195
④	細川	3	0	0		.204
H2	伏見	1	0	0	①	.193
犠盗失併残	0 1 0 1 10	35	12	6		.229

		回	打	投	安	振	球	失	責	防御率
敗	山岡	3⅔	23	86	7	4	5	5	4	2.30
	山田	1⅔	6	25	1	0	0	0	0	0.75
	比嘉	⅔	2	7	1	0	0	0	0	2.79
	宇田川	1	5	16	2	2	0	0	0	3.55
	ワゲスパック	1	4	14	1	0	0	1	1	4.19
勝	北山	6⅓	25	101	5	7	1	3	3	2.31
H	玉井	⅓	2	4	1	0	0	0	0	2.41
H	宮西	⅓	2	11	1	1	0	0	0	1.69
H	池田	1	3	7	1	0	0	0	0	2.54
S	田中正	1	3	11	0	1	0	0	0	2.25

二 郡司 浅間 盗 佐野皓⑤ 松本剛④ 失 若月 暴 山岡 北山 3時間26分

◇エスコンフィールド北海道⑪ 29,779人
日本ハム6勝5敗

オリックス	100	000	200	3
日本ハム	004	100	01X	6

勝 北山11試合5勝3敗
S 田中正29試合2勝1敗14S
敗 山岡12試合1勝1敗
本 紅林5号①＝北山 清宮3号①＝ワゲスパック

【北山亘基】新球場で初めて屋根が開かれた状態での試合で先発し、勝利投手

「屋根が開いている方が、より雰囲気が出て『野球場』という感じがして楽しかった。記念すべき1試合目に先発できて幸せ」

6-3

清宮幸太郎 郡司裕也 浅間大基

7.4 火 VS 福岡ソフトバンク

野村口火 一発攻勢

ファイターズが4本塁打を含む12安打で10得点を挙げて大勝。一回、野村佑希の8号3ランで先制。二回に郡司裕也のプロ初本塁打となるソロで加点すると、その後も万波中正、伏見寅威がともにソロを放った。先発伊藤大海は5勝目。

一回1死一、二塁、先制3ランを放つ野村

日本ハム		打	安	点	本	打率
④	石井	3	1	0		.186
⑤	清宮	5	1	0	③	.307
⑦	松本剛	4	2	0	③	.266
7	江越	1	0	0	④	.180
③	野村	4	1	3	❽	.240
⑨	万波	4	3	1	⓯	.267
8	細川	0	0	0		.204
⑧	浅間	3	0	0		.250
89	五十幡	2	1	0		.284
DH	郡司	2	1	2	❶	.500
HD	アルカンタラ	1	0	0	③	.208
②	伏見	4	2	3	❷	.203
2	梅林	1	0	0		.500
⑥	上川畑	2	0	0		.193
H6	谷内	2	0	0		.189
犠盗失併残	0 2 1 0 7	38	12	9		.231

ソフトバンク		打	安	点	本	打率
③	中村晃	5	1	0	③	.298
⑧	牧原大	5	1	1	①	.300
⑦	近藤	1	0	0	⑫	.282
R9	上林	1	0	0		.204
DH	柳田	4	0	0	⑫	.287
⑨7	柳町	3	0	0		.254
⑤	栗原	3	1	2	❾	.241
⑥	今宮	2	0	0	③	.250
H	デスパイネ	1	0	0		.000
6	川瀬	1	0	0		.205
④	三森	4	2	0		.242
②	甲斐	1	0	0	⑤	.227
H2	谷川原	2	0	0		.294
H	野村勇	0	0	0	②	.286
犠盗失併残	0 0 1 0 9	33	5	3		.249

		回	打	投	安	振	球	失	責	防御率
勝	伊藤	5⅓	24	129	3	9	4	2	2	3.36
	福田俊	⅔	3	11	1	0	0	0	0	0.00
	河野	1	4	18	0	0	1	0	0	1.57
	杉浦	1	3	11	0	1	0	0	0	2.40
	生田目	1	5	14	1	0	1	1	1	2.08
敗	和田	3⅓	19	79	6	4	3	5	5	3.73
	尾形	2⅔	12	45	3	3	1	3	2	4.50
	武田	2	10	44	3	0	2	2	2	4.95
	松本裕	1	3	9	0	1	0	0	0	3.97

二 清宮 伏見 盗 石井③ 松本剛⑤ 失 伏見 柳町 暴 生田目 3時間38分

◇ペイペイドーム⑫ 33,570人
ソフトバンク7勝5敗

日本ハム	311	012	200	10
ソフトバンク	000	002	001	3

勝 伊藤13試合5勝4敗
敗 和田11試合5勝4敗
本 野村8号③＝和田 郡司1号①＝和田 万波15号①＝尾形 伏見2号①＝尾形 栗原9号②＝伊藤

【郡司裕也】プロ4年目で初本塁打

「4年目で初ですか。もうちょっと早く打ちたかった」

10-3

郡司裕也

7.5 水 VS 福岡ソフトバンク

自力V消滅

ファイターズは3連勝ならず。自力優勝の可能性がなくなった。先発鈴木健矢は一回、近藤健介の先制打などで3失点。二回も近藤に2打席連続の適時打となる2点打を許し、1回1/3を5失点で降板した。打線は松本剛の適時打の1点のみ。

二回無死一塁、中村晃に二塁打を打たれた鈴木

日本ハム		打	安	点	本	打率
④	加藤豪	4	1	0	④	.265
⑤	清宮	3	0	0	③	.299
⑦	松本剛	4	2	1	③	.270
⑨	万波	4	1	0	⑮	.266
③	野村	3	0	0	⑧	.237
DH	郡司	3	0	0	①	.412
⑧	浅間	3	1	0		.263
②	伏見	3	0	0	②	.198
⑥	山田	3	0	0		.000
犠盗失併残	0 0 1 2 4	30	5	1		.230

ソフトバンク		打	安	点	本	打率
③	中村晃	4	2	0	③	.301
④	三森	3	0	0		.232
H	デスパイネ	0	0	0		.000
R6	今宮	0	0	0	③	.250
⑦	近藤	3	2	3	⑫	.286
DH	柳田	4	3	1	⑫	.294
⑧	牧原大	4	1	0	①	.299
⑤	栗原	4	0	0	⑨	.237
5	野村勇	0	0	0	②	.286
⑨	上林	4	0	1		.190
⑥4	川瀬	4	2	0		.218
②	甲斐	3	1	0	⑤	.228
犠盗失併残	1 0 0 0 7	33	11	5		.251

		回	打	投	安	振	球	失	責	防御率
敗	鈴木	1⅓	12	37	7	0	0	5	3	2.31
	福田俊	2⅔	8	35	0	1	0	0	0	0.00
	山本拓	2	10	42	2	1	2	0	0	0.00
	杉浦	1	3	6	1	0	0	0	0	2.25
	玉井	1	3	15	1	1	0	0	0	2.29
勝	板東	7	26	99	5	7	2	1	1	2.95
	甲斐野	1	3	7	0	0	0	0	0	1.59
	津森	1	3	10	0	0	0	0	0	2.93

二 中村晃 近藤 柳田 失 山田 2時間43分

◇ペイペイドーム⑬ 34,434人
ソフトバンク8勝5敗

日本ハム	001	000	000	1
ソフトバンク	320	000	00X	5

勝 板東22試合3勝1敗
敗 鈴木17試合6勝3敗

【松本剛】チーム唯一の2安打

「今日は向こうの勢いに僕らが負けた。明日切り替えて勝てたらいい」

1-5

近藤健介 板東湧梧

7.6 木 VS 福岡ソフトバンク

競り負け 2連敗

ファイターズは競り負け2連敗。3-3の八回、2番手河野竜生が1死二塁から柳田悠岐に決勝の適時三塁打を許した。打線は終盤に江越大賀のソロ、マルティネスの適時打で2点差を追いついたが、そこまでだった。河野は3敗目。

九回2死二塁、空振り三振に倒れた江越

日本ハム		打	安	点	本	打率
④	石井	4	1	0		.190
⑤	清宮	3	0	0	③	.292
DH	松本剛	4	1	0	③	.270
②	マルティネス	3	1	1	⑨	.251
⑨	万波	4	1	0	⑮	.266
③	野村	2	0	1	⑧	.235
H	郡司	1	0	0	①	.389
⑦	五十幡	3	0	0		.273
H	浅間	1	1	0		.300
⑧	江越	4	2	1	❺	.190
⑥	上川畑	2	0	0		.191
犠盗失併残	1 1 0 1 5	31	7	3		.230

ソフトバンク		打	安	点	本	打率
③	中村晃	4	0	0	③	.297
④	野村勇	3	1	0	②	.294
R9	周東	0	0	0	①	.185
⑦	近藤	4	1	0	⑫	.286
⑨	柳田	4	3	3	⓭	.301
R4	三森	0	0	0		.232
DH	デスパイネ	4	1	0		.200
⑧	牧原大	4	1	1	❷	.298
⑤	栗原	3	1	0	⑨	.238
⑥	今宮	3	1	0	③	.251
②	甲斐	3	0	0	⑤	.225
犠盗失併残	0 1 0 1 5	32	9	4		.251

		回	打	投	安	振	球	失	責	防御率
	加藤貴	7	28	103	7	1	1	3	3	2.62
敗	河野	⅓	3	13	2	1	0	1	1	1.93
	玉井	⅔	2	9	0	1	0	0	0	2.21
	大関	6	23	107	3	3	3	1	1	2.26
H	大津	1	4	20	1	2	0	1	1	2.77
勝	甲斐野	1	4	13	2	0	0	1	1	2.00
S	オスナ	1	4	12	1	1	0	0	0	0.35

三 柳田 二 近藤 万波 松本剛 浅間 盗 江越⑦ 周東⑰ 逸 甲斐 3時間

◇ペイペイドーム⑭ 33,553人
ソフトバンク9勝5敗

日本ハム	000	100	110	3
ソフトバンク	002	100	01X	4

勝 甲斐野18試合1勝1S
S オスナ26試合2勝16S
敗 河野27試合3敗
本 柳田13号②＝加藤貴 牧原大2号①＝加藤貴 江越5号①＝大津

【江越大賀】七回、左越えに5号ソロ

「試合の中で反省もあったが、結果を残せたので良かった。両親が見に来ていたので打ちたいと思っていた」

3-4

牧原大成 柳田悠岐

7.8 土 VS 千葉ロッテ

投手陣 踏ん張れず

ファイターズは逆転負けで、3連敗。同点の七回2死、上沢直之が藤原恭大に二塁打で出塁を許すと、代わった宮西尚生が藤岡裕大の右前打で一、三塁とされ、代打石川慎吾に決勝の中前適時打を打たれた。打線は三回以降、いずれも三者凡退。

五回2死一、三塁、角中に同点打を浴びた上沢

ロッテ		打	安	点	本	打率
⑥	藤岡	4	3	0		.277
⑦	角中	3	2	2	❸	.248
H	石川慎	1	1	1		1.00
R7	和田	1	0	0		.176
④	中村奨	4	0	0	⑦	.226
DH	ポランコ	4	0	0	⑨	.214
⑨	山口	4	1	0	⑧	.228
⑤	安田	4	0	0	⑤	.259
③	井上	2	0	0	①	.200
H3	池田	2	0	0	②	.278
②	田村	4	0	0	②	.168
⑧	藤原	4	2	0	②	.263
犠盗失併残	0 1 0 0 8	37	9	3		.231

日本ハム		打	安	点	本	打率
④	石井	4	0	0		.179
⑤	清宮	4	1	1	❹	.290
⑦	松本剛	4	0	0	③	.266
⑨	万波	3	0	0	⑮	.263
②	マルティネス	3	0	0	⑨	.247
DH	浅間	3	0	0		.261
③	野村	3	1	0	⑧	.236
⑥	細川	3	1	1		.211
⑧	五十幡	3	0	0		.263
犠盗失併残	0 0 1 0 1	30	3	2		.228

		回	打	投	安	振	球	失	責	防御率
勝	美馬	7	24	91	3	4	0	2	2	4.89
H	ペルドモ	1	3	9	0	1	0	0	0	1.69
S	益田	1	3	17	0	1	0	0	0	2.64
敗	上沢	6⅔	27	117	7	3	0	3	3	3.10
	宮西	⅔	2	11	2	0	0	0	0	1.69
	玉井	⅓	1	3	0	0	0	0	0	2.18
	池田	1	3	11	0	1	0	0	0	2.45
	福田俊	1	5	17	0	0	1	0	0	0.00

二 野村 細川 藤原 盗 藤岡④ 失 細川 3時間6分

◇エスコンフィールド北海道⑫ 30,805人
ロッテ9勝3敗

ロッテ	100	010	100	3
日本ハム	110	000	000	2

勝 美馬7試合1勝4敗
S 益田33試合2勝1敗21S
敗 上沢14試合6勝6敗
本 角中3号①＝上沢 清宮4号①＝美馬

【清宮幸太郎】一回に4号ソロ。フェンス際で、ロッテ中堅手の藤原のグラブに当たり、スタンドイン

「ラッキー。毎日試行錯誤だが(バットを)振れるようになってきたかな」

2-3

石川慎吾

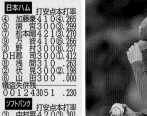

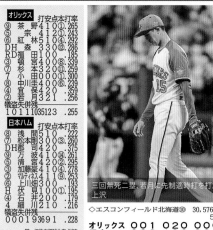

7.9(日) VS 千葉ロッテ

池田 手痛い逆転打

ファイターズは接戦を落とし、4連敗で5位に転落。四回に万波中正の適時打で1点を先制したが、五回に安田尚憲にソロを打たれ同点に。五回に五十幡亮汰の適時打で逆転したが、2−1の八回に、池田隆英がポランコに2点二塁打を打たれた。

ロッテ		打	安	点	本	打率
⑥	藤岡	3	1	0		.278
⑦	角中	4	0	0	③	.238
9	小川	0	0	0		.200
④	中村奨	3	1	0	⑦	.228
DH	ポランコ	4	1	2	⑨	.215
③	山口	4	0	0	⑧	.223
⑤	安田	3	1	1	❻	.260
R7	和田	0	0	0		.176
⑨7	石川慎	4	1	0		.500
5	茶谷	0	0	0		.248
②	柿沼	3	1	0		.250
⑧	藤原	2	0	0	②	.260
犠盗失併残	21105	30	6	3		.231

日本ハム		打	安	点	本	打率
⑨	五十幡	4	1	1		.262
⑦	松本剛	4	2	0	③	.269
②	郡司	2	0	0	①	.350
2	伏見	1	0	0	②	.197
⑤	清宮	4	1	0	④	.289
DH	万波	4	1	1	⑮	.263
③	マルティネス	4	0	0	⑨	.242
④	加藤豪	3	0	0	④	.257
4	石井	1	0	0		.176
⑥	山田	3	2	0		.333
⑧	江越	3	0	0	⑤	.186
犠盗失併残	12015	33	7	2		.228

	回	打	投	安	振	球	失	責	防御率
勝 種市	7	28	123	7	12	0	2	2	2.53
H 沢村	1	3	12	0	1	0	0	0	5.18
S 横山	1	3	11	0	0	0	0	0	3.60
山本拓	2	6	22	0	2	0	0	0	0.00
上原	4	17	70	4	2	1	1	1	3.07
H 河野	1	3	8	0	1	0	0	0	1.85
敗 池田	1	6	21	2	1	1	2	2	2.97
田中正	1	3	13	0	0	1	0	0	2.17

二松本剛 石川慎 万波 山田 藤岡 ポランコ 盗藤岡⑤ 五十幡⑪ 清宮② 失安田 2時間56分

八回2死一、二塁、ポランコに逆転打を打たれた池田

◇エスコンフィールド北海道⑫ 31,083人
ロッテ10勝3敗

				計
ロッテ	000	010	020	3
日本ハム	000	110	000	2

勝 種市13試合6勝3敗
S 横山14試合1S
敗 池田28試合2敗
本 安田6号①＝上原

【新庄剛志監督】決勝点を奪われた池田について
「ずっと抑えてきてくれた池田君が打たれたなら仕方ない」

2-3

横山陸人

7.11(火) VS 東北楽天

あと1点が届かず

ファイターズは逆転負けで5連敗。打線は三回に松本剛の適時打で先制、2点を追う五回にも松本剛の2打席連続適時打で1点差に迫ったが、後が続かず。先発北山亘基は六回途中8安打3失点で4敗目。

楽天		打	安	点	本	打率
⑥5	村林	5	2	0		.344
④	小深田	3	1	0	④	.259
⑨	小郷	5	1	2	❹	.268
6	山崎	0	0	0	②	.214
DH	浅村	2	1	0	⑮	.255
⑤	フランコ	4	1	0	⑥	.230
7	岡島	0	0	0	⑤	.246
⑧	辰己	4	2	0	⑤	.227
③	伊藤裕	2	1	1	④	.256
⑦	西川	2	0	0	①	.172
H79	田中和	1	0	0	②	.097
②	安田	4	0	0	③	.232
2	太田	0	0	0	③	.276
犠盗失併残	31129	32	9	3		.231

日本ハム		打	安	点	本	打率
DH	郡司	5	2	0	①	.360
⑧	五十幡	3	2	0		.276
⑦	松本剛	4	2	2	③	.272
⑤	清宮	4	2	0	④	.295
⑨	万波	4	1	0	⑮	.263
③	浅間	3	0	0		.231
H3	野村	1	0	0	⑧	.236
②	マルティネス	4	2	0	⑨	.247
R	江越	0	0	0	⑤	.186
④	ハンソン	3	0	0	③	.136
H	細川	0	0	0		.211
⑥	山田	3	0	0		.222
R	石井	0	0	0		.176
犠盗失併残	21118	34	11	2		.229

	回	打	投	安	振	球	失	責	防御率
勝 田中将	7	29	85	9	0	1	2	2	4.43
H 酒居	1	4	14	1	0	0	0	0	2.28
S 松井裕	1	4	15	1	0	0	0	0	0.61
敗 北山	5⅔	27	96	8	3	3	3	3	2.56
山本拓	⅓	1	6	0	1	0	0	0	0.00
杉浦	1	4	20	0	1	1	0	0	2.12
宮西	1	4	13	1	1	0	0	0	1.61
福田俊	1	3	11	0	2	0	0	0	0.00

二小深田 盗伊藤裕③ 五十幡⑫ 失小郷 マルティネス 暴北山 3時間24分

五回2死一、三塁、三ゴロに倒れた万波

◇エスコンフィールド北海道⑬ 26,855人
楽天8勝5敗

				計
楽天	000	120	000	3
日本ハム	001	010	000	2

勝 田中将14試合5勝5敗
S 松井裕30試合1勝2敗19S
敗 北山12試合5勝4敗
本 小郷4号②＝北山

【松本剛】2打席連続適時打で、チームの全打点を挙げる
「なんとか1本を、という思いだった。ここ数試合、点が取れず勝ち切れていない。少しでも野手が頑張らないと」

2-3

田中将大

7.12(水) VS 東北楽天

伊藤痛い被弾 6連敗

ファイターズは6連敗。打線は1−2の七回1死一、三塁から加藤豪将の一ゴロ（記録は野選）で同点とした後、勝ち越せなかったのが響いた。八回無死一、三塁も1点止まり。先発伊藤大海は八回、浅村栄斗に勝ち越しの16号2ランを打たれ、5敗目。

楽天		打	安	点	本	打率
⑥5	村林	4	1	1		.338
④	小深田	4	0	0	④	.255
⑨	小郷	3	2	1	❺	.274
6	山崎	0	0	0	②	.214
DH	浅村	4	1	2	⓰	.255
⑤	フランコ	4	1	0	⑥	.230
9	田中和	0	0	0	②	.097
⑧	辰己	4	0	0	⑤	.223
③	伊藤裕	2	0	0	④	.252
H3	鈴木大	2	0	0	②	.243
⑦	岡島	4	4	0	⑤	.262
②	太田	2	0	0	③	.270
犠盗失併残	31017	33	9	4		.232

日本ハム		打	安	点	本	打率
③	加藤豪	5	1	2	④	.255
⑧	五十幡	4	0	0		.264
6	山田	1	0	0		.200
⑦	松本剛	4	2	0	③	.275
⑤	清宮	2	1	0	④	.299
⑨	万波	4	1	0	⑮	.263
DH	マルティネス	4	1	0	⑨	.247
⑥	上川畑	1	0	0		.190
R8	江越	0	0	0	⑤	.186
H	野村	1	0	0	⑧	.235
2	梅林	0	0	0		.500
②	伏見	2	0	0	②	.194
H8	浅間	1	1	1		.259
④	石井	2	0	0		.171
犠盗失併残	11009	31	7	3		.229

	回	打	投	安	振	球	失	責	防御率
荘司	5⅓	22	101	4	2	5	1	1	3.07
H 渡辺翔	⅔	2	7	0	2	0	0	0	1.80
勝 宋家豪	1	6	30	0	0	2	1	1	2.84
H 酒居	1	6	18	3	2	0	1	1	2.55
S 松井裕	1	3	14	0	2	0	0	0	0.59
敗 伊藤	7⅓	31	116	8	10	1	4	4	3.49
玉井	⅔	2	13	0	1	0	0	0	2.11
杉浦	⅔	4	15	1	0	1	0	0	2.04
河野	⅓	1	5	0	1	0	0	0	1.82

二岡島2 村林 万波 盗小郷⑥ 加藤豪② 暴荘司 宋家豪 3時間46分

五回2死二塁、逆転打を打たれ、捕手の伏見（右）に声をかけられる伊藤

◇エスコンフィールド北海道⑭ 25,936人
楽天9勝5敗

				計
楽天	000	110	020	4
日本ハム	010	000	110	3

勝 宋家豪26試合2勝
S 松井裕31試合1勝2敗20S
敗 伊藤14試合5勝5敗
本 小郷5号①＝伊藤　浅村16号②＝伊藤

【伊藤大海】2-2の八回、浅村栄斗に16号2ランを打たれる
「高さのミス。低めだったらどうなっていたか分からない」

3-4

浅村栄斗

7.13(木) VS 東北楽天

好機生かせず

ファイターズは7連敗。打線は三回にマルティネスの10号ソロで一時勝ち越したが、四回以降はつながりを欠き、九回無死一、二塁の好機も生かせなかった。抑えの田中正義は九回、小深田大翔に決勝の中前打を打たれ、2敗目。

楽天		打	安	点	本	打率
⑤	村林	4	3	0		.362
④	小深田	4	2	1	④	.259
⑨	小郷	4	0	0	⑤	.268
2	太田	0	0	0	③	.270
DH	浅村	5	1	1	⑯	.254
⑦	岡島	4	1	0	⑤	.262
③	伊藤裕	4	2	1	❺	.259
⑧	辰己	4	2	0	⑤	.228
②	炭谷	3	0	0	①	.227
H	鈴木大	1	1	0	②	.248
R	西川	0	0	0	①	.172
9	田中和	0	0	0	②	.097
⑥	山崎	4	1	0	②	.214
犠盗失併残	041110	37	13	3		.234

日本ハム		打	安	点	本	打率
⑤	清宮	5	0	0	④	.288
⑨	万波	5	1	0	⑮	.262
③	マルティネス	4	3	1	❿	.258
DH	野村	4	0	1	⑧	.231
⑦	松本剛	3	1	0	③	.276
④	石井	4	0	0		.162
②	郡司	4	1	0	①	.345
2	梅林	0	0	0		.500
⑥	上川畑	3	2	0		.197
R	江越	0	0	0	⑤	.186
⑧	五十幡	3	1	0		.266
犠盗失併残	11009	35	9	2		.230

	回	打	投	安	振	球	失	責	防御率
岸	5	25	102	7	2	2	2	2	3.19
H 内	1	3	11	0	2	0	0	0	2.78
H 渡辺翔	1	3	11	1	0	0	0	0	1.69
勝 酒居	1	3	12	0	0	0	0	0	2.45
S 松井裕	1	4	10	1	1	0	0	0	0.57
加藤貴	7	29	111	10	3	1	2	2	2.61
H 池田	1	4	16	1	1	0	0	0	2.87
敗 田中正	1	7	35	2	1	2	1	1	2.40

二鈴木大 盗村林2⑦ 辰己⑧ 山崎⑬ 松本剛⑥ 失村林 暴岸2 3時間31分

九回無死一、二塁、右飛に打ち取られた清宮

◇エスコンフィールド北海道⑮ 29,010人
楽天10勝5敗

				計
楽天	100	001	001	3
日本ハム	101	000	000	2

勝 酒居29試合2勝2敗1S
S 松井裕32試合1勝2敗21S
敗 田中正31試合2勝2敗14S
本 マルティネス10号①＝岸　伊藤裕5号①＝加藤貴

【田中正義】同点の九回に勝ち越され、4月21日以来の2敗目
「しっかりと0点で抑えないといけなかった。悔しくて、申し訳ない」

2-3

小深田大翔

7.15(土) VS 埼玉西武

7試合連続1点差負け 8連敗

ファイターズはサヨナラ負けで8連敗。打線は得点圏で適時打が出ずに無得点に終わり、8回無失点と好投した先発上沢直之を援護できず。0−0の九回、2番手の池田隆英が1死二塁から中村剛也に中越えの二塁打を浴びた。

日本ハム		打	安	点	本	打率
⑤	清宮	4	1	0	④	.287
⑨	万波	4	1	0	⑮	.262
⑧	浅間	3	0	0		.233
DH	今川	4	0	0		.250
⑦	松本剛	4	2	0	③	.279
③	加藤豪	4	1	0	④	.255
⑥	上川畑	3	0	0		.194
②	伏見	3	1	0	②	.197
④	石井	1	0	0		.160
犠盗失併残	20017	30	6	0		.229

西武		打	安	点	本	打率
④	外崎	4	0	0	⑨	.255
⑥	源田	4	2	0		.257
⑦	鈴木	3	1	0		.262
DH	中村	4	1	1	⑧	.284
③	マキノン	3	0	0	⑨	.251
⑤	呉念庭	3	0	0	①	.220
⑧	長谷川	2	0	0	④	.216
②	古賀	2	2	0	①	.172
⑨	金子	2	0	0		.181
犠盗失併残	30015	27	6	1		.229

	回	打	投	安	振	球	失	責	防御率
上沢	8	28	104	4	3	1	0	0	2.87
敗 池田	⅓	3	10	2	0	0	1	1	3.13
与座	7	26	93	4	2	2	0	0	3.74
H 平井	1	4	10	1	0	0	0	0	2.20
勝 増田	1	4	10	1	1	0	0	0	3.94

二古賀 中村 2時間41分

四回2死一、三塁、空振り三振に倒れる加藤豪

◇ベルーナドーム⑫ 19,800人
6勝6敗

				計
日本ハム	000	000	000	0
西武	000	000	001X	1

勝 増田30試合3勝1敗15S
敗 池田30試合3敗

【今川優馬】四回1死二塁の好機に中飛で凡退
「なんとか勝ちたかったけど、何もできなかった」

0-1×

中村剛也

7.16(日) VS 埼玉西武

届かぬ白星 9連敗

ファイターズは今季9度目の零封負けで最下位に転落。連敗は9に伸びた。打線は先発の高橋光成を打ちあぐね散発4安打で沈黙し、完封を許した。先発上原健太は五回、中村剛也に決勝の9号2ランを浴びた。

日本ハム		打	安	点	本	打率
④	ハンソン	3	1	0	③	.145
4	石井	1	1	0		.171
DH	郡司	4	1	0	①	.333
③	加藤豪	3	0	0	④	.248
②	マルティネス	4	0	0	⑩	.252
⑤	清宮	3	1	0	④	.288
⑦	松本剛	3	0	0	③	.276
⑨	万波	3	0	0	⑮	.259
⑧	五十幡	3	0	0		.258
⑥	細川	3	0	0		.200
犠盗失併残	01114	30	4	0		.228

西武		打	安	点	本	打率
⑨	岸	4	1	0	②	.225
⑥	源田	4	2	0		.263
⑦	鈴木	4	0	0		.257
DH	中村	4	1	2	❾	.283
③	マキノン	3	1	0	⑨	.252
④	外崎	4	2	0	⑨	.258
⑤	呉念庭	4	1	0	①	.222
⑧	長谷川	3	1	0	④	.219
②	古賀	2	0	0	①	.169
犠盗失併残	02008	32	9	2		.229

	回	打	投	安	振	球	失	責	防御率
敗 上原	4⅔	23	95	8	2	1	2	2	3.14
山本拓	⅓	1	5	0	0	0	0	0	0.00
マーベル	1	3	14	0	1	0	0	0	0.00
福田俊	1	3	16	1	2	0	0	0	0.00
杉浦	1	4	20	0	2	1	0	0	1.93
勝 高橋	9	31	120	4	6	1	0	0	2.25

三石井 二ハンソン 郡司 清宮 盗加藤豪③ 源田③ 長谷川② 失細川 3時間1分

四回1死一、三塁、三振に倒れたマルティネス

◇ベルーナドーム⑬ 23,059人
西武7勝6敗

				計
日本ハム	000	000	000	0
西武	000	020	00X	2

勝 高橋16試合6勝6敗
敗 上原10試合1勝4敗
本 中村9号②＝上原

【石井一成】チームは9連敗
「みんな必死にやっている。良いきっかけをつかんで、その流れに乗っていければ」

0-2

高橋光成

7.17(月) VS 埼玉西武

前半戦 最下位で終了

ファイターズは逆転負けで、2017年以来6年ぶりの10連敗。連敗トンネルから抜け出せないまま前半戦が終わった。先発の鈴木健矢が1回0/3で4失点と崩れ、救援陣も3本塁打を浴びた。打線は一回にマルティネスの2ランで先制したが、以降は沈黙。

日本ハム		打	安	点	本	打率
⑨	万波	4	2	0	⑮	.262
⑤	清宮	2	0	0	④	.284
H4	加藤豪	2	0	0	④	.243
H	五十幡	1	0	0		.255
②	マルティネス	4	1	2	⓫	.252
③	郡司	4	0	0	①	.297
⑦	松本剛	3	1	0	③	.277
DH	今川	4	0	0		.225
④5	石井	3	1	0		.177
H	梅林	1	1	0		.600
⑥	山田	3	3	0		.385
H	上川畑	1	0	0		.193
⑧	江越	2	0	0	⑤	.183
H8	浅間	1	0	0		.226
犠盗失併残	00109	35	9	2		.229

西武		打	安	点	本	打率
⑦	金子	5	2	0		.195
⑥	源田	5	0	0		.255
⑧	鈴木	4	0	0		.252
8	長谷川	0	0	0	④	.219
DH	栗山	4	1	1	❸	.137
④	外崎	4	2	1	❿	.262
③	マキノン	4	3	1	❿	.258
⑤	平沼	4	2	2	❷	.284
②	古賀	2	0	0	①	.167
⑨	蛭間	4	2	2	①	.195
犠盗失併残	02007	36	12	7		.231

	回	打	投	安	振	球	失	責	防御率
敗 鈴木	1 0/3	8	34	4	1	1	4	4	2.88
福田俊	1	4	14	1	0	0	0	0	0.00
生田目	3	11	39	1	3	1	0	0	1.23
山本拓	1	6	22	3	0	0	1	1	1.35
宮西	1	5	17	2	0	0	2	2	2.31
河野	1	4	14	1	0	0	0	0	1.75
勝 隅田	6	24	96	6	12	1	2	2	3.56
本田	⅓	4	20	2	0	1	0	0	1.13
H 佐々木	⅓	1	4	0	1	0	0	0	0.47
H 水上	⅓	1	3	0	0	0	0	0	0.00
平井	1	3	9	0	1	0	0	0	2.12
青山	1	5	22	1	1	1	0	0	3.21

盗外崎⑬ 平沼② 失万波 暴青山 3時間38分

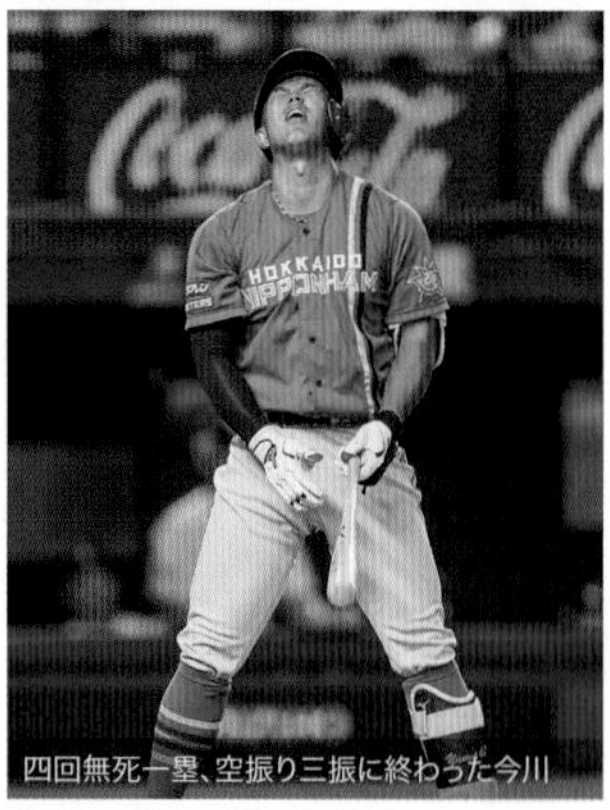
四回無死一塁、空振り三振に終わった今川

◇ベルーナドーム⑭ 20,435人
西武8勝6敗

日本ハム	200	000	000	2
西武	040	001	20X	7

勝 隅田13試合5勝7敗
敗 鈴木18試合6勝4敗
本 マルティネス11号②＝隅田 栗山3号①＝鈴木 平沼2号①＝山本拓 外崎10号①＝宮西 マキノン10号①＝宮西

【新庄剛志監督】昨季の就任以来、2年連続最下位で折り返すことになった前半戦を総括
「交流戦とか、いい戦いをできるチームになったのは間違いない。後半戦もあの戦いが必ずできる」

2-7

隅田知一郎 平沼翔太 蛭間拓哉

7.22(土) VS オリックス

先制の4点 投手陣が守れず 11連敗

ファイターズは今季9度目のサヨナラ負けで、2005年以来18年ぶりの11連敗。後半戦の初戦を落とした。打線が連敗中で最多の4点を奪ったが追い付かれ、同点の九回、6番手の宮西尚生がオリックスの若月健矢にサヨナラ本塁打を浴びた。宮西は3敗目。

日本ハム		打	安	点	本	打率
⑧	五十幡	4	1	0		.255
⑦	松本剛	4	1	2	③	.276
⑤	清宮	3	0	0	④	.278
⑨	万波	4	0	0	⑮	.259
③	マルティネス	4	0	0	⑪	.248
④	上川畑	4	1	0		.194
DH	郡司	3	0	0	①	.275
⑥	山田	3	0	0		.313
②	伏見	3	3	2	②	.215
犠盗失併残	12203	32	6	4		.228

オリックス		打	安	点	本	打率
⑧	中川圭	2	1	0	⑥	.250
9	渡辺	2	0	0		.000
④	宜保	3	1	0		.310
⑥	紅林	4	1	1	⑥	.289
DH	セデーニョ	3	1	1	❻	.300
③	頓宮	4	0	0	⑪	.313
⑤	宗	4	1	0	②	.239
⑦	杉本	3	0	0	⑪	.242
⑨8	野口	4	1	2	❶	.236
②	若月	4	3	1	❷	.273
犠盗失併残	10116	33	9	5		.254

	回	打	投	安	振	球	失	責	防御率
伊藤	5	22	76	5	3	2	3	3	3.59
H 山本拓	1	3	8	0	0	0	0	0	1.17
河野	⅔	4	8	2	0	0	1	1	2.05
玉井	⅓	2	3	1	0	0	0	0	2.08
H 池田	1	3	14	0	1	0	0	0	3.03
敗 宮西	⅓	2	7	1	0	0	1	1	2.66
小木田	2	12	52	4	3	1	4	0	2.00
本田	2	7	21	1	0	0	0	0	4.71
山岡	2	6	20	0	1	0	0	0	2.58
比嘉	1	3	9	1	0	0	0	0	2.31
H 宇田川	1	3	11	0	1	0	0	0	2.79
勝 平野佳	1	3	14	0	0	0	0	0	1.21

二伏見 中川圭 若月 盗五十幡⑬ 松本剛⑦ 失五十幡 マルティネス 宜保 2時間56分

九回1死走者なし、若月にサヨナラ弾を打たれた宮西

◇ほっともっとフィールド神戸⑫ 31,722人
6勝6敗

日本ハム	040	000	000	4
オリックス	030	000	101X	5

勝 平野佳24試合2勝1敗15S
敗 宮西31試合1勝3敗1S
本 セデーニョ6号①＝伊藤 野口1号②＝伊藤 若月2号①＝宮西

【伊藤大海】五回3失点
「(初めて上がったほっともっとフィールド神戸のマウンドに)準備はしていたが、アジャスト(適応)できなかった」

4-5×

紅林弘太郎 若月健矢

7.23(日) VS オリックス

39年ぶり12連敗

ファイターズは球団最長連敗記録となる1984年の14連敗(3分け挟む)以来、39年ぶりの12連敗。先発ポンセは同点の七回に紅林弘太郎に勝ち越しの2点適時打を打たれ、代わった玉井大翔も3ランを浴びた。打線は九回、マルティネスの満塁本塁打で追い上げたが、及ばなかった。

日本ハム		打	安	点	本	打率
⑧	五十幡	3	0	0		.248
H	今川	1	0	0		.220
4	細川	0	0	0		.200
⑦	松本剛	4	1	0	③	.276
⑤	清宮	4	2	1	❺	.284
⑨	万波	4	2	0	⑮	.262
③	マルティネス	4	1	4	⓬	.248
DH	石井	4	0	0		.169
②	伏見	3	2	0	②	.225
2	梅林	1	0	0		.500
④	上川畑	1	0	0		.193
H6	ハンソン	2	0	0	③	.141
⑥	山田	2	0	0		.278
H8	浅間	1	0	0		.219
犠盗失併残	10333	34	8	5		.228

オリックス		打	安	点	本	打率
⑨	野口	4	1	1	①	.236
④	宜保	2	1	0		.315
H	頓宮	0	0	0	⑪	.313
R4	大城	1	0	0	①	.222
⑥	紅林	4	2	2	⑥	.292
DH	セデーニョ	3	1	3	❼	.302
③	T-岡田	4	0	0		.143
⑧	中川圭	4	2	1	❼	.253
⑤	宗	4	2	0	②	.243
②	若月	4	2	0	②	.279
⑦	小田	2	0	0	①	.288
犠盗失併残	21007	32	11	7		.255

	回	打	投	安	振	球	失	責	防御率
敗 ポンセ	6⅓	30	103	8	6	3	5	5	9.31
玉井	0/3	1	9	1	0	0	1	1	2.49
福田俊	⅔	2	8	0	1	0	0	0	0.00
生田目	1	5	18	2	0	1	1	1	2.16
山崎福	5	19	61	4	3	0	1	1	3.53
H 宇田川	1	3	5	0	0	0	0	0	2.66
勝 山岡	1	3	14	0	1	0	0	0	2.54
阿部	1	3	11	0	2	0	0	0	2.01
本田	0/3	4	16	4	0	0	4	4	5.97
S 山崎颯	1	3	13	0	1	0	0	0	1.53

三野口 盗小田④ 失上川畑 山田2 暴玉井 2時間58分

七回1死満塁、紅林に2点適時打を浴びたポンセ。この後降板する

◇ほっともっとフィールド神戸⑬ 33,950人
オリックス7勝6敗

日本ハム	100	000	004	5
オリックス	010	000	51X	7

勝 山岡15試合2勝1敗
S 山崎颯35試合4S
敗 ポンセ2試合2敗
本 清宮5号①＝山崎福 中川圭7号①＝ポンセ セデーニョ7号③＝玉井 マルティネス12号④＝本田

【ポンセ】六回までソロ1本に抑えていたが、七回に崩れる
「投球の手応えは良かった。ベストを尽くすのみと思っていた」

5-7

紅林弘太郎 セデーニョ

7.25(火) VS 東北楽天

もがく打線 13連敗

ファイターズは13連敗。打線は好機に一打が出ず、四回、マルティネスの適時二塁打による1点どまり。五回、六回にも好機をつくったが、得点できなかった。7回2失点と粘投した先発加藤貴之を援護できなかった。

日本ハム		打	安	点	本	打率
⑧	五十幡	4	0	0		.239
⑦	松本剛	4	1	0	③	.276
⑤	清宮	4	2	0	⑤	.289
R	江越	0	0	0	⑤	.183
5	山田	0	0	0		.278
⑨	万波	3	2	0	⑮	.266
DH	マルティネス	3	1	1	⑫	.249
RD	石井	0	0	0		.169
⑥	ハンソン	4	0	0	③	.132
③	加藤豪	4	1	0	④	.244
②	伏見	4	0	0	②	.218
④	細川	3	0	0		.190
犠盗失併残	00117	33	7	1		.228

楽天		打	安	点	本	打率
⑥	村林	4	2	0		.309
④	小深田	3	0	0	④	.244
⑨	小郷	4	1	0	⑤	.272
9	田中和	0	0	0	②	.097
DH	浅村	3	3	3	⓴	.278
⑦	阿部	2	0	0	①	.190
H7	岡島	1	0	0	⑤	.260
③	伊藤裕	3	0	0	⑤	.259
H3	鈴木大	1	1	0	②	.270
⑤	山崎	3	1	0	②	.214
②	炭谷	4	0	0	①	.215
⑧	辰己	3	1	0	⑦	.230
犠盗失併残	10018	31	9	3		.236

	回	打	投	安	振	球	失	責	防御率
敗 加藤貴	7	30	89	6	3	3	2	2	2.61
ロドリゲス	1	5	13	3	0	0	1	1	3.20
勝 早川	6	24	89	6	6	1	1	1	2.69
H 酒居	1	3	11	0	3	0	0	0	3.62
H 鈴木翔	⅔	3	14	1	2	0	0	0	3.25
H 安楽	⅓	1	3	0	0	0	0	0	3.19
S 渡辺翔	1	4	12	0	0	1	0	0	1.31

三村林 二小郷 マルティネス 加藤豪 万波 失清宮 2時間34分

六回1死二、三塁、空振り三振に倒れたマルティネス

◇楽天モバイルパーク宮城⑯ 16,158人
楽天11勝5敗

日本ハム	000	100	000	1
楽天	200	000	01X	3

勝 早川12試合5勝5敗
S 渡辺翔21試合3勝1敗1S
敗 加藤貴17試合5勝7敗
本 浅村19号②＝加藤貴 浅村20号①＝ロドリゲス

【加藤貴之】一回、浅村の左越えの2ランで先制される
「負けがこんでいる中、先制点で相手を勢いづかせてしまった」

1-3

浅村栄斗 早川隆久 渡辺翔太

7.26(水) VS 東北楽天

万波勝ち越し打 連敗13で止める

ファイターズは終盤の粘りで、22日ぶりの勝利。連敗を13で止めた。2-2の九回、1死一、三塁で万波が適時内野安打を放って勝ち越し点を奪った。先発上原健太が6回無失点の好投。田中正義が15セーブ目を挙げた。

日本ハム		打	安	点	本	打率
④	加藤豪	4	0	0	④	.236
4	石井	0	0	0		.169
⑦	松本剛	3	1	0	③	.276
R8	江越	0	0	0	⑤	.183
⑤	清宮	4	1	0	⑤	.288
⑨	万波	4	1	1	⑮	.265
③	マルティネス	3	0	0	⑫	.245
⑥	ハンソン	3	1	2	❹	.141
6	上川畑	1	0	0		.192
DH	今川	3	0	0		.205
②	伏見	3	1	0	②	.221
⑧7	五十幡	3	0	0		.232
犠盗失併残	00003	31	5	3		.227

楽天		打	安	点	本	打率
⑥	村林	4	1	0		.307
⑤	伊藤裕	3	0	0	⑤	.253
H7	岡島	1	1	0	⑤	.264
⑨	小郷	4	2	0	⑤	.276
DH	浅村	3	0	0	⑳	.275
③	鈴木大	4	1	2	❸	.269
⑦5	阿部	4	0	0	①	.182
⑧	辰己	3	0	0	⑦	.227
②	太田	3	1	0	③	.262
H	西川	1	0	0	①	.164
④	小深田	3	1	0	④	.245
H	フランコ	1	0	0	⑥	.222
犠盗失併残	00007	34	7	2		.236

	回	打	投	安	振	球	失	責	防御率
上原	6	24	94	4	6	2	0	0	2.80
H 河野	1	4	14	1	2	0	0	0	1.98
勝 池田	1	5	22	2	2	0	2	2	3.48
S 田中正	1	3	6	0	0	0	0	0	2.32
荘司	8	27	102	2	6	2	2	2	2.97
敗 鈴木翔	⅓	3	8	2	0	0	1	1	3.54
安楽	⅔	3	11	1	1	0	0	0	3.13

二岡島 松本剛 2時間54分

九回1死一、三塁、万波の適時内野安打で勝ち越しに成功

◇楽天モバイルパーク宮城⑰ 16,935人
楽天11勝6敗

日本ハム	000	020	001	3
楽天	000	000	020	2

勝 池田32試合1勝3敗
S 田中正32試合2勝2敗15S
敗 鈴木翔38試合1勝1敗1S
本 ハンソン4号②＝荘司 鈴木大3号②＝池田

【上原健太】五回、ハンソンの2ランでの援護点について
「あの一発は大きかった。流れがこっちに来たところでうまく乗っていけた」

3-2

万波中正

7.27(木) VS 東北楽天

北山が6勝目

ファイターズは今季最多、先発全員となる15安打で2連勝。2-2の五回、打者一巡の7安打で6点を奪い勝ち越した。先発北山亘基は5回8安打4失点と苦しみながら、チームトップタイの6勝目。

日本ハム		打	安	点	本	打率
④3	加藤豪	4	1	1	❺	.236
⑦	松本剛	5	2	1	③	.278
R7	細川	0	0	0		.190
⑤	清宮	5	1	1	⑤	.286
⑨	万波	4	1	1	⑮	.265
8	江越	1	1	0	⑤	.189
③	マルティネス	3	2	1	⑫	.251
R4	上川畑	0	0	0		.192
⑥	ハンソン	4	2	0	④	.160
DH	郡司	4	3	3	①	.318
②	伏見	4	1	0	②	.221
⑧9	浅間	4	1	0		.222
犠盗失併残	02026	38	15	8		.229

楽天		打	安	点	本	打率
⑥	村林	4	1	1		.305
④	小深田	5	2	1	❺	.248
⑨	小郷	4	1	0	⑤	.276
DH	浅村	4	1	0	⑳	.275
RD	田中和	0	0	0	②	.097
⑦	岡島	4	0	0	⑤	.259
⑤	フランコ	5	2	2	❼	.226
③	鈴木大	3	1	0	③	.271
②	炭谷	0	0	1	①	.215
H2	堀内	1	0	0		.000
⑧	辰己	4	4	0	⑦	.240
犠盗失併残	32021	34	12	5		.237

	回	打	投	安	振	球	失	責	防御率
勝 北山	5	25	92	8	4	3	4	4	2.93
杉浦	1	3	8	1	0	0	0	0	1.83
福田俊	1	4	19	0	1	1	0	0	0.00
山本拓	1	6	21	2	0	1	1	1	2.08
ロドリゲス	1	4	10	1	1	0	0	0	3.05
敗 田中将	4⅔	23	78	8	4	3	7	7	4.92
石橋	2⅓	10	34	4	2	0	2	2	18.90
高田孝	2	9	41	3	1	1	0	0	1.50

三清宮 江越 二郡司 フランコ 浅間 万波 盗ハンソン② 郡司① 小深田⑱ 小郷⑧ 暴福田俊 3時間20分

先発の北山は6勝目を挙げる

◇楽天モバイルパーク宮城⑱ 15,082人
楽天11勝7敗

日本ハム	020	061	000	9
楽天	100	120	010	5

勝 北山13試合6勝4敗
敗 田中将15試合5勝6敗
本 小深田5号①＝北山 フランコ7号②＝北山 加藤豪5号①＝石橋

【加藤豪将】六回に6月3日以来の5号ソロ
「(打線の)流れに乗って当たった。自分が打ったというより、みんなで打ったという感じ」

9-5

郡司裕也

7.28（金） VS オリックス

上沢三塁踏ませず しっかり3連勝

ファイターズは投打がかみ合い、3連勝。先発上沢直之は8回6安打無失点で、三塁を踏ませない好投でチームトップの7勝目。打線は1－0の四回、伏見寅威の遊ゴロと五十幡亮汰の2点打で3点を加えた。

オリックス		打	安	点	本	打率
⑧	野口	4	0	0	①	.223
④	宜保	4	1	0		.305
⑥	紅林	4	1	0	⑥	.295
DH	セデーニョ	4	1	0	⑦	.280
③	頓宮	4	0	0	⑪	.307
⑤	宗	3	1	0	②	.246
⑦	杉本	3	1	0	⑪	.242
⑨	茶野	2	0	0	①	.251
H9	広岡	1	0	0	①	.186
②	若月	2	1	0	②	.286
犠盗失併残	00115	31	6	0		.253

日本ハム		打	安	点	本	打率
④	加藤豪	3	0	0	⑤	.231
4	上川畑	0	0	0		.192
⑦	松本剛	2	0	0	③	.276
⑤	清宮	4	1	0	⑤	.285
⑨	万波	4	4	0	⑮	.274
③	マルティネス	3	1	0	⑫	.252
⑥	ハンソン	3	0	0	④	.154
H	野村	1	0	0	⑧	.230
6	奈良間	0	0	0	①	.143
DH	郡司	3	0	0	①	.298
②	伏見	3	0	1	②	.217
⑧	五十幡	4	1	2		.233
犠盗失併残	00028	30	7	3		.230

	回	打	投	安	振	球	失	責	防御率
敗山下	3⅔	20	87	5	4	4	4	3	1.77
小木田	2	6	23	1	1	0	0	0	1.80
山田	1	5	22	1	2	1	0	0	1.56
比嘉	⅓	1	7	0	1	0	0	0	2.25
宇田川	1	4	18	0	1	1	0	0	2.53
勝上沢	8	29	117	6	5	1	0	0	2.67
池田	1	3	10	0	1	0	0	0	3.38

失頓宮　暴山下　3時間18分

先発の上沢が8回6安打無失点で7勝目

◇エスコンフィールド北海道⑭　27,024人
7勝7敗

オリックス	000	000	000	0
日本ハム	100	300	00X	4

勝　上沢16試合7勝6敗
敗　山下13試合8勝3敗

【万波中正】自身初の1試合4安打
「出来過ぎかなと思う。ただ（単打が4本で）長打が1本もなかったので、長打を打てるようにより頑張りたい」

4-0

五十幡亮汰　上沢直之

7.29（土） VS オリックス

連勝3で止まる

ファイターズは接戦を落とし、連勝は3で止まった。先発伊藤大海は精彩を欠き、3回5安打3四球で4失点。6敗目を喫した。打線は奈良間大己の適時打、清宮幸太郎のソロなどで迫るも、九回1死満塁の好機を生かせなかった。

オリックス		打	安	点	本	打率
④	大城	5	1	0	①	.219
⑦8	渡部	4	1	0		.250
⑥	紅林	5	0	0	⑥	.289
DH	セデーニョ	4	1	0	⑦	.278
RD	広岡	0	0	0	①	.186
⑧3	中川圭	5	2	0	⑦	.252
⑤	宗	4	3	0	②	.254
②	若月	3	1	1	②	.287
⑨	野口	2	0	2	①	.220
③	山足	3	0	0		.222
H	杉本	1	0	0	⑪	.241
7	小田	0	0	0	①	.288
犠盗失併残	011110	36	9	3		.253

日本ハム		打	安	点	本	打率
④	加藤豪	4	1	0	⑤	.231
R	江越	0	0	0	⑤	.189
⑦	松本剛	5	3	0	③	.281
⑤	清宮	5	2	1	❻	.288
⑨	万波	4	2	0	⑮	.277
DH	マルティネス	3	0	0	⑫	.249
③	野村	4	1	0	⑧	.230
⑥	奈良間	4	1	1	①	.152
②	伏見	3	0	0	②	.213
H	ハンソン	1	0	0	④	.152
⑧	五十幡	3	0	0		.227
H	郡司	1	1	0	①	.313
犠盗失併残	00119	37	11	2		.230

	回	打	投	安	振	球	失	責	防御率
勝山崎福	5	23	84	6	5	2	3	2	3.53
H山岡	2	8	31	2	1	0	0	0	2.48
H山崎颯	1	3	16	0	3	0	0	0	1.49
S平野佳	1	5	20	3	1	0	0	0	1.16
敗伊藤	3	18	80	5	1	3	4	3	3.75
マーベル	2	9	42	1	2	2	0	0	0.00
山本拓	1	3	11	0	2	0	0	0	1.86
ロドリゲス	1	4	16	1	0	0	0	0	2.91
玉井	1	3	12	0	0	0	0	0	2.38
杉浦	1	4	17	2	0	0	0	0	1.74

二若月　奈良間　セデーニョ　盗中川圭③　失宗　伊藤　3時間33分

三回2死満塁、野口に押し出し四球を与えた伊藤

◇エスコンフィールド北海道⑮　32,162人
オリックス8勝7敗

オリックス	031	000	000	4
日本ハム	020	010	000	3

勝　山崎福14試合8勝2敗
S　平野佳25試合2勝1敗16S
敗　伊藤16試合5勝6敗
本　清宮6号①＝山崎福

【マーベル】来日2試合目でエスコン初登板。2回無失点
「抑えられて良かった。中継ぎでも先発でもチームの勝利に貢献するなら、こだわりはない」

3-4

若月健矢

7.30（日） VS オリックス

被安打20 KO負け

ファイターズは2連敗。投手陣が今季最多の20安打を打たれ、9失点した。先発ポンセは3回4失点（自責点3）で3敗目。打線は0－4の三回、清宮幸太郎、万波中正の連続適時二塁打で一時2点差に迫ったが、四回以降は散発の3安打に抑えられた。

オリックス		打	安	点	本	打率
⑦	杉本	5	2	1	⓬	.244
7	小田	0	0	0	①	.288
H7	平野大	1	1	0		1.00
④	宜保	6	3	1		.318
⑥	紅林	5	3	1	❼	.295
DH	セデーニョ	6	1	0	⑦	.271
⑧	中川圭	5	2	0	⑦	.255
⑤	宗	6	2	1	②	.256
③	頓宮	4	2	2	⑪	.309
3	山足	0	0	0		.222
⑨	野口	5	1	1	①	.219
②	若月	5	3	1	❸	.296
犠盗失併残	000015	48	20	8		.256

日本ハム		打	安	点	本	打率
④	加藤豪	3	2	0	⑤	.241
H	山田	1	0	0		.263
⑦	松本剛	4	0	0	③	.278
⑤	清宮	4	1	1	⑥	.287
⑨	万波	4	2	1	⑮	.279
③	マルティネス	4	0	0	⑫	.245
DH	野村	3	1	0	⑧	.232
⑥	上川畑	4	1	0		.194
②	伏見	2	0	0	②	.210
H2	郡司	1	0	0	①	.306
⑧	江越	2	0	0	⑤	.187
H8	今川	2	0	0		.196
犠盗失併残	00318	34	7	2		.230

	回	打	投	安	振	球	失	責	防御率
勝東	5	21	75	5	4	1	2	2	4.82
H吉田	1	4	16	1	1	0	0	0	3.68
宇田川	1	5	29	0	2	2	0	0	2.42
比嘉	1	4	9	1	1	0	0	0	2.08
小木田	1	3	9	0	0	0	0	0	1.74
敗ポンセ	3	20	80	7	3	2	4	3	9.24
福田俊	1	4	21	1	1	1	0	0	0.00
立野	2	11	41	5	3	0	1	1	4.50
山本拓	1	5	15	2	2	0	1	1	2.53
杉浦	1	5	24	2	1	0	1	1	2.08
玉井	1	6	17	3	0	0	2	1	2.66

二加藤豪　清宮　万波　頓宮　宜保　失清宮　上川畑2　暴杉浦　玉井　3時間40分

六回無死、紅林にソロを打たれた立野

◇エスコンフィールド北海道⑯　30,760人
オリックス9勝7敗

オリックス	400	001	112	9
日本ハム	002	000	000	2

勝　東3試合1勝
敗　ポンセ3試合3敗
本　杉本12号①＝ポンセ　紅林7号①＝立野　若月3号①＝山本拓

【新庄剛志監督】オリックス打線に先発全員安打と毎回安打を許し、計20安打を浴びた
「相手に20本も打たれたらコメントが見つからない」

2-9

東晃平

8.1（火） VS 千葉ロッテ

九回に勝ち越し

ファイターズは終盤に逆転し、連敗を2で止めた。1－2の九回に万波中正、マルティネスの2者連続ソロで勝ち越した。先発加藤貴之が7回2失点と粘投し、2番手ロドリゲスが今季初勝利。田中正義は16セーブ目。

日本ハム		打	安	点	本	打率
④3	加藤豪	4	0	0	⑤	.234
⑦	松本剛	4	0	0	③	.275
⑤	清宮	4	2	0	⑥	.292
⑨	万波	4	1	1	⓰	.279
③	マルティネス	2	1	1	⓭	.247
6	奈良間	0	0	0	①	.152
DH	野村	4	1	1	⑧	.232
⑥	ハンソン	3	0	0	④	.146
H4	上川畑	1	0	0		.193
②	伏見	3	1	0	②	.213
⑧	五十幡	4	1	0		.228
犠盗失併残	00006	33	7	3		.230

ロッテ		打	安	点	本	打率
⑨	荻野	5	1	0		.222
⑥	藤岡	5	1	0		.270
R	和田	0	0	0	①	.175
⑦	石川慎	3	0	0	①	.471
R7	平沢	0	0	0	①	.154
H	角中	1	0	0	⑥	.260
DH	ポランコ	5	2	0	⑫	.233
RD	友杉	0	0	0		.292
③	山口	4	2	0	⑨	.236
④	中村奨	3	2	0	⑧	.226
⑤	ブロッソー	4	1	0		.250
2	柿沼	0	0	0		.182
②	田村	3	1	2	②	.164
H5	安田	0	0	0	⑦	.259
⑧	岡	4	1	0	④	.253
犠盗失併残	110012	37	11	2		.236

	回	打	投	安	振	球	失	責	防御率
加藤貴	7	31	100	8	3	2	2	2	2.61
勝ロドリゲス	1	5	20	1	2	1	0	0	2.78
S田中正	1	5	14	2	1	0	0	0	2.25
メルセデス	6	23	90	3	3	2	1	1	3.15
H横山	1	4	15	2	0	0	0	0	3.74
Hペルドモ	1	3	12	0	1	0	0	0	1.98
敗益田	1	6	26	2	1	1	2	2	3.49

二田村　清宮　野村　中村奨　伏見　岡　盗友杉⑧　2時間49分

九回無死、マルティネスが右中間に決勝ソロを放つ

◇ＺＯＺＯマリンスタジアム⑭　23,185人
ロッテ10勝4敗

日本ハム	000	100	002	3
ロッテ	020	000	000	2

勝　ロドリゲス26試合1勝3敗
S　田中正33試合2勝2敗16S
敗　益田41試合2勝3敗26S
本　万波16号①＝益田　マルティネス13号①＝益田

【マルティネス】九回、万波に続き2者連続となるソロ
「強い打球を打って塁に出ることを考えた」

3-2

マルティネス

8.2（水） VS 千葉ロッテ

マーベル来日初勝利

ファイターズが2連勝。5－5の四回1死満塁でマルティネスが勝ち越しの2点二塁打を放った。左手に打球を受けて降板した先発上原健太に代わって登板した2番手マーベルが5回3安打無失点で来日初勝利を飾った。

日本ハム		打	安	点	本	打率
④	加藤豪	3	1	0	⑤	.236
43	山田	1	0	0		.250
⑦	松本剛	5	1	0	③	.274
8	江越	0	0	0	⑤	.187
⑤	清宮	4	2	1	⑥	.296
⑨	万波	4	0	0	⑯	.276
③	マルティネス	4	2	4	⑬	.251
R4	上川畑	0	0	0		.193
DH	野村	4	3	1	⑧	.239
⑥	奈良間	4	2	2	①	.180
②	伏見	4	0	0	②	.207
⑧7	五十幡	4	1	0		.228
犠盗失併残	10317	37	12	8		.231

ロッテ		打	安	点	本	打率
⑧	岡	4	1	0	④	.252
⑥	友杉	5	0	0		.281
DH	石川慎	3	0	0	①	.432
HD	ポランコ	1	1	1	⓭	.237
⑦	山口	5	2	1	⑨	.239
④	中村奨	2	1	1	⑧	.228
⑤	ブロッソー	3	0	1		.143
③	安田	3	0	1	⑦	.256
②	田村	4	2	1	②	.175
⑨	荻野	3	0	0		.208
H	角中	1	0	0	⑥	.258
9	平沢	0	0	0	①	.154
犠盗失併残	20127	34	7	6		.236

	回	打	投	安	振	球	失	責	防御率
上原	2⅔	13	46	2	1	2	5	0	2.70
勝マーベル	5	18	73	3	4	1	0	0	0.00
池田	⅔	4	17	1	2	1	0	0	3.31
H河野	⅓	1	4	0	1	0	0	0	1.95
S田中正	1	4	22	1	2	0	1	1	2.45
美馬	2⅓	16	47	7	1	1	5	3	5.37
敗中村稔	2⅔	12	52	3	2	1	3	3	4.32
東條	1	3	11	0	2	0	0	0	0.00
東妻	1	4	15	1	1	0	0	0	2.05
高野	2	7	25	1	0	2	0	0	0.00

二野村　五十幡　マルティネス　岡　清宮　失加藤豪　清宮　奈良間　ブロッソー　3時間30分

三回途中から登板し、5回無失点で来日初勝利のマーベル

◇ＺＯＺＯマリンスタジアム⑮　22,898人
ロッテ10勝5敗

日本ハム	014	300	000	8
ロッテ	023	000	001	6

勝　マーベル3試合1勝
S　田中正34試合2勝2敗17S
敗　中村稔7試合1勝1敗
本　ポランコ13号①＝田中正

【マーベル】5回3安打無失点
「しっかり自分の投球ができた」

8-6

マーベル

8.3（木） VS 千葉ロッテ

北山5回持たず

ファイターズが同一カード3連勝を逃した。先発北山亘基は4回2/3を投げ、6安打5失点で5敗目。救援陣も打たれた。打線は2－7の七回、4安打や敵失などで2点差に迫ったが、及ばなかった。

日本ハム		打	安	点	本	打率
④	加藤豪	4	0	0	⑤	.230
⑦	松本剛	4	2	0	③	.276
⑤	清宮	2	1	1	⑥	.298
⑨	万波	4	1	1	⑯	.276
DH	マルティネス	1	0	0	⑬	.250
③	野村	4	1	0	⑧	.239
⑥	奈良間	4	2	0	①	.204
②	伏見	2	0	0	②	.205
H2	郡司	2	1	1	①	.314
⑧	五十幡	3	1	0		.231
H	ハンソン	1	0	0	④	.145
犠盗失併残	11015	31	9	3		.232

ロッテ		打	安	点	本	打率
⑨	平沢	4	3	2	❸	.174
⑥	藤岡	4	0	1		.264
⑦	角中	3	1	1	⑥	.260
7	岡	0	0	0	④	.252
DH	ポランコ	4	1	1	⑬	.237
③	山口	3	3	1	⑨	.248
④	中村奨	4	0	0	⑧	.225
⑤	ブロッソー	4	0	0		.091
5	茶谷	0	0	0		.257
②	佐藤都	4	2	1	❹	.208
⑧	和田	2	0	0	①	.169
犠盗失併残	11337	32	10	7		.237

	回	打	投	安	振	球	失	責	防御率
敗北山	4⅔	22	90	6	3	2	5	5	3.41
山本拓	⅓	2	10	1	0	0	0	0	2.45
杉浦	1	6	29	2	1	1	2	2	2.78
福田俊	1	3	13	0	0	1	0	0	0.00
玉井	1	5	8	1	0	1	0	0	2.55
勝西野	6⅔	25	98	7	2	4	5	3	2.61
H西村	1	5	25	2	1	0	0	0	1.06
Hペルドモ	1	4	16	0	1	1	0	0	1.93
S益田	1	3	14	0	0	0	0	0	3.40

三角中　二清宮　ポランコ　盗松本剛⑧　和田⑪　失山口　佐藤都2　暴山本拓　3時間16分

五回2死三塁、ポランコに適時打を打たれる北山

◇ＺＯＺＯマリンスタジアム⑯　23,571人
ロッテ11勝5敗

日本ハム	101	000	300	5
ロッテ	101	032	00X	7

勝　西野12試合8勝2敗
S　益田42試合2勝3敗27S
敗　北山14試合6勝5敗
本　平沢2号①＝北山　平沢3号①＝杉浦　佐藤都4号①＝杉浦

【北山亘基】先発したが、5回持たずに降板
「課題だらけだった」

5-7

佐藤都志也　平沢大河

8.4(金) VS 福岡ソフトバンク

マルティネス殊勲打

ファイターズがサヨナラ勝ち。逆転を許した直後の七回に、郡司裕也の適時打で同点に追いつくと、延長十一回1死満塁、代打マルティネスが決勝の左犠飛を放った。5年目の福田俊がプロ初勝利をマーク。先発上沢直之は7回6安打4失点(自責点2)だった。

ソフトバンク

	打	安	点	本	打率
④ 三森	4	1	1	②	.260
⑦ 柳町	3	1	2		.254
R5 野村勇	1	0	0	②	.189
⑨ 柳田	5	2	1	⓯	.310
DH 近藤	5	0	0	⑭	.287
③ 中村晃	5	0	0	③	.269
⑧ 牧原大	5	1	0	②	.271
⑤ リチャード	3	0	0		.095
6 川瀬	2	1	0		.193
⑥ 今宮	3	0	0	⑤	.228
R7 周東	0	0	0	①	.177
② 甲斐	3	1	0	⑦	.216
犠盗失併残 11116	39	7	4		.243

日本ハム

	打	安	点	本	打率
③ 郡司	5	1	1	①	.304
⑦ 松本剛	5	2	0	③	.278
⑤ 清宮	5	0	0	⑥	.291
⑨ 万波	5	1	2	⑯	.275
DH 野村	4	2	0	⑧	.243
RD 五十幡	0	0	0		.231
④ 上川畑	4	2	1		.198
⑧ 今川	3	1	0		.204
8 江越	1	0	0	⑤	.185
⑥ 奈良間	4	1	0	①	.207
H 加藤豪	0	0	0	⑤	.230
② 伏見	2	0	0	②	.202
H マルティネス	0	0	1	⑬	.250
犠盗失併残 31108	38	10	5		.232

	回	打	投	安	振	球	失	責	防御率
東浜	3	16	50	7	0	1	3	3	4.47
武田	2	6	27	0	4	0	0	0	3.60
甲斐野	1	3	12	0	1	0	0	0	2.73
藤井	1	5	21	2	0	0	1	1	2.39
H松本裕	1	4	19	1	2	0	0	0	3.41
Hオスナ	1	3	14	0	1	0	0	0	0.85
H津森	1	3	9	0	0	0	0	0	2.97
敗椎野	⅔	5	17	0	0	3	1	1	2.45
上沢	7	30	113	6	3	3	4	2	2.66
H河野	1	3	10	0	0	0	0	0	1.88
H田中正	1	4	9	1	0	0	0	0	2.38
H池田	1	3	10	0	1	0	0	0	3.22
勝福田俊	1	3	16	0	1	0	0	0	0.00

二今川 甲斐 三森 柳町 [illegible]三森 盗五十幡⑭ 失三森 清宮 暴上沢 4時間7分

延長十一回1死満塁、サヨナラ犠飛を放ったマルティネス

◇エスコンフィールド北海道⑮ 27,921人 ソフトバンク9勝6敗

ソフトバンク	100	010	200	00	4
日本ハム	003	000	100	01X	5

(延長十一回)

勝 福田俊15試合1勝
敗 椎野5試合1敗
本 柳田15号①＝上沢

【福田俊】プロ5年目で初勝利。新球場近くの星槎道都大出身

「初勝利は素直にうれしい。また北広島が思い出深い土地になりました」

5×-4

福田俊 マルティネス

8.5(土) VS 福岡ソフトバンク

今季最悪11失点

ファイターズは今季ワーストの11失点を喫し大敗した。一回、二回と2度のビハインドを追いつき、そして四回に4点を勝ち越したが、リードを守れなかった。先発伊藤大海と3番手立野和明が計8失点と崩れ、宮内春輝も3失点と乱れ、突き放された。

ソフトバンク

	打	安	点	本	打率
④ 三森	6	1	0	②	.256
⑦ 柳町	5	3	1		.264
⑧ 牧原大	6	3	2	②	.276
⑨ 柳田	5	2	2	⑮	.311
R9 周東	1	0	0	①	.176
DH 近藤	5	3	5	⓯	.292
③ 中村晃	5	3	0	③	.273
⑥ 今宮	5	2	1	⑤	.231
⑤ リチャード	3	1	0		.125
R5 川瀬	1	0	0		.192
② 谷川原	3	1	0		.276
2 甲斐	1	0	0	⑦	.215
犠盗失併残 11001	14	6	19	11	.246

日本ハム

	打	安	点	本	打率
③ 郡司	5	2	1	①	.311
⑧ 五十幡	3	1	0		.233
H 江越	1	0	0	⑤	.184
⑤ 清宮	5	2	2	❼	.294
⑨ 万波	4	1	0	⑯	.274
② マルティネス	4	0	0	⑬	.246
DH 野村	4	2	2	❿	.247
④ 上川畑	3	0	0		.196
H4 山田	0	0	0		.250
⑦ 今川	2	1	0		.216
⑥ 奈良間	3	1	1	①	.213
H6 ハンソン	1	0	0	④	.143
犠盗失併残 10106	35	10	6		.233

	回	打	投	安	振	球	失	責	防御率
大関	4	21	75	8	1	2	6	6	3.02
勝又吉	2	7	22	1	1	0	0	0	3.24
甲斐野	1	4	18	1	1	0	0	0	2.63
田浦	1	4	13	0	1	1	0	0	1.04
笠谷	1	3	13	0	1	0	0	0	0.00
伊藤	4⅓	25	93	10	2	1	5	4	3.94
H石川	⅔	2	4	0	0	0	0	0	4.05
敗立野	1	6	20	3	0	0	3	3	12.00
宮内	1	8	31	4	0	1	3	3	6.48
山本拓	1	4	20	1	1	0	0	0	2.25
玉井	1	4	14	1	1	0	0	0	2.45

三奈良間 二近藤 盗周東⑳ 失奈良間 暴立野 3時間42分

五回1死一、三塁、今宮に適時打を打たれた伊藤(中央)

◇エスコンフィールド北海道⑯ 31,553人 ソフトバンク10勝6敗

ソフトバンク	110	033	300	11
日本ハム	110	400	000	6

勝 又吉9試合1勝
敗 立野2試合1敗
本 清宮7号①＝大関 野村9号①＝大関 野村10号①＝大関 近藤15号②＝立野

【石川直也】約3カ月半ぶりに復帰。五回1死一、二塁で登板し、無失点でしのぐ

「良い緊張感で(試合に)入れた。体はすごく動けているのでこのまま(状態を)上げていきたい」

6-11

近藤健介

8.6(日) VS 福岡ソフトバンク

痛恨失策 流れ失う

ファイターズは守備のミスが響き、2連敗。三回2死満塁、遊撃手の奈良間大己の一塁悪送球で先制点を献上し、先発ポンセが押し出し四球で追加点を許した。打線は、再三の好機を生かせなかった。

ソフトバンク

	打	安	点	本	打率
④ 三森	5	2	1	②	.261
⑦ 柳町	2	2	0		.272
R78 周東	1	0	0	①	.175
⑧ 牧原大	2	0	0	②	.274
R9 谷川原	0	0	0		.276
⑨ 柳田	5	0	0	⑮	.307
7 増田	0	0	0	①	.226
DH 近藤	2	1	1	⑮	.293
RD 野村勇	1	0	0	②	.184
③ 中村晃	5	0	0	③	.270
⑥ 今宮	3	2	2	❻	.236
⑤ リチャード	4	1	1		.143
R5 川瀬	0	0	0		.192
② 甲斐	4	0	0	⑦	.212
犠盗失併残 11129	34	8	5		.246

日本ハム

	打	安	点	本	打率
③ 郡司	4	1	0	①	.308
⑦ 松本剛	3	0	0	③	.275
⑤ 清宮	3	0	0	⑦	.289
⑨ 万波	3	1	0	⑯	.275
DH 野村	3	1	0	⑩	.247
④ 加藤豪	4	0	0	⑤	.224
⑥ 奈良間	3	2	0	①	.234
② 伏見	3	0	1	②	.199
H ハンソン	1	0	0	④	.141
⑧ 五十幡	3	0	0		.228
犠盗失併残 10229	30	5	1		.232

	回	打	投	安	振	球	失	責	防御率
勝スチュワート	5	23	94	3	2	6	1	1	1.60
H田浦	1	4	17	1	0	0	0	0	1.00
H津森	1	3	13	0	1	0	0	0	2.89
藤井	1	4	24	1	1	0	0	0	2.34
オスナ	1	3	10	0	0	0	0	0	0.83
敗ポンセ	5	23	98	3	2	5	2	0	6.62
ロドリゲス	1	4	15	1	2	0	1	1	3.04
福田俊	1	4	14	0	1	1	0	0	0.00
石川	1	7	27	4	0	0	3	3	7.04
立野	1	4	20	0	2	1	0	0	9.00

二柳町 近藤 今宮 リチャード 盗三森⑪ 失甲斐 清宮 奈良間 暴福田俊 3時間41分

三回2死満塁、柳田のゴロを一塁へ悪送球する奈良間

◇エスコンフィールド北海道⑰ 31,149人 ソフトバンク11勝6敗

ソフトバンク	002	001	030	6
日本ハム	000	100	000	1

勝 スチュワート6試合2勝2敗
敗 ポンセ4試合4敗
本 今宮6号①＝ロドリゲス

【ポンセ】5四球と制球が乱れて4敗目

「感覚は悪くなかったが、勝ちにつながらず残念。僕としては四球は2個でも多い。改善したい」

1-6

C.スチュワート・ジュニア

8.8(火) VS 埼玉西武

つながり欠く打線 3連敗

ファイターズは3連敗。先発の加藤貴之は一回に4連打で3点を失うなど10安打を浴び6失点と誤算だった。打線は苦手とする埼玉西武先発の高橋光成をこの日も打ち崩せず、8回4安打2得点とつながりを欠いた。

西武

	打	安	点	本	打率
⑨ 蛭間	4	2	0	①	.250
⑥ 源田	4	0	0		.255
⑦ ペイトン	4	1	0	③	.208
③ マキノン	4	3	2	⓬	.261
④ 外崎	3	1	1	⑩	.262
DH 中村	4	2	1	⑩	.292
⑤ 佐藤龍	4	1	1	①	.258
② 古賀	4	0	0	①	.196
⑧ 長谷川	4	0	0	④	.221
犠盗失併残 10023	35	10	5		.233

日本ハム

	打	安	点	本	打率
⑥ 奈良間	4	2	1	❷	.250
⑦ 松本剛	4	1	0	③	.275
⑤ 清宮	3	2	1	❽	.295
⑨ 万波	2	0	0	⑯	.273
H 矢沢	1	1	0	①	.193
③ マルティネス	3	0	1	⑬	.243
DH 野村	4	0	0	⑩	.244
④ 上川畑	3	0	0		.193
⑧ 五十幡	2	0	0		.225
H8 今川	1	0	0		.212
② 伏見	2	0	0	②	.197
2 郡司	1	0	0	①	.303
犠盗失併残 10003	30	6	3		.232

	回	打	投	安	振	球	失	責	防御率
勝高橋	8	29	116	4	6	2	2	2	1.98
増田	1	4	13	2	0	0	1	1	3.79
敗加藤貴	6	27	95	10	5	0	6	6	2.90
北浦	2	6	27	0	1	0	0	0	0.00
石川	1	3	12	0	0	0	0	0	6.23

二佐藤龍 中村 奈良間 暴加藤貴 2時間45分

六回1死一、二塁の好機だったが、万波が併殺打

◇エスコンフィールド北海道⑮ 24,837人 西武9勝6敗

西武	301	110	000	6
日本ハム	100	000	011	3

勝 高橋19試合9勝6敗
敗 加藤貴19試合5勝8敗
本 マキノン12号①＝加藤貴 奈良間2号①＝高橋 清宮8号①＝増田

【北浦竜次】今季初登板。2回を無安打無失点

「(初の新本拠地のマウンドは)思った以上に投げやすかった。どんどんアピールして、勝ちパターンで投げられたら良い」

3-6

高橋光成

8.9(水) VS 埼玉西武

マーベル初黒星 自力CS消える

ファイターズは守りが乱れ、4連敗。自力のCS進出が消滅した。五回は山田遥楓の失策で2死一、三塁となり、続く源田壮亮に2点打を許した。先発マーベルは4回2/3を5安打3失点(自責点0)で来日初黒星。

西武

	打	安	点	本	打率
⑨ 蛭間	5	0	0	①	.230
⑥ 源田	5	3	2		.263
6 平沼	0	0	0	②	.266
⑦ ペイトン	5	2	1	③	.217
8 長谷川	0	0	0	④	.221
③ マキノン	2	1	0	⑫	.262
4 山野辺	0	0	0		.192
④ 外崎	4	3	3	⑩	.268
43 呉念庭	1	0	0	①	.208
DH 栗山	4	0	0	④	.170
⑤ 佐藤龍	4	0	0	①	.247
② 古賀	4	1	0	①	.198
⑧7 岸	3	1	0	③	.202
犠盗失併残 00119	37	11	6		.234

日本ハム

	打	安	点	本	打率
⑧ 矢沢	4	0	0	①	.185
③ 郡司	4	0	0	①	.286
DH 野村	4	0	0	⑩	.241
⑤ 清宮	3	0	0	⑧	.290
② マルティネス	4	1	0	⑬	.243
⑨ 万波	3	0	0	⑯	.271
⑦ 松本剛	4	1	0	③	.275
⑥ 奈良間	3	1	0	②	.254
④ 山田	3	2	0		.304
犠盗失併残 01227	32	5	0		.231

	回	打	投	安	振	球	失	責	防御率
勝隅田	9	34	132	5	11	2	0	0	3.36
敗マーベル	4⅔	21	92	5	2	3	3	0	0.00
山本拓	1⅓	5	21	1	1	0	0	0	2.03
玉井	1	8	38	3	0	2	3	3	3.38
立野	2	8	28	2	2	0	0	0	6.00

二ペイトン 外崎 マルティネス 盗松本剛⑨ 失山野辺 郡司 山田 3時間37分

六回1死走者なし、右飛に倒れた郡司

◇エスコンフィールド北海道⑯ 23,795人 西武10勝6敗

西武	000	030	300	6
日本ハム	000	000	000	0

勝 隅田15試合6勝7敗
敗 マーベル4試合1勝1敗

【マーベル】味方のエラーもあり自責点ゼロで敗戦投手に

「エラーが起きた時に必ず抑えるのが投手の役割。それができなかったのは自分の責任」

0-6

隅田知一郎

8.10(木) VS 埼玉西武

連敗4でストップ

ファイターズが連敗を4で止めた。同点の五回、清宮幸太郎の左犠飛、万波中正の右前適時打、奈良間大己の押し出し四球で3点を勝ち越した。今季初登板初先発の根本悠楓は5回2安打3失点にまとめ、今季初白星。

西武

	打	安	点	本	打率
⑨ 蛭間	4	1	3	❷	.231
⑥ 源田	4	0	0		.258
⑦ ペイトン	4	0	0	③	.209
③ マキノン	2	1	0	⑫	.263
④ 外崎	4	1	0	⑩	.267
DH 中村	3	0	1	⑩	.287
⑧ 岸	2	0	0	③	.198
H 栗山	0	0	1	④	.170
⑤ 山野辺	3	0	0		.172
H 平沼	1	0	0	②	.263
② 古賀	2	1	0	①	.201
犠盗失併残 20113	29	4	5		.233

日本ハム

	打	安	点	本	打率
DH 松本剛	5	0	0	③	.271
⑧7 五十幡	5	3	0		.238
③ マルティネス	3	1	1	⑬	.244
R 矢沢	0	0	0	①	.185
3 山田	0	0	0		.304
⑤ 清宮	3	0	1	⑧	.286
⑨ 万波	3	1	1	⑯	.272
⑦ 野村	2	1	1	⑩	.243
R8 江越	0	0	0	⑤	.184
④ 奈良間	2	2	2	②	.274
② 伏見	4	0	0	②	.192
⑥ 上川畑	4	1	0		.194
犠盗失併残 11008	31	9	6		.231

	回	打	投	安	振	球	失	責	防御率
敗与座	4⅔	23	65	8	4	1	6	3	3.18
水上	⅓	3	12	0	0	2	0	0	1.69
田村	1	3	13	0	1	0	0	0	2.57
ティノコ	1	6	16	0	0	3	0	0	3.09
青山	1	3	11	1	0	0	0	0	3.77
勝根本	5	20	72	2	3	3	3	3	5.40
Hロドリゲス	1	4	21	0	3	1	0	0	2.92
H河野	1	3	18	0	1	0	0	0	1.82
H池田	1	3	10	0	1	0	0	0	3.13
S田中正	1	5	11	2	0	0	2	2	2.83

三五十幡 二野村 外崎 盗江越⑧ 失源田 2時間55分

五回1死満塁、清宮が勝ち越し犠飛を放つ

◇エスコンフィールド北海道⑰ 29,463人 西武10勝7敗

西武	000	030	002	5
日本ハム	100	230	00X	6

勝 根本1試合1勝
S 田中正36試合2勝2敗18S
敗 与座11試合2勝3敗
本 蛭間2号③＝根本

【奈良間大己】2打数2安打2打点2四球で連敗ストップに貢献

「自分は結果を出さなきゃいけない立場。チャンスに強いバッターでありたいので、タイムリーが出て良かった」

6-5

根本悠楓 奈良間大己

8.11（金） VS 福岡ソフトバンク

上沢調子出ず 被安打13

ファイターズは継投が崩れ終盤に突き放され連勝ならず。4－4の八回、3番手の池田隆英が四球と三塁打、捕逸などで3失点と誤算だった。打線は一度3点差を追いついたが及ばなかった。先発の上沢直之も被安打13はプロ12年目にしてワーストと調子が出なかった。

一回、先頭の三森（左）にソロを打たれた上沢

日本ハム		打	安	点	本	打率
DH	松本剛	4	1	0	③	.271
⑧7	五十幡	4	3	0		.252
③2	マルティネス	4	1	3	⑬	.244
⑤	清宮	3	0	0	⑧	.282
⑨	万波	4	1	1	⑯	.271
⑦	野村	4	0	0	⑩	.239
8	江越	0	0	0	⑤	.184
⑥	奈良間	4	0	0	②	.260
④3	加藤豪	4	2	0	⑤	.231
②	伏見	1	0	0	②	.191
H4	ハンソン	3	1	0	④	.148
犠盗失併残 01006		35	9	4		.232

ソフトバンク		打	安	点	本	打率
④	三森	5	3	3	❸	.284
⑧	牧原大	4	1	0	②	.270
⑨	柳田	5	3	0	⑮	.311
9	谷川原	0	0	0		.300
DH	近藤	5	2	2	⑰	.303
⑦	柳町	5	0	0		.262
2	嶺井	0	0	0		.176
⑤	リチャード	4	2	0		.175
③	中村晃	4	1	0	③	.266
⑥	今宮	4	2	0	⑥	.242
②	甲斐	3	1	1	⑧	.212
R7	周東	0	0	0	①	.181
犠盗失併残 02011		39	15	6		.248

	回	打	投	安	振	球	失	責	防御率
上沢	6	31	101	13	4	0	4	4	2.82
H福田俊	1	3	16	0	2	0	0	0	0.00
敗池田	⅓	4	18	1	0	2	3	2	3.58
北浦	⅔	3	9	1	1	0	0	0	0.00
石川	5	22	100	6	6	1	3	3	3.84
H津森	1	3	14	0	1	0	0	0	2.79
甲斐野	⅔	5	12	2	0	1	1	1	2.89
H田浦	⅓	1	6	0	0	0	0	0	1.26
勝松本裕	1	3	13	0	3	0	0	0	3.30
Sオスナ	1	3	8	1	1	0	0	0	0.80

三三森 二柳田 加藤豪 近藤2 マルティネス ハンソン 盗五十幡⑮ 牧原大② 周東㉒ 逸マルティネス 3時間23分

◇ペイペイドーム⑱ 34，003人 ソフトバンク12勝6敗

日本ハム	100	020	100	4
ソフトバンク	120	100	03X	7

勝 松本裕36試合2勝2敗
S オスナ33試合2勝1敗17S
敗 池田37試合1勝4敗
本 三森3号①＝上沢

【五十幡亮汰】2試合連続猛打賞

「どんどんつないでいきたい。このまま（好調を）続けていけたら」

4-7

松本裕樹 三森大貴

8.12（土） VS 福岡ソフトバンク

伊藤 復調へ一歩

ファイターズは投打がかみ合い快勝。先発伊藤大海は福岡ソフトバンク打線に的を絞らせず7回6安打無失点で6勝目。打線は四回に万波中正の17号2ランで先制。五回には清宮幸太郎の2ランと万波中正の2打席連続本塁打などで4点を追加した。

先発の伊藤が7回無失点で6勝目

日本ハム		打	安	点	本	打率
③2	郡司	4	3	0	①	.311
⑧	矢沢	4	0	0	①	.177
H7	今川	1	1	0		.226
DH	マルティネス	5	1	2	⑬	.243
⑤	清宮	5	3	3	❾	.290
⑨	万波	5	2	3	⓲	.273
⑦	野村	4	2	0	⑩	.243
78	江越	1	1	1	⑤	.190
⑥4	奈良間	5	0	0	②	.244
④	加藤豪	4	0	0	⑤	.225
6	上川畑	0	0	0		.194
②	伏見	4	1	0	②	.192
3	山田	0	0	0		.304
犠盗失併残 00027		42	14	9		.233

ソフトバンク		打	安	点	本	打率
④	三森	4	2	0	③	.289
⑧	牧原大	4	2	0	②	.273
⑨	柳田	4	0	0	⑮	.307
9	谷川原	0	0	0		.300
DH	近藤	3	0	0	⑰	.301
RD	野村勇	0	0	0	②	.184
⑦	柳町	3	1	0		.263
H	増田	1	0	0	①	.212
⑤	リチャード	4	0	0		.159
③	中村晃	3	2	0	③	.269
3	野村大	1	0	0		.233
⑥	今宮	3	0	0	⑥	.239
②	甲斐	1	0	0	⑧	.212
2	嶺井	1	0	0		.167
犠盗失併残 00107		32	7	0		.248

	回	打	投	安	振	球	失	責	防御率
勝伊藤	7	26	108	6	6	1	0	0	3.69
玉井	1	4	9	1	0	0	0	0	3.25
石川	1	4	17	0	1	1	0	0	5.59
敗高橋礼	5	26	81	10	0	0	6	6	11.32
武田	3	9	30	0	2	0	0	0	4.64
椎野	1	8	32	4	0	1	3	3	5.40

二郡司 野村 マルティネス 失今宮 暴伊藤 3時間

◇ペイペイドーム⑲ 35，736人 ソフトバンク12勝7敗

日本ハム	000	240	003	9
ソフトバンク	000	000	000	0

勝 伊藤18試合6勝6敗
敗 高橋礼4試合2敗
本 万波17号②＝高橋礼 万波18号①＝高橋礼 清宮9号②＝高橋礼

【清宮幸太郎】五回、右越えに9号2ラン

「個人的にさえない試合が続いていたので、何とか1本出て良かった」

9-0

万波中正

8.13（日） VS 福岡ソフトバンク

一発攻勢で連勝

ファイターズが逃げ切った。三回、マルティネスの2ランで先制。五回には松本剛の適時打と清宮幸太郎の犠飛で2点、八回には野村佑希のソロで1点を追加した。先発上原健太は6回2失点で2勝目。その後は継投で福岡ソフトバンクの反撃を1点でしのいだ。

三回2死一塁、2ランを放つマルティネス

日本ハム		打	安	点	本	打率
③	郡司	4	0	0	①	.295
3	山田	0	0	0		.304
⑧	松本剛	4	2	1	③	.273
DH	マルティネス	4	2	2	⓮	.247
⑤	清宮	3	0	1	⑨	.286
⑨	万波	4	0	0	⑱	.270
⑦	野村	4	2	1	⓫	.246
7	江越	0	0	0	⑤	.190
⑥	上川畑	2	1	0		.197
④	奈良間	4	1	0	②	.244
②	伏見	3	1	0	②	.195
犠盗失併残 31007		32	9	5		.233

ソフトバンク		打	安	点	本	打率
④	三森	3	0	0	③	.284
H	野村大	0	0	0		.233
R4	川瀬	0	0	0		.192
H	野村勇	1	0	0	②	.179
⑨	増田	4	1	1	①	.216
DH	柳田	4	1	0	⑮	.307
⑦	近藤	3	2	2	⓲	.304
⑧	牧原大	4	1	0	②	.273
⑤	リチャード	4	0	0		.146
③	中村晃	3	1	0	③	.270
⑥	今宮	3	0	0	⑥	.237
H	柳町	1	0	0		.262
②	甲斐	3	1	0	⑧	.213
H	谷川原	1	0	0		.290
犠盗失併残 00007		34	7	3		.247

	回	打	投	安	振	球	失	責	防御率
勝上原	6	24	83	5	4	1	2	2	2.73
Hロドリゲス	⅔	3	12	1	0	0	1	1	3.20
福田俊	⅔	2	5	1	0	1	0	0	0.00
H河野	⅓	1	3	0	0	0	0	0	1.80
H池田	1	3	14	0	2	0	0	0	3.49
S田中正	1	4	14	0	1	1	0	0	2.75
敗スチュワート	5	23	90	5	6	3	4	4	2.33
又吉	1	5	15	2	0	0	0	0	2.45
甲斐野	1	3	11	1	1	0	0	0	2.79
松本裕	1	5	16	1	1	1	1	1	3.48
オスナ	1	3	13	0	1	0	0	0	0.78

二奈良間 盗松本剛⑩ 3時間5分

◇ペイペイドーム⑳ 38，449人 ソフトバンク12勝8敗

日本ハム	002	020	010	5
ソフトバンク	000	002	100	3

勝 上原13試合2勝4敗
S 田中正37試合2勝2敗19S
敗 スチュワート7試合2勝3敗
本 マルティネス14号②＝スチュワート 近藤18号②＝上原 野村11号①＝松本裕

【野村佑希】八回1死、松本裕からソロ。同投手について

「インハイが強く、（打てる）良いイメージがなかった。なんとか（イメージを）変えたかった」

5-3

マルティネス

8.15（火） VS 千葉ロッテ

継投で逃げ切り 3連勝

ファイターズが逆転で連勝を3に伸ばした。2－3の五回、万波中正の適時打と上川畑大悟の2点適時打で逆転した。加藤貴之が5回2／3を3失点（自責点1）にまとめ、4人のリリーフで逃げ切った。

六回2死一塁から2番手で登板した山本拓

ロッテ		打	安	点	本	打率
⑨	荻野	5	1	0		.244
④	中村奨	4	2	1	⑧	.223
⑤	ブロッソー	4	0	0	①	.234
DH	ポランコ	4	1	0	⑮	.229
③	山口	4	0	0	⑩	.233
⑦	石川慎	4	1	0	①	.413
⑥	茶谷	3	1	0		.270
H	藤岡	1	0	0		.268
②	田村	2	1	0	②	.176
H	安田	1	0	0	⑦	.248
2	佐藤都	0	0	0	④	.201
H	角中	1	1	1	❼	.271
⑧	藤原	4	2	2	❸	.254
犠盗失併残 00015		37	10	4		.237

日本ハム		打	安	点	本	打率
⑧7	松本剛	5	1	0	③	.272
⑦8	五十幡	4	1	0		.252
③	マルティネス	4	2	1	⑭	.251
⑤	清宮	3	0	0	⑨	.282
⑨	万波	4	3	2	⑱	.275
DH	野村	3	2	0	⑪	.250
⑥4	上川畑	4	2	2		.202
④	加藤豪	4	2	1	⑤	.232
6	奈良間	0	0	0	②	.244
②	伏見	4	0	0	②	.190
犠盗失併残 00107		35	13	6		.235

	回	打	投	安	振	球	失	責	防御率
敗西野	5	25	92	10	4	2	5	5	3.00
沢田	1	3	9	0	0	0	0	0	0.00
横山	1	6	20	3	1	0	1	1	3.71
坂本	1	3	9	0	0	0	0	0	3.74
勝加藤貴	5⅔	23	83	6	4	0	3	1	2.84
H山本拓	⅓	1	2	0	0	0	0	0	1.98
Hロドリゲス	1	6	18	3	1	0	1	1	3.42
H池田	1	3	12	0	0	0	0	0	3.40
S田中正	1	4	18	1	0	0	1	1	2.92

二マルティネス2 野村 松本剛 失清宮 2時間51分

◇エスコンフィールド北海道⑰ 31，399人 ロッテ11勝6敗

ロッテ	020	010	101	5
日本ハム	110	030	10X	6

勝 加藤貴20試合6勝8敗
S 田中正38試合2勝2敗20S
敗 西野13試合8勝3敗
本 藤原3号①＝加藤貴 角中7号①＝田中正

【田中正義】節目の20セーブ目

「離脱せずに1軍で投げられているのがすごく大きい。九回のマウンドを任せてもらい、首脳陣に感謝したい」

6-5

万波中正 上川畑大悟

8.16（水） VS 千葉ロッテ

二回に3者連続適時打

ファイターズが4連勝し、2カード連続の勝ち越しを決めた。打線は二回、上川畑大悟、王柏融、古川裕大の3者連続適時打で4点を先制。四、八回もそれぞれ1点を追加した。先発ポンセは今季初勝利。

二回1死三塁、適時二塁打を放つ古川

ロッテ		打	安	点	本	打率
⑨	荻野	5	1	0		.241
9	和田	0	0	0	①	.177
⑥	藤岡	4	2	0		.272
⑦	角中	3	1	0	⑦	.273
H7	山口	2	1	0	⑩	.234
DH	ポランコ	5	2	0	⑮	.232
④	中村奨	5	0	0	⑧	.220
⑤	ブロッソー	4	1	0	①	.235
R3	茶谷	0	0	0		.270
③5	安田	4	1	0	⑦	.248
②	佐藤都	3	1	0	④	.204
⑧	藤原	3	1	0	③	.255
犠盗失併残 10211		43	8	11	0	.237

日本ハム		打	安	点	本	打率
⑧	松本剛	5	1	1	③	.272
④	加藤豪	4	0	0	⑤	.226
6	山田	1	0	0		.292
③	マルティネス	4	2	0	⑭	.255
7	江越	0	0	0	⑤	.190
⑤	清宮	3	1	0	⑨	.283
⑨	万波	4	1	0	⑱	.275
⑦3	野村	4	1	0	⑪	.250
⑥4	上川畑	4	3	1		.211
DH	王柏融	3	1	2		.333
②	古川	3	3	2		1.00
犠盗失併残 10108		35	13	6		.236

	回	打	投	安	振	球	失	責	防御率
敗森	6	28	93	10	5	1	5	5	6.12
中村稔	2	10	32	3	1	1	1	1	3.38
勝ポンセ	6	28	96	8	5	1	0	0	4.94
福田俊	1	4	23	1	0	0	0	0	0.00
石川	1	5	24	1	0	1	0	0	5.06
北浦	1	4	13	1	0	0	0	0	0.00

三王柏融 松本剛 二古川2 清宮 藤岡 野村 失角中 安田 清宮 3時間6分

◇エスコンフィールド北海道⑱ 27，737人 ロッテ11勝7敗

ロッテ	000	000	000	0
日本ハム	040	100	01X	6

勝 ポンセ5試合1勝4敗
敗 森5試合1勝3敗

【ポンセ】今季5試合目の登板で初勝利

「とにかくうれしい。やっと1勝できた」

6-0

王柏融 古川裕大 ポンセ

8.17（木） VS 千葉ロッテ

零封で5連勝

ファイターズは2試合連続の零封勝ちで今季2度目の5連勝。同一カード3連勝も今季2度目。2番手マーベルが4回1／3を無失点の好救援で2勝目。打線は三回に王柏融の2年ぶりの本塁打で先制し、以降も効果的に加点した。

九回から登板し、得点を許さなかった玉井

ロッテ		打	安	点	本	打率
⑥	友杉	2	0	0		.273
H6	藤岡	2	2	0		.279
④	中村奨	4	2	0	⑧	.223
DH	石川慎	1	0	0	①	.404
HD	ポランコ	2	0	0	⑮	.230
⑦	山口	4	0	0	⑩	.231
⑨	岡	4	0	0	④	.261
⑤	安田	3	1	0	⑦	.249
③	茶谷	3	1	0		.272
②	田村	3	0	0	②	.173
H	佐藤都	1	0	0	④	.202
⑧	藤原	3	0	0	③	.252
犠盗失併残 00118		32	6	0		.237

日本ハム		打	安	点	本	打率
⑧	松本剛	4	1	0	③	.271
R8	江越	0	0	0	⑤	.190
②	古川	4	0	0		.500
③	マルティネス	3	2	1	⑭	.259
⑤	清宮	4	0	0	⑨	.278
⑨	万波	3	1	1	⓳	.275
⑦	野村	4	2	0	⑪	.253
④	上川畑	3	1	0		.212
DH	王柏融	3	2	1	❶	.500
RD	五十幡	0	0	0		.252
⑥	奈良間	3	1	0	②	.247
犠盗失併残 11015		31	10	3		.237

	回	打	投	安	振	球	失	責	防御率
敗美馬	6	27	107	9	7	1	5	4	5.34
東妻	1	3	11	1	1	0	0	0	2.43
坂本	1	4	15	0	2	1	0	0	3.63
根本	3⅔	16	65	2	3	3	0	0	3.12
勝マーベル	4⅓	15	55	3	1	0	0	0	0.00
玉井	1	4	14	1	0	0	0	0	3.14

二中村奨 奈良間 藤岡 安田 盗五十幡⑯ 失田村 暴美馬 3時間

◇エスコンフィールド北海道⑲ 28，488人 ロッテ11勝8敗

ロッテ	000	000	000	0
日本ハム	002	102	00X	5

勝 マーベル5試合2勝1敗
敗 美馬12試合1勝7敗
本 王柏融1号①＝美馬 万波19号①＝美馬

【根本悠楓】二回に左足に打球を受け、四回途中で降板

「左足首の打撲。痛みはあったけど、投げられない感じではなかった。かばって投げて変な所を痛くしてもダメなので」

5-0

マーベル 王柏融 万波中正

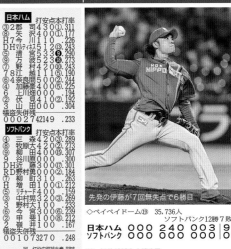

8.18㊎ VS オリックス

両チーム譲らず

両チーム決め手を欠き引き分けた。ファイターズの引き分けは今季初。先発上沢直之は9回6安打1失点と好投。その後は池田隆英、田中正義の継投でオリックスに得点を許さなかった。打線は二回に奈良間大己の右前適時打で先制したが、その後はチャンスに一本が出なかった。

1-1

日本ハム		打	安	点	本	打率
⑦	松本剛	4	0	0	③	.269
4	山田	0	0	0		.292
⑧7	五十幡	5	0	0		.244
DH	マルティネス	5	0	0	⑭	.254
⑤	清宮	2	0	0	⑨	.275
⑨	万波	5	1	0	⑲	.274
③	野村	5	1	0	⑪	.252
R8	江越	0	0	0	⑤	.190
⑥	上川畑	4	1	0		.213
H	郡司	1	1	0	①	.304
3	加藤豪	0	0	0	⑤	.226
④6	奈良間	5	1	1	②	.245
②	古川	3	0	0		.364
犠盗失併残	1 0 0 1 7	39	5	1		.236

オリックス		打	安	点	本	打率
⑨	茶野	5	1	0	①	.254
④	宜保	5	0	0		.292
⑥	紅林	5	1	0	⑦	.278
R6	大城	0	0	0	①	.216
②	森	5	1	0	⑬	.285
③	頓宮	3	2	1	⑬	.321
R7	小田	1	0	0	①	.278
DH	セデーニョ	5	1	0	⑧	.256
⑤	宗	4	1	0	②	.259
⑧3	中川圭	5	0	0	⑩	.253
⑦	杉本	2	0	0	⑫	.230
78	渡部	2	1	0		.308
犠盗失併残	1 1 0 0 7	42	8	1		.255

投手	回	打投安振球失責	防御率
上沢	9	34120681111	2.70
H池田	1	41111000	3.32
田中正	2	61110000	2.77
山下	7	271013103 1 1	1.70
H宇田川	1	31301000	2.40
H平野佳	1	42402100	0.92
山岡	3	102924000	2.49

二森 セデーニョ 野村 盗小田⑤ 暴上沢 ボ上沢 3時間42分

延長十回、2番手で登板した池田は無失点でつなぐ

◇京セラドーム大阪⑰ 28,736人

オリックス9勝7敗1分

						計
日本ハム	010	000	000	000		1
オリックス	010	000	000	000		1

（延長十二回規定により引き分け）

【上沢直之】勝ち負けはつかなかったが、貫禄の 120 球

「チームに負けがつかなかったのが良かった。自分のやりたいフォームで投げられた」

8.19㊏ VS オリックス

つながらない打線

ファイターズは打線がつながらず、引き分けを挟んだ連勝が5で止まった。打線は攻撃9イニング中、7イニングで得点圏に走者を進めたが、得点は八回の万波中正の適時打のみ。8回4安打2失点と好投した先発伊藤大海を援護できなかった。

1-2

日本ハム		打	安	点	本	打率
DH	郡司	4	0	0	①	.289
⑧7	松本剛	5	0	0	③	.265
③	マルティネス	3	2	0	⑭	.259
R8	江越	0	0	0	⑤	.190
⑤	清宮	4	0	0	⑨	.271
⑨	万波	4	1	1	⑲	.274
⑦3	野村	4	0	0	⑪	.249
⑥	山田	3	1	0		.296
H	王柏融	1	0	0	①	.429
④	奈良間	4	2	0	②	.255
R	五十幡	0	0	0		.244
②	伏見	2	2	0	②	.199
H	加藤豪	1	0	0	⑤	.225
犠盗失併残	1 0 0 0 10	35	8	1		.236

オリックス		打	安	点	本	打率
⑨	野口	4	0	0	①	.217
⑦	茶野	4	0	0	①	.251
⑧3	中川圭	4	1	1	⓫	.253
DH	森	3	1	0	⑬	.285
③	頓宮	2	0	0	⑬	.319
8	渡部	0	0	0		.308
⑤	宗	2	0	0	②	.257
⑥	紅林	3	1	1	❽	.278
④	ゴンザレス	3	0	0	⑨	.222
②	若月	3	1	0	④	.288
犠盗失併残	0 1 1 0 4	28	4	2		.254

投手	回	打投安振球失責	防御率
敗伊藤	8	30120472 2 2	3.59
勝山崎福	6⅔	27916 3000	3.35
H宇田川	⅓	1100000	2.37
H阿部	1	5131 0111	2.19
S山崎颯	1	5171 1100	1.30

二マルティネス2 若月 奈良間 盗森③ 失宗 2時間43分

五回2死一、三塁の好機で二ゴロに終わる松本剛

◇京セラドーム大阪⑱ 35,733人

オリックス10勝7敗1分

				計
日本ハム	000	000	010	1
オリックス	001	000	10X	2

勝 山崎福17試合9勝3敗
S 山崎颯42試合6S
敗 伊藤19試合6勝7敗
本 紅林8号①＝伊藤　中川圭11号①＝伊藤

【伊藤大海】2失点はいずれもソロ

「ソロとはいえ、最低1本で抑えないと。もったいなかった」

山崎福也 中川圭太 紅林弘太郎

8.20㊐ VS オリックス

投手陣奮闘 最後に崩れる

ファイターズはサヨナラ負けで2連敗。最後は踏ん張っていた投手陣が崩れた。4番手のロドリゲスが1死満塁から遊撃内野安打で決勝点を許し、試合に終止符が打たれた。打線はオリックスの5投手に散発3安打の無得点に抑え込まれた。

0-1×

日本ハム		打	安	点	本	打率
④	奈良間	5	1	0	②	.252
⑧	五十幡	5	1	0		.242
③	マルティネス	4	0	0	⑭	.255
⑤	清宮	3	0	0	⑨	.267
⑨	万波	3	0	0	⑲	.272
⑦	野村	4	0	0	⑪	.246
⑥	上川畑	2	0	0		.211
H	松本剛	1	0	0	③	.265
6	山田	0	0	0		.296
DH	王柏融	4	1	0	①	.364
②	古川	4	0	0		.267
犠盗失併残	0 0 1 3 5	35	3	0		.234

オリックス		打	安	点	本	打率
⑨	野口	5	2	0	①	.223
⑤	宗	3	0	0	②	.255
⑧	中川圭	5	2	1	⑪	.255
DH	森	4	2	0	⑬	.288
③	頓宮	4	0	0	⑬	.315
⑥	紅林	4	0	0	⑧	.275
④	ゴンザレス	3	1	0	⑨	.224
R4	宜保	1	0	0		.289
②	若月	3	0	0	④	.284
R	渡部	0	0	0		.308
⑦	茶野	2	0	0	①	.249
H	セデーニョ	1	0	0	⑧	.254
7	小田	0	0	0	①	.278
犠盗失併残	1 1 1 2 7	35	7	1		.253

投手	回	打投安振球失責	防御率
上原	9	301164 5100	2.39
河野	⅔	1410000	1.80
H池田	1	3100 0000	3.24
敗ロドリゲス	⅓	5162 0211	3.71
東	7	24963 6100	2.11
H山田	1	3160 1000	1.11
H平野佳	1	390 1000	0.89
H山崎颯	1	5210 2200	1.27
勝阿部	1	3130 0000	2.13

二森 盗野口③ 失清宮 紅林 3時間34分

延長十一回1死満塁、中川圭にサヨナラ打を打たれたロドリゲス

◇京セラドーム大阪⑲ 35,128人

オリックス11勝7敗1分

					計
日本ハム	000	000	000	00	0
オリックス	000	000	000	01X	1

（延長十一回）

勝 阿部40試合2勝3敗1S
敗 ロドリゲス31試合1勝4敗

【上原健太】9回無失点の好投

「今季で一番の出来。今後につながる」

中川圭太

8.22㊋ VS 東北楽天

郡司 2打席連続本塁打

ファイターズが連敗を2で止めた。打線は一回、3者連続二塁打で2点を先取し、その後郡司裕也の2号2ランで2点を追加。六回は再び郡司が3号ソロを放ち、加点した。先発加藤貴之は6回9安打2失点にまとめ7勝目を挙げた。

6-2

楽天		打	安	点	本	打率
⑧	辰己	5	1	0	⑦	.253
⑥	村林	4	1	1	②	.267
⑨	小郷	4	2	1	⑦	.268
DH	浅村	4	1	0	㉑	.276
⑦	阿部	3	0	0	②	.263
H7	岡島	0	0	0	⑥	.268
③	伊藤裕	3	1	0	⑤	.266
H3	鈴木大	0	0	0	④	.266
⑤	フランコ	4	1	0	⑩	.230
②	炭谷	2	0	0	①	.205
H2	太田	1	1	0	③	.266
H	島内	1	1	0	⑤	.188
2	堀内	0	0	0		.000
④	小深田	4	2	0	⑤	.251
犠盗失併残	2 1 0 3 11	35	11	2		.243

日本ハム		打	安	点	本	打率
⑥	奈良間	4	1	0	②	.252
④	上川畑	3	2	0		.217
③	マルティネス	3	1	1	⑭	.256
R3	山田	0	0	0		.296
⑤	清宮	4	1	1	⑨	.267
⑨	万波	4	2	0	⑲	.274
DH	郡司	4	2	3	❸	.299
⑦	松本剛	2	0	0	③	.263
R7	五十幡	1	0	0		.241
⑧	江越	3	0	0	⑤	.186
②	伏見	3	1	0	②	.201
犠盗失併残	0 1 0 1 4	31	10	5		.235

投手	回	打投安振球失責	防御率
敗早川	5⅓	25898 4255	3.27
安楽	⅔	1401000	2.97
内	1	5201 1111	2.85
宋家豪	1	3910000	3.26
勝加藤貴	6	27949 1122	2.85
H河野	1	3120 1000	1.74
山本拓	⅔	4180 0200	1.88
H池田	⅓	2111 0000	3.21
石川	1	4141 0000	4.63

二上川畑 マルティネス 清宮 伊藤裕 小郷 奈良間 盗小深田㉕ 万波② 暴内 3時間5分

六回1死走者なし、この日2本目の本塁打を放つ郡司

◇エスコンフィールド北海道⑲ 23,563人

楽天11勝8敗

				計
楽天	001	010	000	2
日本ハム	400	001	10X	6

勝 加藤貴21試合7勝8敗
敗 早川16試合6勝7敗
本 郡司2号②＝早川　郡司3号①＝早川

【清宮幸太郎】一回、19打席ぶりの安打となる適時二塁打

「久々の安打だったのでほっとした。その後の3打席の当たりも悪くなかった」

マルティネス 清宮幸太郎 郡司裕也

8.23㊌ VS 東北楽天

逆転で2連勝

ファイターズは3点差をひっくり返す11安打10得点で大勝、2連勝とした。0−3の二回、奈良間大己の同点打や郡司裕也の勝ち越し打など打者一巡の猛攻で6点を挙げ逆転。三回、六回にも追加し、4投手による継投で逃げ切った。

10-4

楽天		打	安	点	本	打率
⑥	村林	4	1	0	②	.267
④	小深田	3	0	0	⑤	.249
2	堀内	1	1	0		.500
⑨	小郷	2	0	0	⑦	.267
DH	浅村	5	0	0	㉑	.273
⑦	島内	4	2	1	⑤	.194
③	阿部	4	1	0	②	.263
⑧	辰己	3	1	2	⑦	.254
⑤	フランコ	4	1	1	⓫	.230
②	太田	2	1	0	③	.269
H4	山崎	1	0	0	②	.207
H4	伊藤裕	1	0	0	⑤	.265
犠盗失併残	1 1 1 0 9	34	8	4		.243

日本ハム		打	安	点	本	打率
⑥	奈良間	5	2	1	②	.259
④	上川畑	3	0	0		.214
③	郡司	4	2	4	③	.308
8	五十幡	1	0	0		.239
⑤	清宮	5	0	0	⑨	.262
⑨	万波	4	2	1	⓴	.276
⑦3	野村	2	0	0	⑪	.245
⑧7	松本剛	4	2	0	③	.266
7	細川	0	0	0		.190
DH	王柏融	4	2	2	①	.400
②	古川	4	1	1		.263
犠盗失併残	0 0 1 1 6	36	11	9		.236

投手	回	打投安振球失責	防御率
敗松井友	1⅔	11414 1265	5.68
宮森	1⅓	11385 1133	7.27
藤井	5	18612 4111	2.08
勝ポンセ	5	22944 5330	4.08
マーベル	2	9362 0111	0.47
福田俊	1	5201 2100	0.00
北浦	1	4131 0000	0.00

二松本剛 奈良間 村林 阿部 盗小郷⑫ 失村林 清宮 暴福田俊 3時間14分

二回1死二塁、適時打を放つ王

◇エスコンフィールド北海道⑳ 22,435人

楽天11勝9敗

				計
楽天	300	000	100	4
日本ハム	063	001	00X	10

勝 ポンセ6試合2勝4敗
敗 松井友3試合1勝2敗
本 万波20号①＝藤井　フランコ11号①＝マーベル

【万波中正】六回にソロを放ち、初の20号に到達

「前の打席で打ち取られたチェンジアップを打つことができ、反省を生かすホームランになった」

王柏融 郡司裕也 万波中正

8.25㊎ VS 埼玉西武

連勝ストップ

ファイターズは投打に精彩を欠き、連勝が2で止まった。先発上沢直之は五回まで無失点に封じていたが、六回に崩れ6回2/3を投げて8安打5失点（自責点4）。打線は埼玉西武の平良海馬を攻略し切れず、無得点に終わった。

0-5

日本ハム		打	安	点	本	打率
④	奈良間	4	1	0	②	.259
⑧	松本剛	3	0	0	③	.264
③	郡司	4	0	0	③	.295
⑤	清宮	3	0	0	⑨	.259
⑨	万波	3	0	0	⑳	.274
DH	王柏融	4	0	0	①	.316
⑦	野村	3	0	0	⑪	.243
②	古川	3	1	0		.273
⑥	上川畑	3	1	0		.215
犠盗失併残	0 0 1 0 6	30	3	0		.235

西武		打	安	点	本	打率
⑥	源田	4	2	2		.256
6	児玉	0	0	0		.218
⑦	ペイトン	4	0	0	⑤	.205
7	岸	0	0	0	③	.200
DH	マキノン	4	1	1	⑫	.251
③	渡部	4	1	2	④	.259
④	外崎	4	0	0	⑩	.255
⑤	佐藤龍	3	1	0	①	.248
⑨	愛斗	3	0	0	③	.214
②	柘植	3	2	0		.207
⑧	西川	3	1	0	①	.237
犠盗失併残	0 0 0 0 3	32	8	5		.232

投手	回	打投安振球失責	防御率
敗上沢	6⅔	281038 8054	2.83
福田俊	⅓	1200000	0.00
吉田	1	3110 2000	0.00
勝平良	8	301163 8300	2.38
クリスキー	1	3120 1000	0.00

二奈良間 佐藤龍 上川畑 渡部 西川 失古川 2時間20分

七回2死二塁、0−5とリードを広げられ、交代を告げられる上沢（右奥）

◇ベルーナドーム⑱ 23,268人

西武11勝7敗

				計
日本ハム	000	000	000	0
西武	000	003	20X	5

勝 平良18試合8勝6敗
敗 上沢20試合7勝7敗

【吉田輝星】八回に今季初登板。1回2奪三振で三者凡退に抑える

「これを最低限くらい（の内容）だと思ってやっていきたい」

渡部健人 平良海馬

8.26 (土) VS 埼玉西武

野村 9試合ぶりの一発

ファイターズは13安打7得点で快勝。打線は苦手とする埼玉西武の高橋光成を5回7失点と攻略した。一回に清宮幸太郎の適時二塁打で先制し、二回は4本の長短打などで5得点。三回にも野村佑希の12号ソロで加点した。伊藤大海は今季初完封で7勝目。

日本ハム		打	安	点	本	打率
④	奈良間	3	1	0	②	.261
H4	山田	1	0	0		.286
DH	郡司	3	1	0	③	.296
HD	江越	1	1	0	⑤	.191
⑤	清宮	3	2	3	⑨	.264
③	マルティネス	4	2	2	⑭	.259
R7	細川	1	0	0		.188
⑨	万波	5	1	0	⑳	.274
⑦3	野村	5	2	1	⓬	.245
⑥	上川畑	5	2	0		.219
②	伏見	4	0	0	②	.197
⑧	五十幡	4	1	1		.240
犠盗失併残	0 1 0 0 9	39	13	7		.236

西武		打	安	点	本	打率
⑥	源田	4	2	0		.259
⑦	ペイトン	3	0	0	⑤	.201
7	山野辺	0	0	0		.200
③	マキノン	4	0	0	⑫	.249
⑤	渡部	4	0	0	④	.250
DH	中村	4	0	0	⑫	.268
④	外崎	3	1	0	⑩	.256
⑨	蛭間	3	2	0	②	.244
②	古賀	3	0	0	①	.209
⑧	西川	3	1	0	①	.244
犠盗失併残	1 1 0 1 5	31	6	0		.232

	投手	回	打	投	安	振	球	失	責	防御率
勝	伊藤	9	32	107	6	7	0	0	0	3.34
敗	高橋	5	26	85	9	1	3	7	7	2.36
	田村	1	4	9	1	0	0	0	0	2.38
	水上	1	5	18	2	1	0	0	0	1.00
	青山	1	5	18	1	1	1	0	0	3.75
	本田	1	3	8	0	1	0	0	0	1.20

[三]五十幡 [二]奈良間 清宮2 [盗]奈良間① 源田⑤ [暴]高橋 2時間43分

三回無死、左翼越えソロを放つ野村

◇ベルーナドーム⑲　23,930人 西武11勝8敗

日本ハム	151	000	000	7
西武	000	000	000	0

勝 伊藤20試合7勝7敗
敗 高橋20試合9勝7敗
本 野村12号①＝高橋

【野村佑希】三回に9試合ぶりの一発となる12号ソロ
「どんどん振っていこうと思っていた」

7-0

伊藤大海

8.27 (日) VS 埼玉西武

五十幡 決勝内野安打

ファイターズが5位に浮上した。三回に万波中正の適時打で2－2の同点に追いつくと、六回2死三塁から五十幡亮汰が三塁に決勝の適時内野安打を放った。先発上原健太は6回7安打2失点にまとめ、3勝目を挙げた。

日本ハム		打	安	点	本	打率
⑥	奈良間	3	0	0	②	.254
⑧	五十幡	4	1	1		.240
⑤	清宮	5	3	2	❿	.270
⑨	万波	5	2	1	⑳	.275
⑦	松本剛	4	1	0	③	.264
④	上川畑	3	1	0		.220
③	野村	4	2	0	⑫	.248
DH	王柏融	1	0	0	①	.300
HD	郡司	1	0	0	③	.293
②	古川	3	2	0		.320
犠盗失併残	4 1 0 2 12	33	12	4		.237

西武		打	安	点	本	打率
⑥	源田	4	2	0		.263
⑤	平沼	3	0	0	②	.247
H5	佐藤龍	1	0	0	①	.246
④	外崎	4	0	0	⑩	.253
③	渡部	4	0	0	④	.241
DH	中村	4	3	0	⑫	.276
⑦	岸	3	1	1	③	.204
⑨	蛭間	3	2	0	②	.254
②	古賀	2	1	1	①	.212
H	山野辺	1	0	0		.194
2	柘植	1	1	1		.217
R	児玉	0	0	0		.218
⑧	西川	3	0	0	①	.227
H	ペイトン	1	0	0	⑤	.200
犠盗失併残	1 0 1 1 6	34	10	3		.232

	投手	回	打	投	安	振	球	失	責	防御率
勝	上原	6	25	89	7	4	1	2	2	2.43
H	河野	1	3	15	0	2	0	0	0	1.69
H	池田	1	3	16	0	1	0	0	0	3.14
S	田中正	1	5	16	3	1	0	1	1	2.93
	与座	4	19	65	6	1	2	2	2	3.36
H	豆田	1	6	29	2	1	1	0	0	0.00
敗	佐藤隼	⅔	5	27	2	0	1	2	1	2.91
	水上	⅓	1	5	0	1	0	0	0	0.96
	クリスキー	1	4	22	0	1	2	0	0	0.00
	平井	1	4	16	1	0	0	0	0	2.88
	田村	1	4	16	1	2	0	0	0	2.19

[二]野村 中村 万波 清宮 古川 柘植 [盗]松本剛⑪ [失]佐藤隼 [暴]クリスキー2 田村 3時間42分

六回2死三塁、五十幡が勝ち越し内野安打を放つ

◇ベルーナドーム⑳　22,921人 西武11勝9敗

日本ハム	101	002	000	4
西武	020	000	001	3

勝 上原15試合3勝4敗
S 田中正40試合2勝2敗21S
敗 佐藤隼40試合1勝2敗
本 清宮10号①＝与座

【五十幡亮汰】勝ち越しの適時内野安打に
「自分の持ち味を生かした最高のヒットになった」

4-3

清宮幸太郎

8.29 (火) VS 千葉ロッテ

マーベル誤算 4失点

ファイターズは零封負けを喫し3連勝ならず。制球に苦しんだ先発マーベルは2回持たず4失点と崩れた。八回にも吉田輝星が山口航輝に2ランを打たれた。打線は千葉ロッテ小島和哉から好機をつくったが、得点できなかった。

日本ハム		打	安	点	本	打率
⑥	奈良間	3	0	0	②	.248
④	上川畑	3	1	0		.221
⑤	清宮	4	1	0	⑩	.270
⑨	万波	4	0	0	⑳	.273
DH	郡司	4	0	0	③	.282
③	野村	4	2	0	⑫	.251
⑦	松本剛	3	0	0	③	.262
②	伏見	3	1	0	②	.199
⑧	五十幡	3	0	0		.236
犠盗失併残	0 0 0 2 6	31	5	0		.236

ロッテ		打	安	点	本	打率
⑧	藤原	5	2	0	③	.257
⑥	藤岡	4	3	3		.286
④	中村奨	3	0	0	⑩	.231
DH	ポランコ	3	1	0	⑳	.252
⑤	安田	4	0	0	⑦	.241
⑦	岡	3	1	0	④	.266
②	佐藤都	3	3	0	④	.227
③	山口	4	1	2	⓫	.228
⑨	和田	4	2	1	①	.203
犠盗失併残	1 0 0 1 7	33	13	6		.241

	投手	回	打	投	安	振	球	失	責	防御率
敗	マーベル	1⅔	12	42	5	0	2	4	4	2.18
	北浦	1⅓	5	22	1	1	1	0	0	0.00
	山本拓	1	4	15	1	1	0	0	0	1.76
	石川	1	3	13	0	2	0	0	0	4.26
	玉井	1	4	15	2	1	0	0	0	3.03
	ロドリゲス	1	4	18	1	1	0	0	0	3.58
	吉田	1	5	14	3	0	0	2	2	9.00
勝	小島	8	30	122	5	7	2	0	0	3.47
	東條	1	3	13	0	1	0	0	0	9.00

[二]藤岡 ポランコ 岡 2時間49分

二回1死満塁、藤岡に適時打を打たれたマーベル

◇ＺＯＺＯマリンスタジアム⑳　23,453人 ロッテ12勝8敗

日本ハム	000	000	000	0
ロッテ	040	000	02X	6

勝 小島19試合7勝4敗
敗 マーベル7試合2勝2敗
本 山口11号②＝吉田

【マーベル】二回途中4失点
「先発として長いイニングが投げられず悔しい」

0-6

小島和哉 和田康士朗 藤岡裕大 山口航輝

8.30 (水) VS 千葉ロッテ

ポンセ粘投 接戦制す

ファイターズが競り勝った。1－1の七回は代打、郡司裕也の適時打で勝ち越すと、続く松本剛の適時打で加点した。先発ポンセは二、三、四回と得点圏に走者を置いたが、粘り強く最少失点で切り抜け、6回1失点で3勝目、田中正義が22セーブ目を挙げた。

日本ハム		打	安	点	本	打率
⑧	松本剛	4	3	1	③	.266
⑥	奈良間	2	0	0	②	.244
⑤	清宮	4	0	0	⑩	.266
⑨	万波	4	1	1	⑳	.272
③	マルティネス	4	1	0	⑭	.259
②	古川	4	0	0		.276
⑦	野村	3	0	0	⑫	.249
4	上川畑	1	0	0		.221
DH	王柏融	4	1	0	①	.292
④	細川	2	0	0		.182
H	郡司	1	1	1	③	.288
R7	江越	0	0	0	⑤	.191
犠盗失併残	2 0 0 0 5	33	7	3		.236

ロッテ		打	安	点	本	打率
⑧	藤原	5	0	0	③	.252
⑥	藤岡	3	0	0		.282
④	中村奨	4	1	0	⑩	.231
DH	ポランコ	4	0	0	⑳	.249
⑦	角中	4	3	0	⑦	.288
R	友杉	0	0	0		.276
③	山口	4	2	0	⑪	.231
R	小川	0	0	0		.214
②	佐藤都	3	1	1	④	.228
⑤	安田	4	1	1	⑦	.241
⑨	和田	2	0	0	①	.197
H9	岡	2	1	0	④	.268
犠盗失併残	1 0 3 0 8	35	9	2		.241

	投手	回	打	投	安	振	球	失	責	防御率
勝	ポンセ	6	25	94	6	7	1	1	1	3.63
H	河野	1	3	14	0	0	0	0	0	1.64
H	池田	1	3	10	0	0	0	0	0	3.07
S	田中正	1	6	33	3	1	0	1	1	3.07
	カスティーヨ	6	22	77	3	5	0	1	0	4.05
敗	横山	1	7	24	4	0	0	2	2	3.94
	鈴木	2	6	30	0	3	0	0	0	4.26

[二]中村奨 角中 [失]中村奨 山口 カスティーヨ 2時間56分

三回、ピンチをしのぎ雄叫びをあげるポンセ

◇ＺＯＺＯマリンスタジアム㉑　23,231人 ロッテ12勝9敗

日本ハム	000	100	200	3
ロッテ	000	100	001	2

勝 ポンセ7試合3勝4敗
S 田中正41試合2勝2敗22S
敗 横山29試合1勝1敗1S

【松本剛】7月29日以来、今季7度目の猛打賞
「なかなか打てていなかったので結果を出したいと思って臨んだ。2試合、3試合と続けられるようにやっていきたい」

3-2

郡司裕也

8.31 (木) VS 千葉ロッテ

序盤のリード 守れず

ファイターズは序盤のリードを投手陣が守れず、痛い逆転負けを喫した。4－4の七回無死二塁、5番手ロドリゲスの暴投の間に勝ち越された。今季初先発の田中瑛斗は3回1／3を4失点。打線は一回に2点を先制するなど10安打を放つも六回以降は沈黙した。

日本ハム		打	安	点	本	打率
⑧	松本剛	5	2	0	③	.268
DH	郡司	5	2	1	③	.294
⑤	清宮	4	2	1	⑩	.269
⑨	万波	4	1	0	⑳	.272
③	マルティネス	4	1	1	⑭	.259
④6	上川畑	4	1	1		.221
⑦	野村	3	1	0	⑫	.249
R7	五十幡	0	0	0		.236
⑥	奈良間	3	0	0	②	.238
H	王柏融	1	0	0	①	.280
4	細川	0	0	0		.182
②	古川	4	0	0		.242
犠盗失併残	0 1 1 1 7	37	10	4		.236

ロッテ		打	安	点	本	打率
⑥	友杉	5	2	1		.280
⑦	角中	4	2	0	⑦	.293
3	茶谷	0	0	0		.273
④	中村奨	3	1	1	⓫	.232
DH	ポランコ	3	1	0	⑳	.249
③	山口	4	2	2	⑪	.234
R9	和田	1	1	1	①	.208
⑧7	岡	3	1	0	④	.269
⑤	安田	5	0	0	⑦	.237
②	田村	2	1	0	②	.176
⑨	小川	4	0	0		.167
8	藤原	0	0	0	③	.252
犠盗失併残	1 1 0 0 13	34	11	5		.242

	投手	回	打	投	安	振	球	失	責	防御率
	田中瑛	3⅓	21	86	6	1	5	4	4	10.80
	北浦	⅔	3	13	1	2	0	0	0	0.00
H	山本拓	1	3	11	0	1	0	0	0	1.65
H	福田俊	1	4	14	1	0	0	0	0	0.00
敗	ロドリゲス	1	5	25	1	0	1	1	1	3.77
	吉田	1	7	23	2	0	2	1	1	9.00
	メルセデス	4⅔	24	90	10	6	0	4	4	3.17
H	東條	⅓	1	2	0	0	0	0	0	8.59
H	沢田	1	3	13	0	1	0	0	0	0.00
勝	西村	1	3	17	0	1	0	0	0	0.92
H	ペルドモ	1	4	24	0	0	1	0	0	2.27
S	益田	1	3	9	0	1	0	0	0	3.21

[二]清宮2 マルティネス 山口 角中 友杉 [盗]五十幡⑰ 和田⑭ [失]清宮 [暴]メルセデス ロドリゲス 3時間29分

三回無死、中村(左)にソロを打たれた田中瑛

◇ＺＯＺＯマリンスタジアム㉒　19,199人 ロッテ13勝9敗

日本ハム	210	010	000	4
ロッテ	011	200	11X	6

勝 西村40試合4勝
S 益田50試合2勝3敗34S
敗 ロドリゲス33試合1勝5敗
本 中村奨11号①＝田中瑛

【田中瑛斗】四回途中4失点で降板
「改善することがたくさんある。課題を一つずつ、つぶしていく」

4-6

西村天裕 山口航輝 和田康士朗

9.1 (金) VS オリックス

上沢 今季2度目の完封

ファイターズが今季13度目の零封勝ち。先発上沢直之は9回3安打7奪三振で今季2度目の完封。打線は二回に伏見寅威の3号ソロで先制。三回に清宮幸太郎、八回に万波中正の適時打で加点した。

オリックス		打	安	点	本	打率
⑧9	茶野	4	0	0	①	.247
⑤	宗	4	0	0	②	.247
⑦	池田	3	0	0		.250
DH	森	4	0	0	⑬	.296
③	頓宮	3	2	0	⑮	.315
②	若月	3	0	0	④	.267
④	ゴンザレス	3	1	0	⑨	.214
R4	宜保	0	0	0		.291
⑥	紅林	2	0	0	⑧	.264
⑨	来田	2	0	0		.000
H	西野	1	0	0		.161
R8	佐野皓	0	0	0	①	.250
犠盗失併残	0 0 0 2 4	29	3	0		.251

日本ハム		打	安	点	本	打率
⑦	松本剛	4	2	0	③	.270
③	郡司	4	3	0	③	.310
R6	奈良間	0	0	0	②	.238
⑤	清宮	3	1	1	⑩	.270
⑨	万波	4	1	1	⑳	.272
②	伏見	4	1	1	❸	.200
DH	マルティネス	3	1	0	⑭	.260
RD	江越	1	0	0	⑤	.190
④	上川畑	1	0	0		.220
⑥3	山田	3	0	0		.258
⑧	五十幡	3	0	0		.232
犠盗失併残	1 0 0 1 6	30	9	3		.237

	投手	回	打	投	安	振	球	失	責	防御率
敗	山崎福	7	27	92	6	3	2	2	2	3.40
	吉田	1	6	19	3	1	0	1	1	3.38
勝	上沢	9	31	114	3	7	2	0	0	2.66

[二]頓宮 ゴンザレス 2時間28分

先発の上沢は完封で今季8勝目

◇エスコンフィールド北海道⑳　25,493人 オリックス11勝8敗1分

オリックス	000	000	000	0
日本ハム	011	000	01X	3

勝 上沢21試合8勝7敗
敗 山崎福19試合9勝4敗
本 伏見3号①＝山崎福

【清宮幸太郎】三回に適時打で2試合連続の打点
「(ヒットエンドランで一、三塁となり)流れに乗っていけた。打点は打ちやすい場面で回してくれていて、それに尽きる」

3-0

伏見寅威 上沢直之

9.2（土） VS オリックス

伊藤を援護できず

ファイターズは今季14度目の零封負けで連勝ならず。打線は相手投手陣を前に散発5安打で沈黙。伊藤大海は2年ぶりとなるプロ最多タイの11三振を奪い1失点で完投を果たしたが、打線の援護がなかった。

九回を投げ終え、ベンチに戻る伊藤

オリックス

		打	安	点	本	打率
⑦	池田	4	1	0		.250
7	小田	0	0	0	①	.273
⑨	茶野	4	0	0	①	.243
⑧	中川圭	3	1	1	⑫	.269
DH	森	3	0	0	⑬	.293
③	頓宮	3	0	0	⑮	.313
3	山足	0	0	0		.217
⑤	宗	3	0	0	②	.245
②	若月	3	0	0	④	.264
④	ゴンザレス	3	0	0	⑨	.211
⑥	紅林	3	0	0	⑧	.262
犠盗失併残	0 0 2 1 1	29	2	1		.250

日本ハム

		打	安	点	本	打率
⑧	松本剛	5	1	0	③	.269
DH	郡司	3	1	0	③	.310
⑤	清宮	3	0	0	⑩	.267
⑨	万波	4	0	0	⑳	.269
⑦	王柏融	3	1	0	①	.286
7	江越	0	0	0	⑤	.190
③	マルティネス	4	1	0	⑭	.260
R	五十幡	0	0	0		.232
④	上川畑	3	0	0		.218
⑥	細川	3	1	0		.188
H	野村	0	0	0	⑫	.249
R	奈良間	0	0	0	②	.238
②	伏見	3	0	0	③	.197
H	古川	1	0	0		.235
犠盗失併残	1 1 1 0 10	32	5	0		.236

	回	打	投	安	振	球	失	責	防御率
勝 山本	7	29	108	4	9	3	0	0	1.34
H 山崎颯	1	3	16	0	1	0	0	0	1.16
S 平野佳	1	5	24	1	1	1	0	0	1.03
敗 伊藤	9	29	116	2	11	0	1	1	3.18

二 池田 細川　盗 上川畑③　失 頓宮 宗 細川　2時間46分

◇エスコンフィールド北海道㉑　31,090人
オリックス12勝8敗1分

オリックス	100	000	000	1
日本ハム	000	000	000	0

勝 山本19試合13勝5敗
S 平野佳37試合3勝2敗24S
敗 伊藤21試合7勝8敗

【伊藤大海】 初回に1点を失ったものの、二回以降は無安打投球
「またチャレンジのつもりでマウンドに上がりたい」

0-1

山本由伸

9.3（日） VS オリックス

好機生かせず

ファイターズが2連敗。打線はオリックス先発の東晃平から再三走者を出しながら、七回のマルティネスの適時打による1得点にとどまった。東にはこれで、通算対戦成績で負けなしの3勝目（いずれも先発）を献上した。先発上原健太は6回1／3を6安打3失点で5敗目。

四回2死二塁、三直に倒れたマルティネス

オリックス

		打	安	点	本	打率
⑨	佐野皓	5	2	2	①	.286
④	大城	4	0	0	①	.200
⑧	中川圭	4	3	0	⑫	.273
DH	森	4	1	0	⑬	.292
③	頓宮	4	1	1	⓰	.312
3	山足	0	0	0		.217
⑤	宗	4	0	0	②	.242
⑦	池田	2	1	0		.273
R7	小田	1	0	0	①	.268
⑥	紅林	2	1	0	⑧	.263
②	若月	4	2	0	④	.267
犠盗失併残	1 1 1 3 7	34	11	3		.250

日本ハム

		打	安	点	本	打率
⑨	万波	4	0	0	⑳	.267
⑦	松本剛	3	1	0	③	.270
⑤	清宮	4	1	0	⑩	.267
③	野村	4	1	0	⑫	.249
DH	郡司	4	0	0	③	.300
②	マルティネス	3	1	1	⑭	.260
④	上川畑	2	0	0		.216
H	王柏融	1	0	0	①	.276
4	細川	0	0	0		.188
⑥	奈良間	3	1	0	②	.241
⑧	五十幡	3	1	0		.233
犠盗失併残	0 0 0 3 4	31	6	1		.236

	回	打	投	安	振	球	失	責	防御率
勝 東	6⅓	24	87	5	4	1	1	0	1.89
H 宇田川	⅔	1	4	0	0	0	0	0	2.06
H 山岡	1	3	9	0	0	0	0	0	2.38
S 山崎颯	1	4	16	1	0	0	0	0	1.13
敗 上原	6⅓	26	97	6	5	2	3	3	2.57
石川	⅔	3	12	2	0	0	0	0	4.05
山本拓	1	4	23	2	0	0	0	0	1.56
北浦	1	4	18	1	1	0	0	0	0.00

二 中川圭2 清宮　盗 池田①　失 紅林　3時間1分

◇エスコンフィールド北海道㉒　31,770人
オリックス13勝8敗1分

オリックス	010	001	100	3
日本ハム	000	000	100	1

勝 東7試合4勝
S 山﨑颯48試合7S
敗 上原16試合3勝5敗
本 頓宮16号①＝上原

【上原健太】 6回1/3を3失点とまずまずの投球だったが
「今日の内容で満足するわけにいかない」

1-3

東晃平

9.8（金） VS 埼玉西武

上沢 七回急失速

ファイターズは今季15度目の零封負けを喫し3連敗。六回まで1失点と好投していた上沢直之が七回に連続四球や連打などで一挙5失点し降板。打線は埼玉西武の先発平良海馬からつくった再三のチャンスを生かせず沈黙した。

七回無死一、三塁、柘植に適時打を打たれた上沢

西武

		打	安	点	本	打率
⑥	源田	5	1	0		.263
6	児玉	0	0	0		.218
④	外崎	3	1	2	⓬	.261
⑨	蛭間	4	0	0	②	.258
③	渡部	2	0	0	⑤	.235
R3	平沼	1	0	0	②	.242
DH	中村	3	0	0	⑮	.266
⑤	佐藤龍	2	1	1	①	.281
⑦	ペイトン	4	2	1	⑤	.202
②	柘植	4	1	1		.202
⑧	岸	2	0	0	③	.198
H	栗山	0	0	1	⑦	.208
8	愛斗	1	0	0	③	.204
犠盗失併残	2 0 1 0 4	31	6	6		.233

日本ハム

		打	安	点	本	打率
⑨	万波	2	0	0	⑳	.266
③7	郡司	5	2	0	③	.304
⑤	清宮	3	0	0	⑩	.264
⑦3	野村	3	0	0	⑫	.247
DH	マルティネス	4	1	0	⑭	.260
⑧	松本剛	3	1	0	③	.270
⑥	奈良間	2	0	0	②	.237
H	王柏融	1	0	0	①	.267
6	山田	0	0	0		.258
②	伏見	2	0	0	③	.195
H2	古川	2	0	0		.222
④	水野	4	0	0		.167
犠盗失併残	0 0 0 0 11	31	4	0		.235

	回	打	投	安	振	球	失	責	防御率
勝 平良	7	27	115	3	9	3	0	0	2.13
田村	1	5	20	1	1	1	0	0	1.72
ティノコ	1	6	21	0	0	3	0	0	2.91
敗 上沢	6⅔	26	117	5	6	3	6	5	2.84
福田俊	1	4	12	1	0	0	0	0	0.00
玉井	1	4	19	0	0	1	0	0	2.93
ロドリゲス	1	3	11	0	1	0	0	0	3.64

二 マルティネス 佐藤龍　失 平沼
逸 伏見　暴 田村　3時間7分

◇エスコンフィールド北海道㉑　26,493人
西武12勝9敗

西武	000	001	500	6
日本ハム	000	000	000	0

勝 平良20試合10勝6敗
敗 上沢22試合8勝8敗
本 外崎12号①＝上沢

【上沢直之】 七回に突如崩れて大量失点
「粘りきれず悔しい」

0-6

平良海馬

9.9（土） VS 埼玉西武

リーグ優勝の可能性消える

ファイターズは4連敗。2016年以来のリーグ優勝の可能性が消滅した。先発加藤貴之が三回に5失点と崩れ、自己ワーストとなる9敗目を喫した。打線は五回と七回、どちらも万波中正の適時打で1点ずつ返すにとどまった。

一回2死走者なし、三振に打ちとられた清宮

西武

		打	安	点	本	打率
⑥	源田	5	2	1		.266
④	外崎	5	2	1	⑫	.263
4	児玉	0	0	0		.218
⑨	蛭間	5	1	0	②	.256
③	渡部	4	1	0	⑤	.235
DH	中村	4	1	3	⓰	.265
⑤	佐藤龍	3	1	1	①	.282
⑦	ペイトン	3	1	0	⑤	.204
②	古賀	3	1	1	❷	.216
⑧	岸	3	0	0	③	.194
H	栗山	1	0	0	⑦	.206
8	西川	0	0	0	①	.211
犠盗失併残	1 0 2 1 5	36	10	7		.233

日本ハム

		打	安	点	本	打率
⑨	万波	5	2	2	⑳	.267
⑦	松本剛	5	1	0	③	.269
⑤	清宮	3	0	0	⑩	.261
H	王柏融	1	0	0	①	.258
5	細川	1	0	0		.186
②	郡司	4	0	0	③	.295
③	マルティネス	4	2	0	⑭	.263
④	山田	4	1	0		.257
DH	野村	3	0	0	⑫	.245
⑥	奈良間	3	1	0	②	.239
⑧	五十幡	2	1	0		.236
犠盗失併残	0 0 0 0 10	35	8	2		.235

	回	打	投	安	振	球	失	責	防御率
勝 隅田	6	25	103	5	4	2	1	1	3.49
水上	1	5	18	1	1	1	1	1	1.42
平井	1	5	14	1	1	1	0	0	2.66
豆田	1	4	29	1	2	0	0	0	0.93
敗 加藤貴	5	21	90	5	5	1	5	5	3.05
山本拓	1	3	12	0	2	0	0	0	1.47
石川	1	6	26	3	2	0	1	1	4.40
マーベル	1	6	30	2	2	1	1	1	2.49
北浦	1	3	11	0	2	0	0	0	0.00

三 源田　二 外崎 万波 渡部　失 外崎 ペイトン　暴 石川　3時間25分

◇エスコンフィールド北海道㉒　30,622人
西武13勝9敗

西武	005	000	110	7
日本ハム	000	010	100	2

勝 隅田19試合8勝8敗
敗 加藤貴22試合7勝9敗
本 古賀2号①＝加藤貴　中村16号③＝加藤貴

【新庄剛志監督】 この日の敗戦でリーグ優勝の可能性が消える
「実力がないということ。経験させ、自信をつけさせ、結果を出してくれるのを待ちたい」

2-7

隅田知一郎

9.10（日） VS 埼玉西武

被安打20 5連敗

ファイターズは完敗で今季3度目の5連敗。先発伊藤大海が三回途中6失点（自責点4）で9敗目。救援陣も打ち込まれ、今季ワーストタイの20安打を許した。打線は埼玉西武先発の高橋光成を打ちあぐねるなど無得点だった。

三回1死満塁でマウンドを降りる伊藤（左）

西武

		打	安	点	本	打率
⑥	源田	5	2	0		.268
6	児玉	1	1	0		.225
④	外崎	4	3	3	⑫	.267
5	平沼	1	1	0	②	.250
⑨	蛭間	3	2	2	②	.264
③	渡部	6	2	0	⑤	.239
DH	栗山	4	2	0	⑦	.215
HD	山野辺	1	0	0		.182
HD	古賀	1	0	1	②	.215
⑤4	佐藤龍	6	1	0	①	.277
⑦	ペイトン	5	3	1	⑤	.215
7	岸	0	0	0	③	.194
②	柘植	3	1	2		.206
⑧	西川	4	2	1	①	.230
犠盗失併残	3 1 1 2 14	44	20	10		.236

日本ハム

		打	安	点	本	打率
⑨	万波	4	0	0	⑳	.265
④	上川畑	2	0	0		.215
4	野村	1	0	0	⑫	.245
⑤	清宮	2	0	0	⑩	.259
DH	王柏融	4	0	0	①	.229
③	マルティネス	4	0	0	⑭	.260
⑦	松本剛	3	2	0	③	.272
7	郡司	1	1	0	③	.300
⑥	奈良間	4	2	0	②	.246
②	伏見	2	0	0	③	.193
H2	古川	1	0	0		.216
⑧	五十幡	2	0	0		.234
8	江越	1	0	0	⑤	.189
犠盗失併残	0 0 2 2 7	31	5	0		.234

	回	打	投	安	振	球	失	責	防御率
勝 高橋	6	23	98	3	7	3	0	0	2.31
本田	1	3	10	1	0	0	0	0	1.13
ティノコ	1	4	18	0	2	0	0	0	2.83
公文	⅓	1	5	0	1	0	0	0	2.08
青山	⅔	3	16	1	2	0	0	0	3.58
敗 伊藤	2⅓	20	73	9	3	3	6	4	3.39
山本拓	⅔	2	8	0	0	0	0	0	1.42
ロドリゲス	2	9	27	3	1	0	1	1	3.69
玉井	1	6	20	3	0	0	2	0	2.84
河野	1	5	27	2	0	1	0	0	1.59
池田	1	3	10	0	2	0	0	0	3.00
田中正	1	6	22	3	2	0	1	1	3.21

二 外崎 栗山　盗 西川②　失 児玉 上川畑 清宮　3時間36分

◇エスコンフィールド北海道㉓　31,972人
西武14勝9敗

西武	024	012	001	10
日本ハム	000	000	000	0

勝 高橋22試合10勝8敗
敗 伊藤22試合7勝9敗

【野村佑希】 七回から途中出場。プロ5年目で初のセカンドを守り、八回にゴロをさばく
「（二塁手が）できれば選択肢は広がるけど、あくまで『できれば』の話。練習はしていく」

0-10

高橋光成

9.12（火） VS オリックス

投打に完敗

ファイターズは6連敗。打線はオリックスの先発東晃平から六回2死まで1人の走者も出せない完全投球を許し、六回に万波中正の適時二塁打で1点を奪うのがやっとだった。先発ポンセは5回5安打4失点で5敗目。

五回2死三塁、中川に適時内野安打を打たれたポンセ

オリックス

		打	安	点	本	打率
⑨8	佐野皓	3	0	0	①	.200
⑤	宗	4	1	0	②	.238
⑧	中川圭	4	2	2	⑫	.272
9	茶野	0	0	0	①	.241
DH	森	4	1	3	⓮	.289
③	頓宮	3	1	0	⑯	.307
3	山足	1	0	0		.208
⑦	杉本	4	2	1	⑬	.236
R7	小田	0	0	0	①	.263
④	安達	3	1	2		.143
4	大城	0	0	0	①	.200
②	若月	4	0	0	④	.260
⑥	紅林	4	3	0	⑧	.266
犠盗失併残	4 1 0 0 6	34	11	8		.249

日本ハム

		打	安	点	本	打率
⑨	万波	4	1	1	⑳	.265
⑧	五十幡	4	0	0		.229
⑤	清宮	3	0	0	⑩	.257
③	マルティネス	3	0	0	⑭	.258
⑦	松本剛	3	0	0	③	.270
DH	王柏融	2	0	0	①	.216
HD	郡司	1	0	0	③	.298
④	水野	2	0	0		.161
H4	野村	1	0	0	⑫	.244
②	古川	3	0	0		.200
⑥	奈良間	3	1	0	②	.248
犠盗失併残	0 0 0 0 1	29	2	1		.233

	回	打	投	安	振	球	失	責	防御率
勝 東	7	23	82	2	7	0	1	1	1.79
山田	1	3	10	0	2	0	0	0	1.24
山岡	1	3	10	0	1	0	0	0	2.35
敗 ポンセ	5	22	73	5	3	2	4	4	4.08
山本拓	1	5	17	2	0	0	1	1	1.80
玉井	1	4	9	1	0	0	0	0	2.76
鈴木	1	4	11	1	0	0	0	0	2.83
石川	1	6	25	2	1	1	3	3	5.87

二 頓宮 万波　盗 中川圭④　暴 ポンセ　2時間36分

◇エスコンフィールド北海道㉓　24,581人
オリックス14勝8敗1分

オリックス	000	311	003	8
日本ハム	000	001	000	1

勝 東8試合5勝
敗 ポンセ8試合3勝5敗
本 森14号③＝石川

【奈良間大己】 オリックス先発の東晃平について
「全部の球種を（高いレベルで）操る。狙い球が絞りづらい」

1-8

東晃平

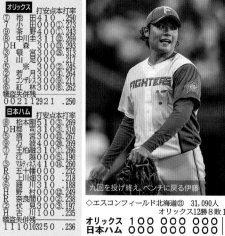

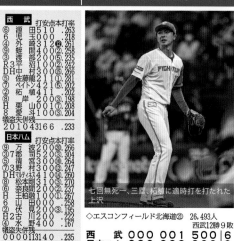

9.13 水　VS オリックス

上原力投　連敗止める

ファイターズは打線が機能し連敗を6で止めた。打線は9月に入り初の2桁安打を放った。一回、マルティネス、松本剛の連続適時打で2点を先制。三回、五回、八回に1点ずつ加えた。先発上原健太は7回2失点（自責点1）で4勝目。

オリックス		打	安	点	本	打率
⑨	佐野皓	3	0	0	①	.182
H9	杉沢	1	0	0		.000
④	安達	3	1	0		.161
H4	西野	1	1	0		.200
⑧	中川圭	4	0	0	⑫	.269
DH	森	4	1	0	⑭	.289
③	頓宮	4	1	0	⑯	.307
⑦	杉本	4	1	1	⑭	.236
②	若月	4	1	0	④	.260
⑤	宗	3	1	0	②	.238
⑥	紅林	2	0	1	⑧	.265
犠盗失併残	10135	33	7	2		.249

日本ハム		打	安	点	本	打率
⑨	万波	4	1	0	⑳	.265
⑦	郡司	3	0	0	③	.291
7	五十幡	1	0	0		.228
⑤	清宮	4	2	0	⑩	.260
DH	マルティネス	5	2	2	⑭	.260
⑧	松本剛	5	3	2	③	.274
②	伏見	4	2	0	③	.199
③	野村	3	1	0	⑫	.245
R3	細川	0	0	0		.186
④	加藤豪	1	0	0	⑤	.224
R4	上川畑	1	0	0		.214
⑥	奈良間	4	2	1	②	.255
犠盗失併残	01111	35	13	5		.234

	回	打	投	安	振	球	失	責	防御率
敗 山崎福	3	18	71	8	4	2	3	3	3.55
小木田	1	4	16	0	2	1	0	0	2.68
比嘉	1	6	26	2	1	1	1	1	2.25
黒木	2	7	27	1	1	1	0	0	3.86
吉田	1	6	24	2	0	1	1	0	2.93
勝 上原	7	27	104	6	8	0	2	1	2.47
H 池田	1	4	15	1	2	0	0	0	2.93
S 田中正	1	3	12	0	2	0	0	0	3.14

二松本剛　万波　清宮　宗　奈良間　盗奈良間②　失頓宮　野村　3時間12分

先発の上原が7回2失点で今季4勝目

◇エスコンフィールド北海道㉔　25,054人
オリックス14勝9敗1分

オリックス	000	010	100	2
日本ハム	201	010	01X	5

勝　上原17試合4勝5敗
S　田中正43試合2勝2敗23S
敗　山崎福20試合9勝5敗
本　杉本14号①＝上原

【上原健太】 2018年に並ぶ自身最多の4勝目

「これまで全然チームに貢献できていなかったということ。まだまだ足りない。うれしさは一切ない」

5-2

マルティネス　上原健太　松本剛

9.16 土　VS 福岡ソフトバンク

連勝　河野に白星

ファイターズは今季4度目のサヨナラ勝ちで、2連勝。同点の九回1死一塁、万波中正がこの試合2本目となる本塁打で決着をつけた。先発加藤貴之が7回1失点で試合をつくり、3番手の河野竜生が今季初勝利となった。

ソフトバンク		打	安	点	本	打率
⑤8	周東	4	2	0	②	.230
⑨	増田	2	0	0	①	.211
H5	リチャード	2	0	0		.121
DH	柳田	4	0	0	⑳	.303
⑦	近藤	4	0	0	㉑	.297
⑧9	柳町	4	0	0		.259
④	野村勇	3	0	0	③	.153
②	嶺井	3	1	0	②	.226
2	甲斐	0	0	0	⑩	.204
③	井上	3	0	0		.158
⑥	川瀬	3	2	1		.198
犠盗失併残	01014	32	5	1		.249

日本ハム		打	安	点	本	打率
⑨	万波	5	2	3	㉒	.266
④	加藤豪	3	0	0	⑤	.220
R	江越	0	0	0	⑤	.189
4	上川畑	0	0	0		.214
⑤	清宮	3	1	0	⑩	.261
DH	マルティネス	3	0	0	⑭	.257
⑦	松本剛	3	2	0	③	.276
③	郡司	2	0	0	③	.287
⑥	奈良間	4	0	0	②	.248
②	伏見	4	1	0	③	.200
⑧	五十幡	4	1	0		.228
R	細川	0	0	0		.186
犠盗失併残	01009	31	7	3		.234

	回	打	投	安	振	球	失	責	防御率
石川	6	25	100	5	6	3	1	1	3.78
H 松本裕	1	3	8	0	0	0	0	0	2.85
H 藤井	1	6	25	0	3	3	0	0	2.32
敗 オスナ	⅓	3	9	2	0	0	2	2	1.05
加藤貴	7	26	99	5	8	0	1	1	2.97
H 池田	1	3	10	0	1	0	0	0	2.87
勝 河野	1	3	15	0	1	0	0	0	1.54

二嶺井　川瀬　盗周東㉚　江越⑨　暴藤井　2時間59分

3番手の河野が今季初勝利

◇エスコンフィールド北海道㉑　30,369人
ソフトバンク12勝9敗

ソフトバンク	000	010	000	1
日本ハム	100	000	002X	3

勝　河野42試合1勝3敗
敗　オスナ43試合3勝2敗21S
本　万波21号①＝石川　万波22号②＝オスナ

【河野竜生】 2季ぶりの白星

「勝ち投手は転がってきた感覚。試合ではベストを出すだけで、何試合連続というのは意識していない」

3x-1

万波中正

9.17 日　VS 福岡ソフトバンク

根本　復帰登板で白星

ファイターズが3連勝。先発根本悠楓が5回2／3を投げ2安打無失点で2勝目を挙げた。打線は二回、奈良間大己のセーフティーバントと万波中正の押し出し四球で2点を先制。五回は4連打などで3点を追加した。

ソフトバンク		打	安	点	本	打率
④	周東	4	1	0	②	.231
③	野村大	4	0	0	①	.208
DH	柳田	4	0	0	⑳	.301
⑦	近藤	4	1	1	㉒	.297
⑧	柳町	3	1	0		.259
⑨	増田	1	0	0	①	.207
②	甲斐	1	0	0	⑩	.203
H	生海	1	0	0		.158
2	谷川原	1	0	0		.244
⑤	リチャード	3	0	0		.115
6	川原田	1	0	0		.000
⑥	川瀬	2	0	0		.195
H5	野村勇	1	0	0	③	.151
犠盗失併残	00128	30	3	1		.248

日本ハム		打	安	点	本	打率
⑨	万波	2	1	1	㉒	.267
③	郡司	4	0	0	③	.279
H3	山田	1	1	0		.278
⑤	清宮	3	1	0	⑩	.261
②	マルティネス	4	2	1	⑭	.260
2	古川	0	0	0		.200
⑦	松本剛	4	2	1	③	.278
R7	細川	1	1	1		.197
④	上川畑	5	1	0		.214
DH	野村	2	1	1	⑫	.246
⑥	奈良間	4	1	1	②	.248
⑧	江越	3	0	0	⑤	.185
犠盗失併残	000012	33	11	6		.235

	回	打	投	安	振	球	失	責	防御率
敗 和田	5	26	97	7	0	6	5	5	3.43
笠谷	3	16	69	4	1	3	1	1	1.23
勝 根本	5⅔	24	98	2	8	5	0	0	1.88
鈴木	⅓	1	5	0	0	0	0	0	2.82
長谷川	1	4	13	0	2	1	0	0	0.00
北浦	1	4	16	1	1	0	1	1	0.93
玉井	1	3	16	0	1	0	0	0	2.67

二野村　失リチャード　3時間24分

先発の根本は今季2勝目を挙げた

◇エスコンフィールド北海道㉒　34,035人
ソフトバンク12勝10敗

ソフトバンク	000	000	010	1
日本ハム	020	030	01X	6

勝　根本3試合2勝
敗　和田18試合6勝6敗
本　近藤22号①＝北浦

【松本剛】 2安打1打点。3戦連続の複数安打

「だいぶいい形で打てている。シーズンの最後、少しでも数字を上げたい」

6-1

根本悠楓　奈良間大己　松本剛

9.18 月　VS 福岡ソフトバンク

拙攻響く　競り負け

ファイターズは競り合いを落とした。打線は9四球を選んだが、11残塁と逸機を繰り返し、万波中正のソロによる1得点にとどまった。先発の伊藤大海は7回1失点と試合をつくったが、同点の八回に登板した河野竜生が2失点と誤算だった。

ソフトバンク		打	安	点	本	打率
④8	周東	5	2	0	②	.235
⑥	川瀬	5	2	0		.203
DH	柳田	4	1	1	⑳	.300
⑦	近藤	2	1	0	㉒	.298
4	川原田	0	0	0		.000
⑨897	柳町	3	2	1		.264
③	野村大	1	1	1	①	.222
⑧	上林	2	0	0		.179
H9	増田	2	0	0	①	.200
89	谷川原	0	0	0		.244
⑤	野村勇	2	0	0	③	.147
H	デスパイネ	1	0	0		.079
5	井上	1	0	0		.150
②	甲斐	4	0	0	⑩	.201
犠盗失併残	31018	32	9	3		.248

日本ハム		打	安	点	本	打率
⑨	万波	4	2	1	㉓	.269
③2	郡司	4	1	0	③	.278
⑤	清宮	5	1	0	⑩	.260
DH	マルティネス	1	0	0	⑭	.259
⑧	松本剛	3	0	0	③	.276
④	上川畑	3	0	0		.212
⑦	野村	2	0	0	⑫	.245
7	細川	0	0	0		.197
⑥	奈良間	3	0	0	②	.244
②	伏見	3	0	0	③	.197
H3	王柏融	1	0	0	①	.211
犠盗失併残	100011	29	4	1		.234

	回	打	投	安	振	球	失	責	防御率
板東	5	24	95	4	1	5	1	1	3.04
H 津森	1	3	8	0	0	0	0	0	3.40
勝 又吉	1	5	20	0	1	2	0	0	1.61
H 松本裕	1	4	12	0	2	1	0	0	2.79
S オスナ	1	3	16	0	1	1	0	0	1.02
伊藤	7	29	96	7	7	2	1	1	3.29
敗 河野	1	5	9	1	0	1	2	2	2.00
山本拓	1	4	24	1	2	0	0	0	1.71

三川瀬　柳町　二野村大　柳町　盗周東㉛　暴又吉　3時間29分

七回2死一、三塁の好機だったが、二飛に倒れた松本剛

◇エスコンフィールド北海道㉓　32,682人
ソフトバンク13勝10敗

ソフトバンク	001	000	020	3
日本ハム	001	000	000	1

勝　又吉25試合2勝1敗
S　オスナ44試合3勝2敗22S
敗　河野43試合1勝4敗
本　万波23号①＝板東

【万波中正】 三回に23号ソロを放つ

「いろんなことがかみ合わないと打てない逆方向へ、良い打球だった。ボールを呼び込めている今の状態を継続したい」

1-3

柳町達

9.19 火　VS 埼玉西武

ロドリゲス誤算

ファイターズは投手陣が2度のリードを守れず、2連敗。先発ポンセが3点差を追いつかれ、4-3の六回はロドリゲスが4失点した。打線は六回までにマルティネスの15号ソロなどで4点を奪ったが、七回以降はつながりを欠いた。

日本ハム		打	安	点	本	打率
⑨	万波	2	0	0	㉓	.268
⑥	中島	4	1	1		.167
⑤	清宮	3	0	0	⑩	.258
DH	マルティネス	4	2	2	⑮	.262
③	野村	3	0	0	⑫	.243
⑧	松本剛	4	0	0	③	.274
④	郡司	3	1	0	③	.279
4	奈良間	1	0	0	②	.242
⑦	今川	4	0	0		.211
②	古川	3	0	0		.186
犠盗失併残	01004	31	4	3		.234

西武		打	安	点	本	打率
⑧	岸	4	0	0	③	.209
⑥	源田	4	1	2		.256
③	マキノン	4	2	0	⑫	.251
DH	中村	4	1	1	⑰	.272
⑤	佐藤龍	2	1	0	①	.277
⑨	愛斗	4	3	2	④	.222
⑦	蛭間	3	1	0	②	.245
②	古市	4	0	0		.163
④	児玉	3	2	2		.235
犠盗失併残	20216	32	11	7		.235

	回	打	投	安	振	球	失	責	防御率
ポンセ	5	21	76	6	2	1	3	3	4.23
敗 ロドリゲス	1	9	29	4	0	2	4	4	4.68
鈴木	1	3	10	0	0	0	0	0	2.77
長谷川	1	4	14	1	0	0	0	0	0.00
勝 松本	7	29	115	4	2	4	4	3	3.77
H 佐藤隼	1	3	11	0	0	0	0	0	2.75
S 水上	1	3	11	0	1	0	0	0	1.72

二マルティネス　愛斗　盗野村④　失佐藤龍　古市　暴ポンセ　2時間49分

六回無死、中村にソロを浴びたロドリゲス

◇ベルーナドーム㉔　15,920人
西武15勝9敗

日本ハム	210	001	000	4
西武	012	004	00X	7

勝　松本18試合5勝8敗
S　水上21試合1敗1S
敗　ロドリゲス36試合1勝6敗
本　マルティネス15号①＝松本　中村17号①＝ロドリゲス

【マルティネス】 六回に8月13日以来の一発となる15号ソロ

「出塁することだけを考えていた。最高の結果になった」

4-7

児玉亮涼　愛斗

9.20 水　VS 埼玉西武

木村　有終の美

ファイターズは3連敗。先発上原健太は四回と六回にそれぞれ2ランを浴び、5回1／3を4失点で6敗目。打線は八回に加藤豪将の6号ソロで挙げた1点どまり。引退試合となった木村文紀は四回に二塁打を放った。

日本ハム		打	安	点	本	打率
⑧9	万波	3	0	0	㉓	.266
④	細川	2	0	0		.192
H46	山田	2	0	0		.263
⑤	清宮	3	0	0	⑩	.256
⑨7	木村	2	1	0		.500
7	今川	2	0	0		.203
DH	マルティネス	3	0	0	⑮	.260
③	野村	3	0	0	⑫	.241
⑦8	松本剛	3	0	0	③	.272
②	郡司	3	1	0	③	.280
⑥	奈良間	2	0	0	②	.239
H4	加藤豪	1	1	1	⑥	.224
犠盗失併残	00115	29	3	1		.233

西武		打	安	点	本	打率
⑦	ペイトン	3	0	0	⑤	.215
R7	西川	0	0	0	①	.225
⑥	源田	4	1	0		.256
③	マキノン	3	2	2	⑬	.254
DH	栗山	4	1	0	⑦	.215
⑤	佐藤龍	2	1	2	②	.280
⑧	愛斗	3	1	0	④	.224
⑨	蛭間	3	0	0	②	.241
②	柘植	3	0	0		.193
④	児玉	3	0	0		.229
犠盗失併残	01113	28	6	4		.235

	回	打	投	安	振	球	失	責	防御率
敗 上原	5⅓	22	75	5	4	1	4	4	2.71
山本拓	⅔	2	13	1	0	0	0	0	1.66
玉井	1	3	12	0	1	0	0	0	2.60
福田俊	⅓	3	14	0	0	2	0	0	0.00
北浦	⅔	1	3	0	0	0	0	0	0.87
勝 渡辺	5	19	94	2	3	3	0	0	0.00
H 佐藤隼	1	3	11	0	0	0	0	0	2.68
豆田	1	3	13	0	0	0	0	0	0.71
平井	1	4	17	1	1	0	1	1	2.57
S 田村	1	4	17	0	2	1	0	0	1.37

二木村　栗山　盗西川③　失細川　ペイトン　暴福田俊　2時間50分

四回、木村が古巣、埼玉西武のファンの声援に応える

◇ベルーナドーム　最終戦　18,315人
西武16勝9敗

日本ハム	000	000	010	1
西武	000	202	00X	4

勝　渡辺1試合1勝
S　田村20試合1勝1S
敗　上原18試合4勝6敗
本　佐藤龍2号②＝上原　マキノン13号②＝上原　加藤豪6号①＝平井

【上原健太】 5回1/3を4失点で6敗目

「何で打たれるか、どう打たれるか。細かいところを突き詰めたい」

1-4

渡邉勇太朗　佐藤龍世　マキノン

9.22（金）　VS 東北楽天

金村復活　久々の勝ち星

ファイターズが零封勝ちで連敗を3で止めた。約5カ月ぶりに先発の金村尚真は6回2／3を無失点で2勝目。以降は3投手の継投で封じた。打線は一回、加藤豪将の適時打などで2点を先制。九回に1点を加えた。中島卓也が通算200盗塁を達成。

日本ハム		打	安	点	本	打率
⑨	万波	4	1	0	㉓	.266
DH	郡司	2	0	0	③	.276
HD	王柏融	1	1	0	①	.231
HD	今川	1	0	0		.200
⑤	清宮	3	1	1	⑩	.256
③	マルティネス	5	0	0	⑮	.256
④	加藤豪	4	1	1	⑥	.225
7	江越	0	0	0	⑤	.185
⑧	松本剛	4	3	0	③	.276
⑦	野村	3	0	0	⑫	.239
4	奈良間	0	0	0	②	.239
②	田宮	3	0	0		.000
2	伏見	1	1	0	③	.201
⑥	中島	3	1	0		.190

犠盗失併残
2111103492 .233

楽天		打	安	点	本	打率
⑤	小深田	4	0	0	⑤	.253
⑥	村林	4	1	0	②	.263
DH	島内	4	2	0	⑥	.221
④	浅村	3	1	0	㉕	.268
⑦	岡島	4	0	0	⑥	.267
⑧	辰己	3	1	0	⑧	.263
③	阿部	2	0	0	④	.253
H3	銀次	1	0	0		.000
⑨	小郷	3	0	0	⑨	.260
②	安田	2	0	0	③	.224
H	鈴木大	1	0	0	④	.245
2	太田	0	0	0	③	.261

犠盗失併残
00216315 0 .243

	回	打	投	安	振	球	失	責	防御率
勝金村	6⅔	24	90	3	3	2	0	0	1.80
H河野	⅓	1	6	0	0	0	0	0	1.98
H池田	1	3	11	0	0	0	0	0	2.81
S田中正	1	5	24	2	3	0	0	0	3.07
敗藤平	2⅔	16	64	5	1	3	2	2	4.07
内	1⅓	4	16	0	1	0	0	0	2.61
安楽	1	3	14	0	0	0	0	0	2.64
酒居	1	3	10	1	0	0	0	0	3.26
宋家豪	1	5	15	2	2	0	0	0	2.93
渡辺翔	1	3	11	0	0	0	0	0	1.31
鈴木翔	1	6	17	1	1	1	1	0	2.83

二万波　村林　盗中島②　失マルティネス　浅村　鈴木翔　3時間7分

先発の金村が7回途中無失点で今季2勝目

◇楽天モバイルパーク宮城㉑　15,811人
楽天11勝10敗

日本ハム	200	000	001	3
楽天	000	000	000	0

勝　金村4試合2勝1敗
S　田中正44試合2勝2敗24S
敗　藤平10試合2勝4敗

【金村尚真】 右肩痛から復帰し、4月9日に挙げたプロ初勝利以来の白星

「けがをしてうまくいかないときもあった。久々に勝ててほっとした」

3-0

金村尚真

9.23（土）　VS 東北楽天

上沢4失点　運もなく

ファイターズは投打で振るわず完敗。先発上沢直之は六回に4安打を集められるなど、5回2／3で9安打4失点。自己ワーストタイの9敗目を喫した。打線は万波中正の24号ソロの1点のみに終わった。

日本ハム		打	安	点	本	打率
⑨	万波	4	2	1	❷❹	.268
⑥	中島	3	0	0		.167
H	郡司	1	0	0	③	.275
⑤	清宮	4	0	0	⑩	.253
DH	マルティネス	3	0	0	⑮	.254
③	加藤豪	4	1	0	⑥	.225
⑦	野村	4	0	0	⑫	.237
②	伏見	2	1	0	③	.204
H	王柏融	1	0	0	①	.225
2	田宮	0	0	0		.000
④	奈良間	2	0	0	②	.236
⑧	江越	3	0	0	⑤	.181

犠盗失併残
00005314 1 .232

楽天		打	安	点	本	打率
④	小深田	4	0	0	⑤	.251
⑥	村林	4	1	0	②	.263
⑦	島内	4	2	1	⑥	.225
7	田中和	0	0	0	②	.088
DH	浅村	4	2	0	㉕	.270
⑨	岡島	3	2	0	⑥	.270
③	銀次	4	0	0		.000
⑧	辰己	4	3	2	⑧	.268
⑤	鈴木大	3	1	1	④	.246
R5	山崎	0	0	0	②	.203
②	炭谷	3	0	0	①	.210

犠盗失併残
110083311 4 .244

	回	打	投	安	振	球	失	責	防御率
敗上沢	5⅔	26	103	9	3	0	4	4	2.96
鈴木	⅓	2	12	0	1	1	0	0	2.76
長谷川	1	4	13	2	0	0	0	0	0.00
福田俊	1	4	15	0	0	1	0	0	0.00
勝岸	8	28	110	3	5	1	1	1	3.02
S松井裕	1	5	18	1	0	1	0	0	1.58

二島内　辰己　浅村　盗村林⑪　2時間45分

六回2死一、三塁、鈴木に適時打を浴びた上沢

◇楽天モバイルパーク宮城㉒　25,946人
楽天12勝10敗

日本ハム	000	001	000	1
楽天	100	102	00X	4

勝　岸18試合8勝5敗
S　松井裕53試合1勝3敗37S
敗　上沢23試合8勝9敗
本　万波24号①＝岸

【万波中正】 4試合ぶりの24号ソロ

「ちょっと差し込まれたけど、しっかり振り切れた」

1-4

島内宏明　岸孝之

9.24（日）　VS 東北楽天

全球団に負け越し

ファイターズはサヨナラ負けで、5年連続の東北楽天戦の負け越しが決まり、2年連続でパ・リーグ全球団に負け越し。CS進出の可能性も消えた。1―1の九回、5番手の池田隆英がサヨナラ本塁打を浴びた。打線は3安打と振るわず、1得点のみ。

日本ハム		打	安	点	本	打率
⑨	万波	4	1	0	㉔	.268
⑤4	細川	4	1	1		.195
DH	清宮	4	1	0	⑩	.253
③	マルティネス	4	0	0	⑮	.251
⑧78	松本剛	3	0	0	③	.275
⑦	郡司	2	0	0	③	.271
8	江越	0	0	0	⑤	.181
H7	今川	1	0	0		.197
②	田宮	3	0	0		.000
④6	奈良間	3	0	0	②	.232
⑥	中島	2	0	0		.154
H	野村	1	0	0	⑫	.236
5	山田	0	0	0		.263

犠盗失併残
01125313 1 .231

楽天		打	安	点	本	打率
⑥	村林	4	2	0	②	.266
④	小深田	4	1	0	⑤	.251
⑦	島内	4	1	2	❼	.226
DH	浅村	3	1	1	㉕	.271
⑨	岡島	3	1	0	⑥	.271
⑤	伊藤裕	2	0	0	⑤	.251
H	鈴木大	1	1	0	④	.249
R5	山崎	0	0	0	②	.203
⑧	辰己	3	0	0	⑧	.266
③	阿部	3	1	0	④	.254
②	太田	3	0	0	③	.256

犠盗失併残
01102308 3 .244

	回	打	投	安	振	球	失	責	防御率
加藤貴	6	18	78	3	3	0	0	0	2.87
長谷川	⅔	3	12	1	1	0	1	1	1.42
山本拓	⅓	2	10	1	0	0	0	0	1.64
H河野	1	4	18	2	1	0	0	0	1.93
敗池田	⅓	3	16	1	1	0	2	1	2.98
荘司	7	25	102	3	4	1	1	1	3.35
H渡辺翔	1	4	19	0	0	0	0	0	1.28
勝松井裕	1	4	23	0	3	1	0	0	1.55

二細川　浅村　盗松本剛⑫　小深田㉜　失奈良間　伊藤裕　3時間7分

七回、戦況を見つめる新庄監督

◇楽天モバイルパーク宮城㉓　25,561人
楽天13勝10敗

日本ハム	001	000	000	1
楽天	000	000	102X	3

勝　松井裕54試合2勝3敗37S
敗　池田49試合1勝5敗
本　島内7号②＝池田

【松本剛】 CSが消滅

「真摯（しんし）に受け止めないといけない。僕らの実力」

1-3×

島内宏明

9.25（月）　VS 東北楽天

伊藤　九回に力尽きる

ファイターズは3連敗。先発伊藤大海は七回まで最少失点にしのいだが、九回に力尽き、九回途中6失点で自己ワーストの10敗目を喫した。打線は六回に田宮裕涼のプロ初本塁打で一時同点としたが、散発3安打に終わった。

楽天		打	安	点	本	打率
⑤7	小深田	4	3	2	⑤	.256
⑥	村林	5	0	0	②	.261
DH	島内	3	1	2	⑦	.227
④	浅村	5	2	0	㉕	.272
⑦	岡島	4	1	0	⑥	.271
R5	山崎	0	0	1	②	.203
③	鈴木大	4	1	3	④	.249
⑨	小郷	3	0	0	⑨	.258
⑧	辰己	3	0	0	⑧	.264
②	炭谷	2	2	0	①	.222
H	銀次	1	1	1		.167
R	田中和	0	0	0	②	.088
2	太田	0	0	0	③	.256

犠盗失併残
2100734119 .245

日本ハム		打	安	点	本	打率
⑨	万波	4	0	0	㉔	.266
③	郡司	3	0	0	③	.266
H	王柏融	1	0	0	①	.220
⑤	清宮	4	0	0	⑩	.250
DH	マルティネス	3	0	0	⑮	.249
⑧	松本剛	3	0	0	③	.273
④	加藤豪	3	0	0	⑥	.222
⑦	野村	3	2	0	⑫	.239
⑥	奈良間	3	0	0	②	.228
②	田宮	3	1	1	❶	.111

犠盗失併残
00012303 1 .230

	回	打	投	安	振	球	失	責	防御率
田中将	7	24	90	3	7	0	1	1	4.89
勝渡辺翔	1	3	14	0	2	0	0	0	1.25
宋家豪	1	3	8	0	1	0	0	0	2.85
敗伊藤	8⅓	37	139	8	5	6	6	6	3.46
玉井	⅓	1	3	0	0	0	0	0	2.57
北浦	⅓	5	20	3	1	1	3	3	3.38

三鈴木大　二野村　岡島　小深田　盗小深田㉝　3時間10分

九回1死満塁、小深田に適時打を打たれた伊藤

◇エスコンフィールド北海道㉔　26,010人
楽天14勝10敗

楽天	100	000	008	9
日本ハム	000	001	000	1

勝　渡辺翔45試合8勝2敗1S
敗　伊藤24試合7勝10敗
本　田宮1号①＝田中将

【田宮裕涼】 六回にプロ第1号本塁打

「プロでホームランを打てると思っていなかった。まずしっかり打てて良かった」

1-9

銀次

9.26（火）　VS 千葉ロッテ

打線に火　連敗脱出

ファイターズは快勝で連敗を3で止めた。打線は万波中正の先頭打者本塁打、細川凌平のプロ初本塁打となる2ラン、清水優心の2本の適時打など11安打7得点の猛攻。ポンセが7回無失点で4勝目。

ロッテ		打	安	点	本	打率
⑧	藤原	4	0	0	③	.233
⑦	角中	3	0	0	⑧	.293
H7	石川慎	1	0	0	①	.345
⑤	ブロッソー	4	2	0	①	.220
DH	ポランコ	3	0	0	㉕	.248
④	中村奨	4	1	0	⑪	.218
⑥	茶谷	3	1	0		.276
②	田村	2	0	0	②	.172
H2	佐藤都	1	0	0	④	.206
③	池田	2	0	0	②	.265
⑨	和田	2	0	0	②	.238
H	大下	1	0	0	①	.227
9	平沢	0	0	0	③	.170

犠盗失併残
00115304 0 .237

日本ハム		打	安	点	本	打率
⑨	万波	4	1	2	❷❺	.266
DH	田宮	5	0	0	①	.071
⑤	清宮	4	1	0	⑩	.250
⑦	野村	4	0	0	⑫	.237
④	加藤豪	4	1	0	⑥	.222
③	マルティネス	4	1	0	⑮	.249
3	山田	0	0	0		.263
⑧	松本剛	3	2	1	③	.275
8	江越	0	0	0	⑤	.181
②	清水	4	2	2		.275
⑥	細川	3	3	2	❶	.225

犠盗失併残
001283511 7 .231

	回	打	投	安	振	球	失	責	防御率
敗美馬	4	20	75	8	2	1	4	4	4.74
高野	1	4	14	1	1	0	0	0	1.00
岩下	1	7	33	2	0	1	3	2	2.93
横山	2	8	38	0	4	2	0	0	5.30
勝ポンセ	7	26	100	4	8	1	0	0	3.66
福田俊	1	3	12	0	1	0	0	0	0.00
山本拓	1	3	12	0	1	1	0	0	1.57

二ブロッソー2　清水　中村奨　失ブロッソー　清宮　盗清水　2時間57分

四回2死一、三塁、適時打を放つ清水

◇エスコンフィールド北海道㉓　26,361人
ロッテ13勝10敗

ロッテ	000	000	000	0
日本ハム	100	303	00X	7

勝　ポンセ10試合4勝5敗
敗　美馬17試合3勝9敗
本　万波25号①＝美馬　細川1号②＝岩下

【清水優心】 この日1軍再昇格。即先発出場し2安打2打点

「（1軍に）帰ってきた初日に打って、勝てて良かった。来季に向け食らいついていく」

7-0

ポンセ　清水優心　細川凌平

9.27（水）　VS 千葉ロッテ

2年連続最下位

ファイターズが逆転負けで1974、75年以来となる2年連続の最下位が確定した。1―0の三回、先発上原健太がブロッソーの犠飛で同点に追いつかれ、五回に和田康士朗の2点適時打で勝ち越された。打線は二回と八回にそれぞれ1点ずつ奪うにとどまった。

ロッテ		打	安	点	本	打率
⑤	ブロッソー	4	1	1	①	.221
⑦	石川慎	4	1	1	①	.341
8	藤原	1	0	0	③	.232
⑨	角中	4	1	0	⑧	.292
9	平沢	0	0	0	③	.170
DH	ポランコ	4	0	0	㉕	.245
④	中村奨	4	0	0	⑪	.216
⑥	茶谷	1	1	0		.280
③	佐藤都	3	2	0	④	.213
②	田村	4	0	0	②	.169
⑧7	和田	4	2	2	②	.250

犠盗失併残
10017338 4 .237

日本ハム		打	安	点	本	打率
⑨39	万波	4	2	0	㉕	.268
⑦	野村	4	0	1	⑫	.235
③5	清宮	3	0	0	⑩	.248
R5	中島	0	0	0		.154
DH	マルティネス	4	1	0	⑮	.249
④343	加藤豪	4	0	0	⑥	.218
⑧	松本剛	4	1	0	③	.275
⑤3469	谷内	2	1	1		.197
6	奈良間	1	0	0	②	.227
H	郡司	1	0	0	③	.264
⑥464	細川	2	0	0	①	.220
②	清水	3	1	0		.279

犠盗失併残
00105326 2 .231

	回	打	投	安	振	球	失	責	防御率
勝カスティーヨ	6	22	82	5	5	0	1	1	3.12
H坂本	1	3	12	0	1	0	0	0	3.27
H沢田	1	6	26	1	1	2	1	1	1.32
S益田	1	3	16	0	3	0	0	0	3.71
敗上原	5	21	73	5	2	2	4	2	2.75
長谷川	1	5	20	1	1	1	0	0	1.23
玉井	1	4	12	1	0	0	0	0	2.50
河野	1	5	15	1	1	1	0	0	1.88
鈴木	1	3	16	0	1	0	0	0	2.71

三和田　二マルティネス　失万波　盗清水　2時間54分

三回1死三塁、ブロッソーに同点犠飛を打たれた上原

◇エスコンフィールド北海道㉔　29,009人
ロッテ14勝10敗

ロッテ	001	030	000	4
日本ハム	010	000	010	2

勝　カスティーヨ12試合3勝3敗
S　益田55試合2勝5敗36S
敗　上原19試合4勝7敗

【上原健太】 5回4失点（自責点2）。四球から3失点

「四球の後にアウトをしっかり取ることが大事だった。もったいなかった」

2-4

益田直也

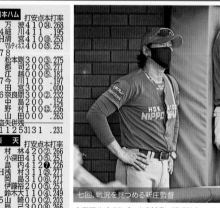

9.28 木　VS 千葉ロッテ

本拠地最終戦を飾る

ファイターズは逆転勝ちで今季本拠地での最終戦を飾った。根本悠楓が6回1失点で昨季に並ぶ3勝目。1―1の二回、田宮裕涼が勝ち越し打を放ち、四回には2死から万波中正、細川凌平らの適時打など7連打5得点と打線がつながった。

ロッテ

		打	安	点	本	打率
⑨	荻野	4	1	0	①	.258
8	藤原	1	1	0	③	.234
⑤	ブロッソー	5	0	0	①	.212
⑦	石川慎	4	2	0	①	.347
DH	ポランコ	4	1	1	㉕	.245
⑥	茶谷	3	0	0		.275
③	佐藤都	4	0	0	④	.209
⑧9	岡	4	2	0	⑥	.279
④	中村奨	3	0	0	⑪	.215
2	松川	1	1	0		.250
②	柿沼	1	0	0		.103
H4	池田	2	1	1	②	.269
犠盗失併残	01109	36	9	2		.238

日本ハム

		打	安	点	本	打率
⑨	万波	5	2	1	㉕	.269
④	細川	4	1	1	①	.221
2	伏見	0	0	0	③	.204
⑤	清宮	4	2	1	⑩	.251
DH	マルティネス	4	2	2	⑮	.252
③	加藤豪	2	0	0	⑥	.215
H3	野村	2	2	2	⓭	.238
⑧	松本剛	4	1	0	③	.275
⑦	郡司	4	0	0	③	.258
⑥4	奈良間	4	3	0	②	.239
②	田宮	3	2	1	①	.176
H6	中島	1	0	0		.148
犠盗失併残	11005	37	15	8		.232

		回	打投安振球失責	防御率
敗	種市	3⅔	2280114087	3.42
	鈴木	⅓	12100000	2.51
	中村稔	2	72810000	2.66
	高野	2	82623011	1.64
勝	根本	6	249047211	1.77
	河野	1	41510000	1.83
	池田	1	41911000	2.92
	田中正	1	62130011	3.20

二万波　マルティネス　盗岡⑬　田宮①　失ブロッソー　2時間55分

七回1死、ソロを放った野村

◇エスコンフィールド北海道　最終戦　30,241人　ロッテ14勝11敗

ロッテ	100	000	001	2
日本ハム	111	500	10X	9

勝　根本4試合3勝
敗　種市23試合10勝7敗
本　野村13号①＝高野

9-2

【根本悠楓】今季の本拠地最終戦で、3勝目を飾る
「来季は絶対、先発ローテーションで1年間回りたい」

9.30 土　VS 福岡ソフトバンク

田中正2被弾　サヨナラ負け

ファイターズは逆転サヨナラ負け。2―1の九回、抑えの田中正義が柳田悠岐に同点ソロを浴び、中村晃にサヨナラ本塁打を許した。先発田中瑛斗は5回2安打1失点と好投。打線は四回までに2点を先行したが、五回以降は本塁が遠かった。

日本ハム

		打	安	点	本	打率
⑨	万波	4	0	0	㉕	.267
DH	マルティネス	4	0	0	⑮	.249
⑤	清宮	4	0	0	⑩	.248
③	野村	3	1	0	⑬	.239
⑧	松本剛	4	2	0	③	.277
⑦	田宮	4	2	2	①	.238
7	江越	0	0	0	⑤	.181
②	清水	3	0	0		.261
④	細川	4	2	0	①	.233
⑥	奈良間	3	1	0	②	.240
犠盗失併残	11016	33	8	2		.232

ソフトバンク

		打	安	点	本	打率
④	三森	3	0	0	⑤	.262
⑤	川瀬	3	0	0		.228
H	野村大	1	0	0	①	.216
2	嶺井	0	0	0	②	.206
DH	柳田	4	1	1	㉑	.297
⑦	近藤	3	0	0	㉕	.298
③	中村晃	3	1	1	❺	.276
⑥	今宮	2	0	0	⑨	.254
⑨	柳町	3	1	0		.255
⑧	上林	3	0	0		.186
②	甲斐	2	1	1	⑩	.205
H	井上	1	1	0	①	.250
R5	野村勇	0	0	0	③	.160
犠盗失併残	11014	28	5	3		.247

		回	打投安振球失責	防御率
	田中瑛	5	209923311	5.40
H	福田俊	1	31200000	0.00
H	玉井	1	31401000	2.43
H	河野	1	33100000	1.79
敗	田中正	⅓	31120022	3.57
	板東	6	249063122	3.04
	又吉	1	41811000	2.45
	藤井	1	31101000	2.32
勝	甲斐野	1	41211000	2.21

二田宮　柳町　細川　盗田宮②　三森⑭　3時間1分

九回1死走者なし、中村からサヨナラ本塁打を打たれた田中正

◇ペイペイドーム㉔　35,456人　ソフトバンク14勝10敗

日本ハム	010	100	000	2
ソフトバンク	000	010	002X	3

勝　甲斐野43試合3勝1敗2S
敗　田中正46試合2勝3敗24S
本　柳田21号①＝田中正　中村晃5号①＝田中正

2-3×

【田宮裕涼】6番・左翼で先発。チームの全2打点をたたき出す
「守って、打って、走って。全部がアピール」

中村晃

10.1 日　VS 福岡ソフトバンク

一発攻勢　接戦制す

ファイターズが一発攻勢で競り勝った。二回、アルカンタラのソロで先制。1―2の三回は田宮裕涼が2号3ランを放ち逆転した。先発上沢直之は粘りの投球を披露し、6回8安打3失点で9勝目。田中正義が25セーブ目。

日本ハム

		打	安	点	本	打率
⑨	万波	3	0	0	㉕	.265
⑦	田宮	3	1	3	❷	.250
H	マルティネス	1	0	0	⑮	.249
7	江越	0	0	0	⑤	.181
⑤	清宮	3	0	0	⑩	.246
③	野村	4	0	0	⑬	.237
④	アルカンタラ	4	1	1	❹	.209
⑥	ハンソン	2	0	0	④	.144
6	中島	0	0	0		.148
DH	加藤豪	3	0	0	⑥	.212
②	伏見	3	0	0	③	.201
⑧	細川	1	0	0	①	.231
犠盗失併残	01311	27	2	4		.231

ソフトバンク

		打	安	点	本	打率
④	三森	3	0	0	⑤	.259
H8	谷川原	2	0	0		.233
⑥	今宮	5	2	0	⑨	.256
DH	柳田	4	2	0	㉑	.299
⑦	近藤	4	2	0	㉕	.299
③	中村晃	4	0	0	⑤	.274
⑨	柳町	4	1	0		.255
⑤	井上	4	2	0	①	.278
⑧	上林	2	0	1		.182
H4	川瀬	2	1	1		.232
②	嶺井	0	0	1	②	.206
2	甲斐	2	0	0	⑩	.203
H	吉田	1	0	0		.000
犠盗失併残	11108	37	10	3		.247

		回	打投安振球失責	防御率
勝	上沢	6	2810385032	2.96
H	河野	1	31411000	1.74
H	池田	1	42311000	2.86
S	田中正	1	3901000	3.50
敗	石川	3	147224444	4.15
	武田	3	93402000	3.91
	大津	1⅓	51101100	2.45
	嘉弥真	⅔	1200000	5.73
	松本裕	1	31501000	2.60

二井上　柳田　柳町　川瀬　盗細川①　近藤②　失万波　ハンソン　伏見　嶺井　2時間52分

三回無死一、三塁、逆転本塁打を放つ田宮

◇ペイペイドーム　最終戦　38,748人　ソフトバンク14勝11敗

日本ハム	013	000	000	4
ソフトバンク	020	001	000	3

勝　上沢24試合9勝9敗
S　田中正47試合2勝3敗25S
敗　石川23試合4勝8敗
本　アルカンタラ4号①＝石川　田宮2号③＝石川

4-3

【田宮裕涼】三回に決勝の2号3ラン
「今年は2軍が長くて1軍に上がれるか不安があった。結果が出せてうれしい」

田宮裕涼

10.2 月　VS オリックス

連打なく無得点

ファイターズは投打に振るわず、完敗した。4年ぶりに先発したロドリゲスは2回2/3を2安打3失点、5四球で自身ワーストタイの7敗目。打線はオリックスの先発山本由伸から散発3安打、その後救援陣からも連打がなく無得点に終わった。

日本ハム

		打	安	点	本	打率
⑨	万波	4	1	0	㉕	.265
⑥	細川	3	0	0	①	.223
H	中島	1	1	0		.179
⑦	田宮	4	0	0	②	.214
DH	郡司	3	0	0	③	.253
HD	加藤豪	1	0	0	⑥	.211
③	マルティネス	4	0	0	⑮	.246
⑧	松本剛	1	0	0	③	.276
R8	江越	0	0	0	⑤	.181
⑤	清宮	3	1	0	⑩	.246
②	清水	3	1	0		.265
④	アルカンタラ	3	0	0	④	.204
犠盗失併残	01205	30	4	0		.231

オリックス

		打	安	点	本	打率
⑧9	福田	3	0	0		.200
⑤	西野	4	0	0		.202
5	大城	0	0	0	①	.196
③8	中川圭	3	1	0	⑫	.270
⑨	森	1	0	0	⑱	.294
3	T-岡田	1	0	0		.189
⑦	杉本	4	1	0	⑭	.240
R7	渡部	0	0	0		.175
④	ゴンザレス	3	1	1	⑪	.218
4	安達	0	0	0		.192
⑥	紅林	4	3	2	⑧	.275
DH	セデーニョ	4	1	0	⑨	.243
②	若月	4	0	0	⑤	.259
犠盗失併残	03019	31	7	3		.250

		回	打投安振球失責	防御率
敗	ロドリゲス	2⅔	157022533	5.09
	玉井	⅓	11000000	2.41
	鈴木	2	62000000	2.63
	山本拓	1	51222000	1.50
	福田俊	1	41111000	0.00
	北浦	1	52221000	3.09
勝	山本	7	25112311200	1.21
H	山岡	1	31603000	2.25
S	平野佳	1	41111000	1.13

二万波　ゴンザレス　盗清水①　福田⑤　紅林2③　失清水　福田俊　2時間58分

二回2死二、三塁の好機で見逃し三振に終わるアルカンタラ

◇京セラドーム大阪　最終戦　26,294人　オリックス15勝9敗1分

日本ハム	000	000	000	0
オリックス	021	000	00X	3

勝　山本23試合16勝6敗
S　平野佳42試合3勝2敗29S
敗　ロドリゲス37試合1勝7敗

0-3

【ロドリゲス】三回途中2安打3失点
「自分にとって良い試合にできなかった。負けたくない気持ちが強くて…」

山本由伸　平野佳寿

10.5 木　VS 東北楽天

万波　あと1本が出ず

ファイターズは逆転負けで今季を終えた。3―1の五回、先発根本悠楓が3四死球を与えて2死満塁で降板し、玉井大翔が適時打2本を浴びて4点を献上した。本塁打王争いでトップと1本差の万波中正はこの日は本塁打を打てなかった。

日本ハム

		打	安	点	本	打率
⑦	野村	5	1	0	⑬	.236
⑨	万波	5	1	0	㉕	.265
③	清宮	3	0	0	⑩	.244
⑤	有薗	5	0	0		.000
DH	郡司	3	1	0	③	.254
HD	王柏融	1	1	0	①	.238
⑥	奈良間	2	1	0	②	.243
H6	中島	1	1	0		.207
②	田宮	3	2	2	②	.258
H2	清水	1	0	0		.260
④	山田	3	1	1		.268
H4	加藤豪	1	0	0	⑥	.210
⑧	江越	1	0	0	⑤	.180
8	細川	3	0	0	①	.216
犠盗失併残	012110	37	9	3		.231

楽天

		打	安	点	本	打率
⑤	小深田	3	0	0	⑤	.260
5	山崎	0	0	0	②	.203
⑥	村林	3	0	0	②	.256
DH	島内	4	1	0	⑦	.235
④	浅村	4	2	3	㉖	.274
⑦	岡島	4	2	2	⑥	.267
③	阿部	3	0	0	④	.255
⑧	辰己	3	0	0	⑧	.260
⑨	小郷	4	1	0	⑩	.265
②	炭谷	1	0	0	①	.223
R	田中和	0	0	0	②	.088
2	太田	1	0	0	③	.249
犠盗失併残	01107	30	6	5		.245

		回	打投安振球失責	防御率
敗	根本	4⅔	218922444	2.88
	玉井	⅓	31020011	2.63
	福田俊	1	41601100	0.00
	河野	1	41612000	1.70
	長谷川	1	41210100	1.08
	早川	3	176657233	3.44
	内	1	52112100	2.36
勝	酒居	1	41210000	2.98
H	宋家豪	1	31601000	2.80
H	安楽	1	52121000	3.06
H	渡辺翔	1	3700000	2.12
S	松井裕	1	31001000	1.63

二奈良間　山田　野村　岡島　盗郡司②　岡島③　失奈良間　田宮　村林　逸炭谷　3時間10分

六回2死走者なし、万波が空振り三振に倒れる

◇楽天モバイルパーク宮城　最終戦　24,997人　楽天15勝10敗

日本ハム	021	000	000	3
楽天	000	140	00X	5

勝　酒居47試合5勝3敗1S
S　松井裕57試合2勝3敗39S
敗　根本5試合3勝1敗
本　浅村26号①＝根本

3-5

【万波中正】万波と25本塁打で並んでいた浅村が26号を放つ
「技術の差、実力の差だと思いました」

浅村栄斗　岡島豪郎　松井裕樹

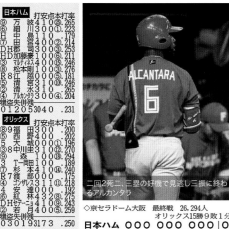

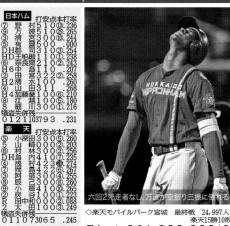

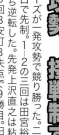

DATA 2023

2023年度パ・リーグ勝敗表

チーム	試合	勝利	敗北	引分	勝率	差	ホーム	ロード	対オ	対ロ	対ソ	対楽	対西	対日	交流戦
オリックスバファローズ	143	86	53	4	.619	–	41-28 (3)	45-25 (1)	***	15-8 (2)	13-11 (1)	15-10	17-8	15-9 (1)	11-7
千葉ロッテマリーンズ	143	70	68	5	.5072	15.5	42-28 (2)	28-40 (3)	8-15 (2)	***	12-12 (1)	13-12	16-9	14-11	7-9 (2)
福岡ソフトバンクホークス	143	71	69	3	.5071	15.5	39-32	32-37 (3)	11-13 (1)	12-12 (1)	***	10-14 (1)	13-12	14-11	11-7
東北楽天ゴールデンイーグルス	143	70	71	2	.496	17.0	38-33 (1)	32-38 (1)	10-15	12-13	14-10 (1)	***	10-14 (1)	15-10	9-9
埼玉西武ライオンズ	143	65	77	1	.458	22.5	33-37 (1)	32-40	8-17	9-16	12-13	14-10 (1)	***	16-9	6-12
北海道日本ハムファイターズ	143	60	82	1	.423	27.5	31-40	29-42 (1)	9-15 (1)	11-14	11-14	10-15	9-16	***	10-8

2023年度パ・リーグ個人打撃成績（規定打席以上）

規定打席：チーム試合数×3.1（端数は四捨五入）

順位	選手		打率	試合	打席	打数	得点	安打	二塁打	三塁打	本塁打	塁打	打点	盗塁	盗塁刺	犠打	犠飛	四球	故意四	死球	三振	併殺打	長打率	出塁率
1	頓宮裕真	(オ)	.307	113	451	401	49	123	23	0	16	194	49	0	0	1	2	41	0	6	69	11	.484	.378
2	近藤健介	(ソ)	.303	143	613	492	75	149	33	0	26	260	87	3	4	0	6	109	7	6	117	7	.528	.431
3	柳田悠岐	(ソ)	.299	143	625	546	57	163	29	3	22	264	85	1	0	0	6	64	1	9	97	9	.484	.378
4	森　友哉	(オ)	.294	110	453	384	49	113	24	2	18	195	64	4	1	1	7	54	4	7	61	9	.508	.385
5	松本　剛	(日)	.276	134	561	507	51	140	16	2	3	169	30	12	12	7	3	37	3	7	57	11	.333	.332
6	紅林弘太郎	(オ)	.275	127	482	443	37	122	19	1	8	167	39	4	6	7	3	28	0	1	63	19	.377	.318
7	中村　晃	(ソ)	.274	136	585	511	52	140	13	2	5	172	37	0	2	7	4	60	3	3	53	8	.337	.351
8	浅村栄斗	(楽)	.274	143	601	522	64	143	20	0	26	241	78	2	1	0	1	75	4	3	108	9	.462	.368
9	中川圭太	(オ)	.269	135	563	506	66	136	29	5	12	211	55	5	5	6	1	43	0	7	90	9	.417	.334
10	万波中正	(日)	.265	141	582	533	69	141	33	0	25	249	74	2	1	2	2	41	2	4	138	12	.467	.321
11	辰己涼介	(楽)	.263	133	495	434	45	114	16	5	9	167	43	13	4	8	1	40	0	12	99	3	.385	.341
12	外崎修汰	(西)	.260	136	571	503	60	131	28	3	12	201	54	26	3	3	4	56	0	5	114	11	.400	.338
13	マキノン	(西)	.259	127	514	464	50	120	17	2	15	186	50	1	1	0	2	48	0	0	91	7	.401	.327
14	小深田大翔	(楽)	.258	134	549	477	67	123	8	6	5	158	37	36	6	20	1	48	0	3	83	8	.331	.329
15	今宮健太	(ソ)	.255	126	484	427	38	109	22	0	9	158	48	4	0	24	4	27	1	2	58	14	.370	.300
16	マルティネス	(日)	.246	119	444	386	39	95	24	0	15	164	66	0	4	0	3	44	0	11	99	15	.425	.338
17	宗　佑磨	(オ)	.245	122	478	428	38	105	17	3	2	134	22	1	1	9	1	36	1	4	55	9	.313	.309
18	ポランコ	(ロ)	.242	125	497	447	43	108	15	0	26	201	75	0	0	0	3	47	5	0	92	3	.450	.312
19	安田尚憲	(ロ)	.238	122	472	416	33	99	24	0	9	150	43	2	0	0	5	49	2	2	95	10	.361	.318
20	野村佑希	(日)	.236	125	473	423	42	100	21	1	13	162	43	4	1	0	4	42	0	4	112	3	.383	.309
21	山口航輝	(ロ)	.235	115	474	421	46	99	21	0	14	162	57	0	0	0	5	43	6	5	122	7	.385	.310
22	中村奨吾	(ロ)	.220	137	584	508	61	112	23	0	11	168	48	3	1	13	4	52	2	7	89	20	.331	.299

2023年度パ・リーグチーム守備成績

チーム	守備率	試合	守備機会	刺殺	補殺	失策	捕逸
福岡ソフトバンク	.990	143	5292	3839	1401	52	3
オリックス	.989	143	5344	3870	1414	60	1
埼玉西武	.986	143	5345	3810	1459	76	5
千葉ロッテ	.985	143	5476	3849	1544	83	4
東北楽天	.985	143	5355	3806	1467	82	7
北海道日本ハム	.982	143	5308	3806	1408	94	6

2023年度パ・リーグ個人投手成績（規定投球回以上）

規定投球回：チーム試合数×1.0　HP：ホールドポイント＝救援勝利＋ホールド

順位	投手		防御率	登板	勝利	敗北	セーブ	ホールド	HP	完投	完封勝	無四球	勝率	打者	投球回	安打	本塁打	四球	故意四	死球	三振	暴投	ボーク	失点	自責点
1	山本由伸	(オ)	1.21	23	16	6	0	0	0	2	1	0	.727	636	164	117	2	28	0	6	169	1	0	27	22
2	髙橋光成	(西)	2.21	23	10	8	0	0	0	4	2	1	.556	626	155	123	8	47	1	7	120	7	0	47	38
3	宮城大弥	(オ)	2.27	22	10	4	0	0	0	3	3	2	.714	575	146.2	107	7	31	1	5	122	1	0	38	37
4	平良海馬	(西)	2.40	23	11	7	0	0	0	0	0	0	.611	611	150	115	10	55	2	5	153	0	0	47	40
5	則本昂大	(楽)	2.61	24	8	8	0	0	0	0	0	0	.500	636	155	134	7	44	0	1	111	5	0	57	45
6	加藤貴之	(日)	2.87	24	7	9	0	0	0	3	1	3	.438	648	163.1	162	14	16	2	1	83	2	1	59	52
7	上沢直之	(日)	2.96	24	9	9	0	0	0	2	2	0	.500	696	170	152	14	41	0	5	124	5	1	66	56
8	伊藤大海	(日)	3.46	24	7	10	0	0	0	3	1	2	.412	649	153.1	147	11	41	0	8	134	2	0	64	59
9	小島和哉	(ロ)	3.47	25	10	6	0	0	0	0	0	0	.625	657	158.1	143	14	57	0	6	114	2	0	64	61

2023年度パ・リーグチーム打撃成績

チーム	打率	試合	打席	打数	得点	安打	二塁打	三塁打	本塁打	塁打	打点	盗塁	盗塁刺	犠打	犠飛	四球	故意四	死球	三振	併殺打	長打率	出塁率
オリックス	.250	143	5324	4782	508	1194	211	17	109	1766	482	52	32	83	25	371	8	63	986	106	.369	.311
福岡ソフトバンク	.248	143	5454	4786	536	1185	195	15	104	1722	513	73	30	107	38	470	14	53	1053	88	.360	.319
東北楽天	.244	143	5369	4667	513	1140	168	25	104	1670	485	102	38	125	33	490	9	52	937	108	.358	.321
千葉ロッテ	.239	143	5414	4744	505	1135	220	12	100	1679	475	73	21	116	39	453	20	62	1011	79	.354	.311
埼玉西武	.233	143	5222	4672	435	1088	188	21	90	1588	414	80	38	90	28	387	9	45	1045	97	.340	.296
北海道日本ハム	.231	143	5248	4688	464	1082	195	18	100	1613	443	75	49	84	25	397	10	54	1111	78	.344	.297

2023年度パ・リーグチーム投手成績

チーム	防御率	試合	勝利	敗北	セーブ	ホールド	HP	完投	完封勝	無四球	勝率	打者	投球回	安打	本塁打	四球	故意四	死球	三振	暴投	ボーク	失点	自責点
オリックス	2.73	143	86	53	46	117	142	5	24	11	.619	5339	1290	1097	73	405	8	54	1155	36	1	428	391
埼玉西武	2.93	143	65	77	35	98	112	10	20	4	.458	5310	1270	1056	95	511	13	59	1010	40	3	465	414
北海道日本ハム	3.08	143	60	82	29	99	112	8	15	15	.423	5309	1268.2	1189	106	363	14	50	942	34	4	496	434
福岡ソフトバンク	3.27	143	71	69	33	129	154	4	13	7	.507	5361	1279.2	1121	111	451	15	62	1068	19	0	507	465
千葉ロッテ	3.40	143	70	68	45	134	158	1	9	10	.507	5366	1283	1194	101	412	16	46	1102	51	1	524	485
東北楽天	3.52	143	70	71	42	121	147	1	9	5	.496	5409	1268.2	1206	101	440	15	39	921	52	1	556	496

北海道日本ハムファイターズ 年度別戦績（1946年－2023年）

年度	監督	順位	試合	勝利	敗北	引分	勝率	差	打率	本塁打	防御率
1946	横沢　三郎	5	105	47	58	0	.448	19.0	.238	43	3.67
1947	苅田　久徳	6	119	51	65	3	.440	28.0	.218	45	2.53
1948	苅田　久徳	5	140	59	70	11	.457	24.5	.228	49	3.08
1949	井野川　利春	7	138	64	73	1	.467	23.0	.243	93	4.18
1950	安藤　忍	6	120	51	69	0	.425	32.5	.256	87	4.52
1951	安藤　忍	6	102	38	56	8	.404	33.0	.241	71	3.64
1952	井野川　利春	6	108	49	59	0	.454	21.0	.251	51	3.95
1953	井野川　利春	6	120	50	67	3	.427	20.0	.220	50	3.26
1954	井野川　利春	7	140	52	86	2	.377	38.5	.234	46	3.73
1955	保井　浩一	7	143	51	89	3	.364	48.0	.232	40	3.18
1956	岩本　義行	6	154	58	92	4	.390	39.5	.216	41	2.86
1957	岩本　義行	5	132	56	73	3	.436	28.0	.227	45	2.80
1958	岩本　義行	5	130	57	70	3	.450	22.0	.237	40	2.70
1959	岩本　義行	3	135	67	63	5	.515	21.0	.242	78	2.98
1960	岩本　義行	5	132	52	78	2	.400	30.0	.236	80	2.92
1961	水原　茂	2	140	83	52	5	.611	2.5	.264	108	2.39
1962	水原　茂	1	133	78	52	3	.600	――	.252	85	2.42
1963	水原　茂	3	150	76	71	3	.517	10.5	.236	114	3.02
1964	水原　茂	3	150	78	68	4	.534	5.5	.250	100	2.95
1965	水原　茂	2	140	76	61	3	.555	12.0	.240	107	2.88
1966	水原　茂	3	136	70	60	6	.538	9.0	.256	91	2.75
1967	水原　茂	3	134	65	65	4	.500	10.0	.260	97	3.19
1968	大下　弘	6	135	51	79	5	.392	29.0	.248	118	3.97
1969	松木　謙治郎	4	130	57	70	3	.449	19.5	.254	116	3.35
1970	松木・田宮	5	130	54	70	6	.435	24.5	.253	147	4.18
1971	田宮　謙次郎	5	130	44	74	12	.373	35.5	.241	131	3.96
1972	田宮　謙次郎	4	130	63	61	6	.508	15.0	.270	149	3.82
1973	田宮・土橋	5	130	55	69	6	.444	(5)(3)	.254	133	3.97
1974	中西　太	6	130	49	75	6	.395	(6)(6)	.246	96	4.11
1975	中西　太	6	130	55	63	12	.466	(4)(4)	.258	100	3.89
1976	大沢　啓二	5	130	52	67	11	.437	(4)(5)	.258	107	3.72
1977	大沢　啓二	5	130	58	61	11	.487	(4)(4)	.245	113	3.36
1978	大沢　啓二	3	130	55	63	12	.466	(3)(4)	.264	131	3.98
1979	大沢　啓二	3	130	63	60	7	.512	(3)(4)	.266	131	4.09
1980	大沢　啓二	3	130	66	53	11	.555	(2)(2)	.264	167	3.61
1981	大沢　啓二	1	130	68	54	8	.557	(4)(1)	.276	126	3.81
1982	大沢　啓二	2	130	67	52	11	.563	(4)(1)	.266	127	3.63
1983	大沢　啓二	3	130	64	59	7	.520	20.5	.275	153	3.82
1984	植村・大沢	6	130	44	73	13	.376	29.5	.259	144	4.98
1985	高田　繁	5	130	53	65	12	.449	23.0	.265	169	4.36
1986	高田　繁	5	130	57	65	8	.467	13.5	.262	151	4.10
1987	高田　繁	3	130	63	60	7	.512	11.5	.259	128	3.96
1988	高田　繁	3	130	62	65	3	.488	12.5	.245	101	3.12
1989	近藤　貞雄	5	130	54	73	3	.425	18.0	.266	131	4.20
1990	近藤　貞雄	4	130	66	63	1	.512	16.5	.263	128	3.68
1991	近藤　貞雄	4	130	53	72	5	.424	28.5	.251	112	3.72
1992	土橋　正幸	5	130	54	73	3	.425	26.0	.259	99	4.20
1993	大沢　啓二	2	130	71	52	7	.577	1.0	.259	106	3.37
1994	大沢　啓二	6	130	46	79	5	.368	28.5	.252	101	4.62
1995	上田　利治	4	130	59	68	3	.465	22.0	.237	105	3.56
1996	上田　利治	2	130	68	58	4	.540	7.0	.249	130	3.49
1997	上田　利治	4	135	63	71	1	.470	14.0	.265	128	4.18
1998	上田　利治	2	135	67	65	3	.508	3.5	.255	150	3.83
1999	上田　利治	5	135	60	73	2	.451	18.5	.260	148	4.34
2000	大島　康徳	3	135	69	65	1	.515	4.5	.278	177	4.70
2001	大島　康徳	6	140	53	84	3	.387	24.5	.256	147	4.79
2002	大島　康徳	5	140	61	76	3	.445	28.0	.247	146	3.86
2003	T.ヒルマン	5	140	62	74	4	.456	19.5	.269	149	4.88
2004	T.ヒルマン	3	133	66	65	2	.504	12.0	.281	178	4.72
2005	T.ヒルマン	5	136	62	71	3	.466	26.5	.254	165	3.98
2006	T.ヒルマン	1	136	82	54	0	.603	――	.269	135	3.05
2007	T.ヒルマン	1	144	79	60	5	.568	――	.259	73	3.22
2008	梨田　昌孝	3	144	73	69	2	.514	4.0	.255	82	3.54
2009	梨田　昌孝	1	144	82	60	2	.577	――	.278	112	3.65
2010	梨田　昌孝	4	144	74	67	3	.525	3.0	.274	91	3.52
2011	梨田　昌孝	2	144	72	65	7	.526	17.5	.251	86	2.68
2012	栗山　英樹	1	144	74	59	11	.556	――	.256	90	2.89
2013	栗山　英樹	6	144	64	78	2	.451	18.5	.256	105	3.74
2014	栗山　英樹	3	144	73	68	3	.518	6.5	.251	119	3.61
2015	栗山　英樹	2	143	79	62	2	.560	12.0	.258	106	3.62
2016	栗山　英樹	1	143	87	53	3	.621	――	.266	121	3.06
2017	栗山　英樹	5	143	60	83	0	.420	34.0	.242	108	3.82
2018	栗山　英樹	3	143	74	66	3	.529	13.5	.251	140	3.77
2019	栗山　英樹	5	143	65	73	5	.471	13.0	.251	93	3.76
2020	栗山　英樹	5	120	53	62	5	.461	20.0	.249	89	4.02
2021	栗山　英樹	5	143	55	68	20	.447	14.0	.231	78	3.32
2022	BIGBOSS	6	143	59	81	3	.421	16.5	.234	100	3.46
2023	新庄　剛志	6	143	60	82	1	.423	27.5	.231	100	3.08

［2023年］北海道日本ハムファイターズ　先発メンバー

月 日	1	2	3	4	5	6	7	8	9	投 手
3/30	7松本剛	6上川畑大悟	4石井一成	5野村佑希	3清宮幸太郎	Dマルティネス	9万波中正	2宇佐見真吾	8五十幡亮汰	加藤貴之
4/1	9矢澤宏太	4石井一成	7松本剛	5野村佑希	3清宮幸太郎	Dマルティネス	6上川畑大悟	2清水優心	8五十幡亮汰	上沢直之
4/2	9矢澤宏太	4石井一成	7松本剛	5野村佑希	3清宮幸太郎	Dマルティネス	6上川畑大悟	2伏見寅威	8五十幡亮汰	金村尚真
4/4	8五十幡亮汰	9矢澤宏太	7松本剛	5野村佑希	3清宮幸太郎	Dマルティネス	4石井一成	2伏見寅威	6上川畑大悟	ポンセ
4/5	8五十幡亮汰	4石井一成	7松本剛	5野村佑希	3清宮幸太郎	Dマルティネス	6上川畑大悟	2宇佐見真吾	9江越大賀	伊藤大海
4/6	8五十幡亮汰	9万波中正	7松本剛	5野村佑希	3清宮幸太郎	Dマルティネス	6上川畑大悟	2宇佐見真吾	4石井一成	加藤貴之
4/7	9万波中正	7今川優馬	D松本剛	5野村佑希	3清宮幸太郎	6上川畑大悟	4谷内亮太	2伏見寅威	8江越大賀	上原健太
4/8	9矢澤宏太	7松本剛	3清宮幸太郎	5野村佑希	D万波中正	6上川畑大悟	4谷内亮太	2伏見寅威	8五十幡亮汰	上沢直之
4/9	8矢澤宏太	7松本剛	5清宮幸太郎	D野村佑希	9万波中正	6上川畑大悟	3マルティネス	2伏見寅威	4石井一成	金村尚真
4/11	9矢澤宏太	7松本剛	5清宮幸太郎	D野村佑希	3万波中正	6上川畑大悟	4福田光輝	2宇佐見真吾	8五十幡亮汰	池田隆英
4/12	9矢澤宏太	7松本剛	5清宮幸太郎	D野村佑希	3万波中正	6上川畑大悟	4奈良間大己	8五十幡亮汰	2伏見寅威	伊藤大海
4/14	7松本剛	9今川優馬	5清宮幸太郎	D野村佑希	3万波中正	6上川畑大悟	4水野達稀	2伏見寅威	8五十幡亮汰	加藤貴之
4/15	7松本剛	9今川優馬	5清宮幸太郎	D野村佑希	3万波中正	6上川畑大悟	4水野達稀	2清水優心	8五十幡亮汰	上沢直之
4/16	7松本剛	4水野達稀	5清宮幸太郎	D野村佑希	9万波中正	3マルティネス	6上川畑大悟	2伏見寅威	8江越大賀	上原健太
4/18	7松本剛	8五十幡亮汰	5清宮幸太郎	3野村佑希	9万波中正	Dマルティネス	6上川畑大悟	2伏見寅威	4奈良間大己	金村尚真
4/19	8五十幡亮汰	7松本剛	5清宮幸太郎	3野村佑希	9万波中正	Dマルティネス	6谷内亮太	2宇佐見真吾	4水野達稀	伊藤大海
4/20	9今川優馬	7松本剛	5清宮幸太郎	D野村佑希	3万波中正	4谷内亮太	6奈良間大己	2伏見寅威	8矢澤宏太	鈴木健矢
4/21	7松本剛	4谷内亮太	9アルカンタラ	D野村佑希	3万波中正	6上川畑大悟	5奈良間大己	2伏見寅威	8矢澤宏太	加藤貴之
4/22	8矢澤宏太	5アルカンタラ	7松本剛	3野村佑希	9万波中正	Dマルティネス	6上川畑大悟	2伏見寅威	4奈良間大己	上沢直之
4/23	7松本剛	6上川畑大悟	4アルカンタラ	5野村佑希	3万波中正	9今川優馬	Dマルティネス	2清水優心	8江越大賀	上原健太
4/25	4奈良間大己	9今川優馬	7松本剛	D野村佑希	3万波中正	6上川畑大悟	5アルカンタラ	2伏見寅威	8江越大賀	伊藤大海
4/26	9今川優馬	4奈良間大己	7松本剛	3万波中正	5アルカンタラ	Dマルティネス	6上川畑大悟	2伏見寅威	8江越大賀	鈴木健矢
4/28	5アルカンタラ	8五十幡亮汰	7松本剛	3野村佑希	9万波中正	Dマルティネス	6上川畑大悟	2伏見寅威	4細川凌平	加藤貴之
4/29	5野村佑希	D松本剛	4アルカンタラ	3万波中正	7今川優馬	6上川畑大悟	2清水優心	9矢澤宏太	8五十幡亮汰	上沢直之
4/30	5アルカンタラ	7松本剛	3万波中正	D野村佑希	2マルティネス	6上川畑大悟	4谷内亮太	9矢澤宏太	8五十幡亮汰	メネズ
5/2	5アルカンタラ	4谷内亮太	7松本剛	D野村佑希	3万波中正	6上川畑大悟	2伏見寅威	8五十幡亮汰	9江越大賀	伊藤大海
5/3	7松本剛	4谷内亮太	D万波中正	3野村佑希	6上川畑大悟	5アルカンタラ	2伏見寅威	8五十幡亮汰	9矢澤宏太	鈴木健矢
5/4	7矢澤宏太	8五十幡亮汰	D松本剛	5野村佑希	3万波中正	2マルティネス	6上川畑大悟	4谷内亮太	9江越大賀	北山亘基
5/5	8五十幡亮汰	4アルカンタラ	7松本剛	5野村佑希	3万波中正	Dマルティネス	6上川畑大悟	2伏見寅威	9矢澤宏太	加藤貴之
5/6	4細川凌平	D五十幡亮汰	7松本剛	5野村佑希	3万波中正	9アルカンタラ	2清水優心	6奈良間大己	8江越大賀	上沢直之
5/7	9矢澤宏太	4谷内亮太	7松本剛	D野村佑希	3万波中正	2マルティネス	5福田光輝	6上川畑大悟	8江越大賀	メネズ
5/9	5奈良間大己	7アルカンタラ	Dマルティネス	3野村佑希	9万波中正	4谷内亮太	2伏見寅威	6上川畑大悟	8江越大賀	伊藤大海
5/10	9矢澤宏太	6上川畑大悟	3万波中正	5野村佑希	4福田光輝	Dマルティネス	7アルカンタラ	8江越大賀	2伏見寅威	鈴木健矢
5/11	9矢澤宏太	5福田光輝	4谷内亮太	3野村佑希	7アルカンタラ	2マルティネス	D万波中正	8江越大賀	6水野達稀	北山亘基
5/13	9万波中正	7アルカンタラ	D松本剛	5野村佑希	3マルティネス	4福田光輝	6上川畑大悟	8江越大賀	2伏見寅威	加藤貴之
5/14	8矢澤宏太	7アルカンタラ	D松本剛	5野村佑希	3マルティネス	4福田光輝	9万波中正	6上川畑大悟	2伏見寅威	メネズ
5/16	9矢澤宏太	3マルティネス	7松本剛	5野村佑希	4谷内亮太	6上川畑大悟	Dハンソン	8江越大賀	2伏見寅威	鈴木健矢
5/17	7松本剛	6中島卓也	3野村佑希	Dマルティネス	9万波中正	4谷内亮太	8江越大賀	2清水優心	5アルカンタラ	上沢直之
5/18	9矢澤宏太	4水野達稀	7松本剛	Dマルティネス	5野村佑希	6上川畑大悟	3万波中正	8江越大賀	2伏見寅威	伊藤大海
5/19	3野村佑希	9万波中正	4水野達稀	7松本剛	Dマルティネス	5谷内亮太	2伏見寅威	8江越大賀	6上川畑大悟	加藤貴之
5/20	3野村佑希	4中島卓也	D松本剛	2マルティネス	9万波中正	7アルカンタラ	6上川畑大悟	8矢澤宏太	5細川凌平	北山亘基
5/21	3野村佑希	6中島卓也	7松本剛	Dハンソン	9万波中正	4福田光輝	2伏見寅威	5細川凌平	8江越大賀	鈴木健矢
5/23	D野村佑希	9矢澤宏太	7松本剛	3万波中正	5福田光輝	2マルティネス	6上川畑大悟	8江越大賀	4谷内亮太	メネズ
5/24	4アルカンタラ	Dハンソン	7松本剛	5野村佑希	9万波中正	3マルティネス	2清水優心	6上川畑大悟	8江越大賀	上沢直之
5/25	Dハンソン	3マルティネス	7松本剛	5野村佑希	9万波中正	4加藤豪将	8アルカンタラ	2伏見寅威	6水野達稀	加藤貴之
5/26	6水野達稀	D松本剛	3マルティネス	5野村佑希	9万波中正	4加藤豪将	2伏見寅威	8江越大賀	7矢澤宏太	伊藤大海
5/27	Dハンソン	3マルティネス	7松本剛	5野村佑希	9万波中正	6水野達稀	2清水優心	8アルカンタラ	4福田光輝	鈴木健矢
5/28	D加藤豪将	5福田光輝	7松本剛	3野村佑希	9万波中正	6上川畑大悟	2伏見寅威	4谷内亮太	8江越大賀	北山亘基
5/30	7松本剛	8細川凌平	2マルティネス	9万波中正	Dハンソン	3野村佑希	5アルカンタラ	4谷内亮太	6水野達稀	上原健太
5/31	7松本剛	8細川凌平	Dマルティネス	9万波中正	4加藤豪将	3野村佑希	5福田光輝	2清水優心	6水野達稀	上沢直之
6/1	8矢澤宏太	7松本剛	Dハンソン	9万波中正	4加藤豪将	3野村佑希	5福田光輝	2伏見寅威	6上川畑大悟	加藤貴之
6/2	7松本剛	8細川凌平	3加藤豪将	9万波中正	2マルティネス	5野村佑希	4アルカンタラ	6上川畑大悟	1鈴木健矢	——
6/3	7松本剛	8江越大賀	4加藤豪将	9万波中正	3マルティネス	5アルカンタラ	2伏見寅威	6上川畑大悟	1伊藤大海	——
6/4	7松本剛	6上川畑大悟	3加藤豪将	9万波中正	2マルティネス	5野村佑希	4福田光輝	1北山亘基	8細川凌平	——
6/6	8細川凌平	7松本剛	3加藤豪将	9万波中正	2マルティネス	5野村佑希	4福田光輝	D郡拓也	6上川畑大悟	上原健太
6/7	4ハンソン	3加藤豪将	D松本剛	9万波中正	5野村佑希	6水野達稀	7アルカンタラ	2伏見寅威	8江越大賀	加藤貴之
6/8	4ハンソン	3加藤豪将	7松本剛	9万波中正	Dマルティネス	5野村佑希	6上川畑大悟	2清水優心	8細川凌平	上沢直之
6/9	8江越大賀	4ハンソン	3加藤豪将	9万波中正	7松本剛	Dマルティネス	5野村佑希	6奈良間大己	2伏見寅威	鈴木健矢
6/10	8江越大賀	Dマルティネス	3加藤豪将	9万波中正	7松本剛	5野村佑希	6上川畑大悟	2伏見寅威	4奈良間大己	伊藤大海
6/11	3郡拓也	8細川凌平	D加藤豪将	9万波中正	2マルティネス	4ハンソン	6奈良間大己	5福田光輝	7アルカンタラ	北山亘基
6/13	8江越大賀	2マルティネス	4加藤豪将	9万波中正	7松本剛	6上川畑大悟	5野村佑希	1上原健太	3郡拓也	——
6/14	8アルカンタラ	3清宮幸太郎	4加藤豪将	9万波中正	7松本剛	2マルティネス	5野村佑希	6上川畑大悟	1加藤貴之	——
6/16	4加藤豪将	7松本剛	2マルティネス	9万波中正	5清宮幸太郎	3野村佑希	6上川畑大悟	8江越大賀	1上沢直之	——
6/17	4加藤豪将	7松本剛	6上川畑大悟	9万波中正	3マルティネス	5清宮幸太郎	2伏見寅威	8江越大賀	1伊藤大海	——
6/18	5清宮幸太郎	7松本剛	3加藤豪将	9万波中正	2マルティネス	6上川畑大悟	4石井一成	1北山亘基	8江越大賀	——
6/19	5清宮幸太郎	7松本剛	3野村佑希	9万波中正	2マルティネス	4ハンソン	6谷内亮太	8細川凌平	1上原健太	——
6/23	4石井一成	7松本剛	5清宮幸太郎	9万波中正	2マルティネス	3野村佑希	D加藤豪将	6上川畑大悟	8江越大賀	加藤貴之
6/24	4石井一成	7松本剛	5清宮幸太郎	9万波中正	3野村佑希	D加藤豪将	2伏見寅威	6ハンソン	8江越大賀	上沢直之
6/25	4石井一成	7松本剛	5清宮幸太郎	9万波中正	3野村佑希	2マルティネス	6上川畑大悟	9アルカンタラ	8細川凌平	鈴木健矢
6/27	D石井一成	6上川畑大悟	3野村佑希	5清宮幸太郎	9万波中正	4加藤豪将	7松本剛	8江越大賀	2伏見寅威	伊藤大海
6/28	D石井一成	4アルカンタラ	3加藤豪将	5清宮幸太郎	9万波中正	7松本剛	6上川畑大悟	2梅林優貴	8江越大賀	上原健太

月 日	1	2	3	4	5	6	7	8	9	投 手
6/30	4石井一成	D郡司裕也	8淺間大基	5清宮幸太郎	9万波中正	7松本剛	3野村佑希	6上川畑大悟	2伏見寅威	加藤貴之
7/1	8淺間大基	7松本剛	D郡司裕也	9万波中正	5清宮幸太郎	3加藤豪将	2マルティネス	6上川畑大悟	4石井一成	上沢直之
7/2	3加藤豪将	5清宮幸太郎	7松本剛	9万波中正	2マルティネス	8淺間大基	D郡司裕也	6上川畑大悟	4細川凌平	北山亘基
7/4	4石井一成	5清宮幸太郎	7松本剛	3野村佑希	9万波中正	8淺間大基	D郡司裕也	2伏見寅威	6上川畑大悟	伊藤大海
7/5	4加藤豪将	5清宮幸太郎	7松本剛	9万波中正	3野村佑希	D郡司裕也	8淺間大基	2伏見寅威	6山田遥楓	鈴木健矢
7/6	4石井一成	5清宮幸太郎	D松本剛	2マルティネス	9万波中正	3野村佑希	7五十幡亮汰	8江越大賀	6上川畑大悟	加藤貴之
7/8	4石井一成	5清宮幸太郎	7松本剛	9万波中正	2マルティネス	D淺間大基	3野村佑希	6細川凌平	8五十幡亮汰	上沢直之
7/9	9五十幡亮汰	7松本剛	2郡司裕也	5清宮幸太郎	D万波中正	3マルティネス	4加藤豪将	6山田遥楓	8江越大賀	山本拓実
7/11	D郡司裕也	8五十幡亮汰	7松本剛	5清宮幸太郎	9万波中正	3淺間大基	2マルティネス	4ハンソン	6山田遥楓	北山亘基
7/12	3加藤豪将	8五十幡亮汰	7松本剛	5清宮幸太郎	9万波中正	Dマルティネス	6上川畑大悟	2伏見寅威	4石井一成	伊藤大海
7/13	5清宮幸太郎	9万波中正	3マルティネス	D野村佑希	7松本剛	4石井一成	2郡司裕也	6上川畑大悟	8五十幡亮汰	加藤貴之
7/15	5清宮幸太郎	9万波中正	8淺間大基	D今川優馬	7松本剛	3加藤豪将	6上川畑大悟	2伏見寅威	4石井一成	上沢直之
7/16	4ハンソン	D郡司裕也	3加藤豪将	2マルティネス	5清宮幸太郎	7松本剛	9万波中正	8五十幡亮汰	6細川凌平	上原健太
7/17	9万波中正	5清宮幸太郎	2マルティネス	3郡司裕也	7松本剛	D今川優馬	4石井一成	6山田遥楓	8江越大賀	鈴木健矢
7/22	8五十幡亮汰	7松本剛	5清宮幸太郎	9万波中正	3マルティネス	4上川畑大悟	D郡司裕也	6山田遥楓	2伏見寅威	伊藤大海
7/23	8五十幡亮汰	7松本剛	5清宮幸太郎	9万波中正	3マルティネス	D石井一成	2伏見寅威	4上川畑大悟	6山田遥楓	ポンセ
7/25	8五十幡亮汰	7松本剛	5清宮幸太郎	9万波中正	Dマルティネス	6ハンソン	3加藤豪将	2伏見寅威	4細川凌平	加藤貴之
7/26	4加藤豪将	7松本剛	5清宮幸太郎	9万波中正	3マルティネス	6ハンソン	D今川優馬	2伏見寅威	8五十幡亮汰	上原健太
7/27	4加藤豪将	7松本剛	5清宮幸太郎	9万波中正	3マルティネス	6ハンソン	D郡司裕也	2伏見寅威	8淺間大基	北山亘基
7/28	4加藤豪将	7松本剛	5清宮幸太郎	9万波中正	3マルティネス	6ハンソン	D郡司裕也	2伏見寅威	8五十幡亮汰	上沢直之
7/29	4加藤豪将	7松本剛	5清宮幸太郎	9万波中正	Dマルティネス	3野村佑希	6奈良間大己	2伏見寅威	8五十幡亮汰	伊藤大海
7/30	4加藤豪将	7松本剛	5清宮幸太郎	9万波中正	3マルティネス	D野村佑希	6上川畑大悟	2伏見寅威	8江越大賀	ポンセ
8/1	4加藤豪将	7松本剛	5清宮幸太郎	9万波中正	3マルティネス	D野村佑希	6ハンソン	2伏見寅威	8五十幡亮汰	加藤貴之
8/2	4加藤豪将	7松本剛	5清宮幸太郎	9万波中正	3マルティネス	D野村佑希	6奈良間大己	2伏見寅威	8五十幡亮汰	上原健太
8/3	4加藤豪将	7松本剛	5清宮幸太郎	9万波中正	Dマルティネス	3野村佑希	6奈良間大己	2伏見寅威	8五十幡亮汰	北山亘基
8/4	3郡司裕也	7松本剛	5清宮幸太郎	9万波中正	D野村佑希	4上川畑大悟	8今川優馬	6奈良間大己	2伏見寅威	上沢直之
8/5	3郡司裕也	8五十幡亮汰	5清宮幸太郎	9万波中正	2マルティネス	D野村佑希	4上川畑大悟	7今川優馬	6奈良間大己	伊藤大海
8/6	3郡司裕也	7松本剛	5清宮幸太郎	9万波中正	D野村佑希	4加藤豪将	6奈良間大己	2伏見寅威	8五十幡亮汰	ポンセ
8/8	6奈良間大己	7松本剛	5清宮幸太郎	9万波中正	3マルティネス	D野村佑希	4上川畑大悟	8五十幡亮汰	2伏見寅威	加藤貴之
8/9	8矢澤宏太	3郡司裕也	D野村佑希	5清宮幸太郎	2マルティネス	9万波中正	7松本剛	6奈良間大己	4山田遥楓	マーベル
8/10	D松本剛	8五十幡亮汰	3マルティネス	5清宮幸太郎	9万波中正	7野村佑希	4奈良間大己	2伏見寅威	6上川畑大悟	根本悠楓
8/11	D松本剛	8五十幡亮汰	3マルティネス	5清宮幸太郎	9万波中正	7野村佑希	6奈良間大己	4加藤豪将	2伏見寅威	上沢直之
8/12	3郡司裕也	8矢澤宏太	Dマルティネス	5清宮幸太郎	9万波中正	7野村佑希	6奈良間大己	4加藤豪将	2伏見寅威	伊藤大海
8/13	3郡司裕也	8松本剛	Dマルティネス	5清宮幸太郎	9万波中正	7野村佑希	6上川畑大悟	4奈良間大己	2伏見寅威	上原健太
8/15	8松本剛	7五十幡亮汰	3マルティネス	5清宮幸太郎	9万波中正	D野村佑希	6上川畑大悟	4加藤豪将	2伏見寅威	加藤貴之
8/16	8松本剛	4加藤豪将	3マルティネス	5清宮幸太郎	9万波中正	7野村佑希	6上川畑大悟	D王柏融	2古川裕大	ポンセ
8/17	8松本剛	2古川裕大	3マルティネス	5清宮幸太郎	9万波中正	7野村佑希	4上川畑大悟	D王柏融	6奈良間大己	根本悠楓
8/18	7松本剛	8五十幡亮汰	Dマルティネス	5清宮幸太郎	9万波中正	3野村佑希	6上川畑大悟	4奈良間大己	2古川裕大	上沢直之
8/19	D郡司裕也	8松本剛	3マルティネス	5清宮幸太郎	9万波中正	7野村佑希	6山田遥楓	4奈良間大己	2伏見寅威	伊藤大海
8/20	4奈良間大己	8五十幡亮汰	3マルティネス	5清宮幸太郎	9万波中正	7野村佑希	6上川畑大悟	D王柏融	2古川裕大	上原健太
8/22	6奈良間大己	4上川畑大悟	3マルティネス	5清宮幸太郎	9万波中正	D郡司裕也	7松本剛	8江越大賀	2伏見寅威	加藤貴之
8/23	6奈良間大己	4上川畑大悟	3郡司裕也	5清宮幸太郎	9万波中正	7野村佑希	8松本剛	D王柏融	2古川裕大	ポンセ
8/25	4奈良間大己	8松本剛	3郡司裕也	5清宮幸太郎	9万波中正	D王柏融	7野村佑希	2古川裕大	6上川畑大悟	上沢直之
8/26	4奈良間大己	D郡司裕也	5清宮幸太郎	3マルティネス	9万波中正	7野村佑希	6上川畑大悟	2伏見寅威	8五十幡亮汰	伊藤大海
8/27	6奈良間大己	8五十幡亮汰	5清宮幸太郎	9万波中正	7松本剛	4上川畑大悟	3野村佑希	D王柏融	2古川裕大	上原健太
8/29	6奈良間大己	4上川畑大悟	5清宮幸太郎	9万波中正	D郡司裕也	3野村佑希	7松本剛	2伏見寅威	8五十幡亮汰	マーベル
8/30	8松本剛	6奈良間大己	5清宮幸太郎	9万波中正	3マルティネス	2古川裕大	7野村佑希	D王柏融	4細川凌平	ポンセ
8/31	8松本剛	D郡司裕也	5清宮幸太郎	9万波中正	3マルティネス	4上川畑大悟	7野村佑希	6奈良間大己	2古川裕大	田中瑛斗
9/1	7松本剛	3郡司裕也	5清宮幸太郎	9万波中正	2伏見寅威	Dマルティネス	4上川畑大悟	6山田遥楓	8五十幡亮汰	上沢直之
9/2	8松本剛	D郡司裕也	5清宮幸太郎	9万波中正	7王柏融	3マルティネス	4上川畑大悟	6細川凌平	2伏見寅威	伊藤大海
9/3	9万波中正	7松本剛	5清宮幸太郎	3野村佑希	D郡司裕也	2マルティネス	4上川畑大悟	6奈良間大己	8五十幡亮汰	上原健太
9/8	9万波中正	3郡司裕也	5清宮幸太郎	7野村佑希	Dマルティネス	8松本剛	6奈良間大己	2伏見寅威	4水野達稀	上沢直之
9/9	9万波中正	7松本剛	5清宮幸太郎	2郡司裕也	3マルティネス	4山田遥楓	D野村佑希	6奈良間大己	8五十幡亮汰	加藤貴之
9/10	9万波中正	4上川畑大悟	5清宮幸太郎	D王柏融	3マルティネス	7松本剛	6奈良間大己	2伏見寅威	8五十幡亮汰	伊藤大海
9/12	9万波中正	8五十幡亮汰	5清宮幸太郎	3マルティネス	7松本剛	D王柏融	4水野達稀	2古川裕大	6奈良間大己	ポンセ
9/13	9万波中正	7郡司裕也	5清宮幸太郎	Dマルティネス	8松本剛	2伏見寅威	3野村佑希	4加藤豪将	6奈良間大己	上原健太
9/16	9万波中正	4加藤豪将	5清宮幸太郎	Dマルティネス	7松本剛	3郡司裕也	6奈良間大己	2伏見寅威	8五十幡亮汰	加藤貴之
9/17	9万波中正	3郡司裕也	5清宮幸太郎	2マルティネス	7松本剛	4上川畑大悟	D野村佑希	6奈良間大己	8江越大賀	根本悠楓
9/18	9万波中正	3郡司裕也	5清宮幸太郎	Dマルティネス	8松本剛	4上川畑大悟	7野村佑希	6奈良間大己	2伏見寅威	伊藤大海
9/19	9万波中正	6中島卓也	5清宮幸太郎	Dマルティネス	3野村佑希	8松本剛	4郡司裕也	7今川優馬	2古川裕大	ポンセ
9/20	9万波中正	4細川凌平	5清宮幸太郎	9木村文紀	Dマルティネス	3野村佑希	7松本剛	2郡司裕也	6奈良間大己	上原健太
9/22	9万波中正	D郡司裕也	5清宮幸太郎	3マルティネス	4加藤豪将	8松本剛	7野村佑希	2田宮裕涼	6中島卓也	金村尚真
9/23	9万波中正	6中島卓也	5清宮幸太郎	Dマルティネス	3加藤豪将	7野村佑希	2伏見寅威	4奈良間大己	8江越大賀	上沢直之
9/24	9万波中正	5細川凌平	D清宮幸太郎	3マルティネス	8松本剛	7郡司裕也	2田宮裕涼	4奈良間大己	6中島卓也	加藤貴之
9/25	9万波中正	3郡司裕也	5清宮幸太郎	Dマルティネス	8松本剛	4加藤豪将	7野村佑希	6奈良間大己	2田宮裕涼	伊藤大海
9/26	9万波中正	D田宮裕涼	5清宮幸太郎	7野村佑希	4加藤豪将	3マルティネス	8松本剛	2清水優心	6細川凌平	ポンセ
9/27	9万波中正	7野村佑希	3清宮幸太郎	Dマルティネス	4加藤豪将	8松本剛	5谷内亮太	6細川凌平	2清水優心	上原健太
9/28	9万波中正	4細川凌平	5清宮幸太郎	Dマルティネス	3加藤豪将	8松本剛	7郡司裕也	6奈良間大己	2田宮裕涼	根本悠楓
9/30	9万波中正	Dマルティネス	5清宮幸太郎	3野村佑希	8松本剛	7田宮裕涼	2清水優心	4細川凌平	6奈良間大己	田中瑛斗
10/1	9万波中正	7田宮裕涼	5清宮幸太郎	3野村佑希	4アルカンタラ	6ハンソン	D加藤豪将	2伏見寅威	8細川凌平	上沢直之
10/2	9万波中正	6細川凌平	7田宮裕涼	D郡司裕也	3マルティネス	8松本剛	5清宮幸太郎	2清水優心	4アルカンタラ	ロドリゲス
10/5	7野村佑希	9万波中正	3清宮幸太郎	5有薗直輝	D郡司裕也	6奈良間大己	2田宮裕涼	4山田遥楓	8江越大賀	根本悠楓

[2023年] 北海道日本ハムファイターズ　全戦績

月日	対戦球団	回戦	球場	入場者	時間	スコア	勝敗	先発投手	順位	差
3/30	東北楽天	1	エスコンF	31,092	2:58	1−3	●	加藤貴	2	−1.0
4/1	東北楽天	2	エスコンF	30,637	4:22	4−3	○	上沢	3	−1.0
2	東北楽天	3	エスコンF	30,775	3:15	1−2	●	金村	4	−2.0
4	千葉ロッテ	1	ZOZOマリン	26,610	2:46	4−6	●	ポンセ	5	−3.0
5	千葉ロッテ	2	ZOZOマリン	23,570	3:06	1−2	●	伊藤	6	−4.0
6	千葉ロッテ	3	ZOZOマリン	26,169	2:45	1−6	●	加藤貴	6	−4.0
7	オリックス	1	京セラD大阪	20,880	3:09	2−4	●	上原	6	−4.5
8	オリックス	2	京セラD大阪	29,367	3:20	6−2	○	上沢	6	−3.5
9	オリックス	3	京セラD大阪	24,154	3:11	7−2	○	金村	6	−3.5
11	福岡ソフトバンク	1	PayPayドーム	35,619	3:28	3−4	●	池田	6	−4.5
12	福岡ソフトバンク	2	PayPayドーム	34,708	2:59	2−5	●	伊藤	6	−5.5
14	埼玉西武	1	エスコンF	26,602	2:31	5−2	○	加藤貴	6	−4.5
15	埼玉西武	2	エスコンF	23,269	3:14	0−10	●	上沢	6	−5.0
16	埼玉西武	3	エスコンF	21,725	3:18	2−6	●	上原	6	−6.0
18	千葉ロッテ	4	エスコンF	16,606	2:54	2−4	●	金村	6	−6.0
19	千葉ロッテ	5	エスコンF	15,843	3:14	3−4	●	伊藤	6	−6.0
20	千葉ロッテ	6	エスコンF	15,816	2:17	2−0	○	鈴木	6	−5.5
21	東北楽天	4	楽天モバイル	16,442	3:48	7−8	●	加藤貴	6	−5.5
22	東北楽天	5	楽天モバイル	17,161	3:10	5−3	○	上沢	6	−5.5
23	東北楽天	6	楽天モバイル	21,128	4:00	3−4	●	上原	6	−6.5
25	オリックス	4	エスコンF	19,605	3:44	7−8	●	伊藤	6	−6.5
26	オリックス	5	エスコンF	19,072	3:21	6−3	○	鈴木	6	−6.5
28	福岡ソフトバンク	3	エスコンF	19,832	3:00	3−6	●	加藤貴	6	−7.5
29	福岡ソフトバンク	4	エスコンF	26,037	3:01	3−1	○	上沢	6	−6.5
30	福岡ソフトバンク	5	エスコンF	24,461	3:10	5−1	○	メネズ	6	−5.5
5/2	埼玉西武	4	ベルーナドーム	18,785	3:10	7−1	○	伊藤	6	−5.5
3	埼玉西武	5	ベルーナドーム	27,520	3:02	1−3	●	鈴木	6	−6.5
4	埼玉西武	6	ベルーナドーム	27,523	3:05	1−0	○	北山	6	−5.5
5	東北楽天	7	エスコンF	26,342	2:49	5−2	○	加藤貴	5	−5.5
6	東北楽天	8	エスコンF	26,761	2:46	0−5	●	上沢	6	−6.5
7	東北楽天	9	エスコンF	25,250	3:12	3−2	○	メネズ	5	−5.5
9	福岡ソフトバンク	6	熊本	14,109	2:50	0−1	●	伊藤	5	−6.5
10	福岡ソフトバンク	7	PayPayドーム	35,204	2:55	6−3	○	鈴木	5	−6.5
11	福岡ソフトバンク	8	PayPayドーム	30,762	3:23	3−6	●	北山	5	−6.5
13	千葉ロッテ	7	エスコンF	27,909	2:42	5−0	○	加藤貴	5	−6.0
14	千葉ロッテ	8	エスコンF	28,006	3:11	2−5	●	メネズ	5	−6.5
16	埼玉西武	7	エスコンF	18,852	4:23	2−4	●	鈴木	6	−7.0
17	埼玉西武	8	エスコンF	18,082	2:37	3−0	○	上沢	5	−6.0
18	埼玉西武	9	エスコンF	24,580	3:10	6−2	○	伊藤	5	−6.0
19	オリックス	6	京セラD大阪	20,235	2:30	1−0	○	加藤貴	4	−5.5
20	オリックス	7	京セラD大阪	30,278	3:24	5−3	○	北山	4	−5.5
21	オリックス	8	京セラD大阪	31,148	2:48	4−10	●	鈴木	4	−6.5
23	福岡ソフトバンク	9	エスコンF	20,866	3:43	2−4	●	メネズ	4	−7.0
24	福岡ソフトバンク	10	エスコンF	22,446	3:01	1−2	●	上沢	4	−8.0
25	福岡ソフトバンク	11	エスコンF	24,749	2:35	5−1	○	加藤貴	4	−7.5
26	東北楽天	10	楽天モバイル	16,444	3:09	3−4	●	伊藤	4	−8.0
27	東北楽天	11	楽天モバイル	20,111	3:22	3−1	○	鈴木	4	−7.0
28	東北楽天	12	楽天モバイル	20,954	3:50	2−3	●	北山	4	−8.0
30	ヤクルト	1	エスコンF	25,268	2:54	2−1	○	上原	4	−8.0
31	ヤクルト	2	エスコンF	24,973	2:50	5−2	○	上沢	4	−7.0
6/1	ヤクルト	3	エスコンF	27,183	2:52	0−5	●	加藤貴	4	−7.0
2	巨人	1	東京ドーム	39,017	3:07	8−2	○	鈴木	4	−6.5
3	巨人	2	東京ドーム	40,809	3:26	2−3	●	伊藤	4	−6.5
4	巨人	3	東京ドーム	40,818	3:05	10−3	○	北山	4	−6.5
6	広島	1	エスコンF	22,393	3:32	2−3	●	上原	4	−7.5
7	広島	2	エスコンF	23,109	2:39	0−1	●	加藤貴	4	−7.5
8	広島	3	エスコンF	23,199	2:49	2−7	●	上沢	4	−7.5
9	阪神	1	エスコンF	28,838	3:07	4−0	○	鈴木	4	−6.5
10	阪神	2	エスコンF	32,558	2:53	4−3	○	伊藤	4	−6.5
11	阪神	3	エスコンF	32,087	3:41	0−1	●	北山	4	−7.5
13	DeNA	1	横浜	32,991	3:08	3−5	●	上原	4	−7.5
14	DeNA	2	横浜	33,003	2:08	1−2	●	加藤貴	4	−8.5
16	中日	1	バンテリンドーム	27,376	2:53	2−1	○	上沢	4	−8.5
17	中日	2	バンテリンドーム	36,301	2:43	6−3	○	伊藤	4	−7.5
18	中日	3	バンテリンドーム	35,920	2:57	4−0	○	北山	4	−8.0
19	DeNA	3	横浜	32,056	4:15	4−3	○	上原	4	−7.5
23	千葉ロッテ	9	ZOZOマリン	29,277	3:06	5−3	○	加藤貴	4	−6.5
24	千葉ロッテ	10	ZOZOマリン	28,218	2:50	4−5	●	上沢	4	−7.5
25	千葉ロッテ	11	ZOZOマリン	28,960	3:00	5−6	●	鈴木	4	−7.5
27	埼玉西武	10	那覇	9,524	3:06	2−1	○	伊藤	4	−7.5
28	埼玉西武	11	那覇	9,311	3:04	0−2	●	上原	4	−8.5

月日	対戦球団	回戦	球場	入場者	時間	スコア	勝敗	先発投手	順位	差
30	オリックス	9	エスコンF	25,638	2:38	1−5	●	加藤貴	4	−9.5
7/1	オリックス	10	エスコンF	30,576	3:07	1−3	●	上沢	4	−10.5
2	オリックス	11	エスコンF	29,779	3:26	6−3	○	北山	4	−10.0
4	福岡ソフトバンク	12	PayPayドーム	33,570	3:38	10−3	○	伊藤	4	−9.5
5	福岡ソフトバンク	13	PayPayドーム	34,434	2:43	1−5	●	鈴木	4	−10.0
6	福岡ソフトバンク	14	PayPayドーム	33,553	3:00	3−4	●	加藤貴	4	−11.0
8	千葉ロッテ	12	エスコンF	30,805	3:06	2−3	●	上沢	4	−10.5
9	千葉ロッテ	13	エスコンF	31,083	2:56	2−3	●	山本拓	5	−11.5
11	東北楽天	13	エスコンF	26,855	3:24	2−3	●	北山	5	−12.5
12	東北楽天	14	エスコンF	25,936	3:46	3−4	●	伊藤	5	−12.5
13	東北楽天	15	エスコンF	29,010	3:31	2−3	●	加藤貴	5	−13.0
15	埼玉西武	12	ベルーナドーム	19,800	2:41	0−1	●	上沢	5	−14.0
16	埼玉西武	13	ベルーナドーム	23,059	3:01	0−2	●	上原	6	−15.0
17	埼玉西武	14	ベルーナドーム	20,435	3:38	2−7	●	鈴木	6	−16.0
22	オリックス	12	ほっと神戸	31,722	2:56	4−5	●	伊藤	6	−17.0
23	オリックス	13	ほっと神戸	33,950	2:58	5−7	●	ポンセ	6	−18.0
25	東北楽天	16	楽天モバイル	16,158	2:34	1−3	●	加藤貴	6	−18.0
26	東北楽天	17	楽天モバイル	16,935	2:54	3−2	○	上原	6	−17.0
27	東北楽天	18	楽天モバイル	15,082	3:20	9−5	○	北山	6	−16.5
28	オリックス	14	エスコンF	27,024	3:18	4−0	○	上沢	6	−15.5
29	オリックス	15	エスコンF	32,162	3:33	3−4	●	伊藤	6	−16.5
30	オリックス	16	エスコンF	30,760	3:40	2−9	●	ポンセ	6	−17.5
8/1	千葉ロッテ	14	ZOZOマリン	23,185	2:49	3−2	○	加藤貴	6	−17.5
2	千葉ロッテ	15	ZOZOマリン	22,898	3:30	8−6	○	上原	6	−17.5
3	千葉ロッテ	16	ZOZOマリン	23,571	3:16	5−7	●	北山	6	−17.5
4	福岡ソフトバンク	15	エスコンF	27,921	4:07	5−4	○	上沢	6	−16.5
5	福岡ソフトバンク	16	エスコンF	31,553	3:42	6−11	●	伊藤	6	−17.5
6	福岡ソフトバンク	17	エスコンF	31,149	3:41	1−6	●	ポンセ	6	−18.5
8	埼玉西武	15	エスコンF	24,837	2:45	3−6	●	加藤貴	6	−19.5
9	埼玉西武	16	エスコンF	23,795	3:37	0−6	●	マーベル	6	−20.5
10	埼玉西武	17	エスコンF	29,463	2:55	6−5	○	根本	6	−19.5
11	福岡ソフトバンク	18	PayPayドーム	34,003	3:23	4−7	●	上沢	6	−19.5
12	福岡ソフトバンク	19	PayPayドーム	35,736	3:00	9−0	○	伊藤	6	−19.0
13	福岡ソフトバンク	20	PayPayドーム	38,449	3:05	5−3	○	上原	6	−19.0
15	千葉ロッテ	17	エスコンF	31,399	2:51	6−5	○	加藤貴	6	−18.5
16	千葉ロッテ	18	エスコンF	27,737	3:06	6−0	○	ポンセ	6	−17.5
17	千葉ロッテ	19	エスコンF	28,488	3:00	5−0	○	根本	6	−17.5
18	オリックス	17	京セラD大阪	28,736	3:42	1−1	△	上沢	6	−17.5
19	オリックス	18	京セラD大阪	35,733	2:43	1−2	●	伊藤	6	−18.5
20	オリックス	19	京セラD大阪	35,128	3:34	0−1	●	上原	6	−19.5
22	東北楽天	19	エスコンF	23,563	3:05	6−2	○	加藤貴	6	−19.5
23	東北楽天	20	エスコンF	22,435	3:14	10−4	○	ポンセ	6	−19.5
25	埼玉西武	18	ベルーナドーム	23,268	2:20	0−5	●	上沢	6	−21.0
26	埼玉西武	19	ベルーナドーム	23,930	2:43	7−0	○	伊藤	6	−20.5
27	埼玉西武	20	ベルーナドーム	22,921	3:42	4−3	○	上原	5	−20.5
29	千葉ロッテ	20	ZOZOマリン	23,453	2:49	0−6	●	マーベル	5	−20.5
30	千葉ロッテ	21	ZOZOマリン	23,231	2:56	3−2	○	ポンセ	5	−20.5
31	千葉ロッテ	22	ZOZOマリン	19,199	3:29	4−6	●	田中瑛	5	−20.5
9/1	オリックス	20	エスコンF	25,493	2:28	3−0	○	上沢	5	−19.5
2	オリックス	21	エスコンF	31,090	2:46	0−1	●	伊藤	5	−20.5
3	オリックス	22	エスコンF	31,770	3:01	1−3	●	上原	5	−21.5
8	埼玉西武	21	エスコンF	26,493	3:07	0−6	●	上沢	6	−21.0
9	埼玉西武	22	エスコンF	30,622	3:25	2−7	●	加藤貴	6	−22.0
10	埼玉西武	23	エスコンF	31,972	3:36	0−10	●	伊藤	6	−23.0
12	オリックス	23	エスコンF	24,581	2:36	1−8	●	ポンセ	6	−24.0
13	オリックス	24	エスコンF	25,054	3:12	5−2	○	上原	6	−23.0
16	福岡ソフトバンク	21	エスコンF	30,369	2:59	3−1	○	加藤貴	6	−22.5
17	福岡ソフトバンク	22	エスコンF	34,035	3:24	6−1	○	根本	6	−22.5
18	福岡ソフトバンク	23	エスコンF	32,682	3:29	1−3	●	伊藤	6	−23.5
19	埼玉西武	24	ベルーナドーム	15,920	2:49	4−7	●	ポンセ	6	−24.5
20	埼玉西武	25	ベルーナドーム	18,315	2:50	1−4	●	上原	6	−25.5
22	東北楽天	21	楽天モバイル	15,811	3:07	3−0	○	金村	6	−25.0
23	東北楽天	22	楽天モバイル	25,946	2:45	1−4	●	上沢	6	−26.0
24	東北楽天	23	楽天モバイル	25,561	3:07	1−3	●	加藤貴	6	−27.0
25	東北楽天	24	エスコンF	26,010	3:10	1−9	●	伊藤	6	−28.0
26	千葉ロッテ	23	エスコンF	26,361	2:57	7−0	○	ポンセ	6	−27.0
27	千葉ロッテ	24	エスコンF	29,009	2:54	2−4	●	上原	6	−28.0
28	千葉ロッテ	25	エスコンF	30,241	2:55	9−2	○	根本	6	−27.0
30	福岡ソフトバンク	24	PayPayドーム	35,456	3:01	2−3	●	田中瑛	6	−27.0
10/1	福岡ソフトバンク	25	PayPayドーム	38,748	2:52	4−3	○	上沢	6	−26.0
2	オリックス	25	京セラD大阪	26,294	2:58	0−3	●	ロドリゲス	6	−27.0
5	東北楽天	25	楽天モバイル	24,997	3:10	3−5	●	根本	6	−27.0

［2023年］北海道日本ハムファイターズ ファーム全戦績

試合	月日	対戦球団	回戦	球場	時間	スコア	勝敗	先発投手
1	3／19	東京ヤクルト	1	戸田	2:46	7−0	○	上原
2	3／21	東北楽天	1	鎌スタ	4:08	7−7	△	生田目
3	3／22	東北楽天	2	鎌スタ	2:27	3−2	○	根本
4	3／28	横浜DeNA	1	平塚	2:35	1−2	●	伊藤
5	3／29	横浜DeNA	2	平塚	3:31	3−3	△	上原
6	3／30	横浜DeNA	3	平塚	3:09	3−7	●	根本
7	3／31	千葉ロッテ	1	ロッテ	2:49	5−9	●	福島
8	4／1	千葉ロッテ	2	ロッテ	2:37	3−1	○	達
9	4／2	千葉ロッテ	3	ロッテ	2:57	2−7	●	吉田
10	4／4	東北楽天	3	森林どり泉	3:13	1−0	○	松岡
11	4／5	東北楽天	4	森林どり泉	3:07	2−5	●	立野
12	4／7	埼玉西武	1	鎌スタ	3:51	3−4	●	ガント
13	4／8	埼玉西武	2	鎌スタ	3:16	5−4	○	根本
14	4／9	埼玉西武	3	鎌スタ	2:42	4−0	○	福島
15	4／11	東京ヤクルト	2	鎌スタ	3:19	5−3	○	達
16	4／12	東京ヤクルト	3	鎌スタ	3:16	10−5	○	松岡
17	4／13	東京ヤクルト	4	鎌スタ	3:30	4−3	○	立野
18	4／14	巨人	1	ジャイアンツ	3:06	2−9	●	ガント
19	4／16	巨人	2	ジャイアンツ	2:24	2−1	○	北山
20	4／18	横浜DeNA	4	鎌スタ	2:51	5−2	○	福島
21	4／19	横浜DeNA	5	鎌スタ	2:53	3−7	●	松岡
22	4／20	横浜DeNA	6	鎌スタ	2:59	9−0	○	根本
23	4／21	千葉ロッテ	4	鎌スタ	3:02	3−7	●	山本晃
24	4／22	千葉ロッテ	5	鎌スタ	2:41	3−5	●	生田目
25	4／23	千葉ロッテ	6	鎌スタ	2:41	3−2	○	北山
26	4／28	巨人	3	鎌スタ	3:09	7−12	●	松岡
27	4／29	巨人	4	鎌スタ	2:52	2−0	○	生田目
28	4／30	巨人	5	鎌スタ	2:39	1−7	●	上原
29	5／2	埼玉西武	4	カーミニーク	3:11	11−3	○	松本遼
30	5／3	埼玉西武	5	カーミニーク	3:24	6−7	●	畔柳
31	5／4	埼玉西武	6	カーミニーク	2:56	4−10	●	達
32	5／5	東京ヤクルト	5	戸田	3:19	6−5	○	松岡
33	5／6	東京ヤクルト	6	戸田	2:43	3−0	○	齊藤伸
34	5／9	横浜DeNA	7	鎌スタ	2:51	0−1	●	上原
35	5／10	横浜DeNA	8	鎌スタ	2:56	4−3	○	松本遼
36	5／11	横浜DeNA	9	鎌スタ	2:43	0−3	●	吉田
37	5／12	千葉ロッテ	7	鎌スタ	2:27	0−5	●	齊藤伸
38	5／14	千葉ロッテ	8	鎌スタ	2:50	0−5	●	達
39	5／19	巨人	6	ジャイアンツ	2:24	4−8	●	松本遼
40	5／20	巨人	7	ジャイアンツ	3:05	2−3	●	根本
41	5／21	巨人	8	ジャイアンツ	2:39	1−0	○	松岡
42	5／24	東北楽天	5	鎌スタ	3:10	2−3	●	上原
43	5／25	東北楽天	6	鎌スタ	3:02	2−10	●	吉田
44	5／26	千葉ロッテ	9	ロッテ	2:53	2−5	●	福島
45	5／27	千葉ロッテ	10	ロッテ	3:04	10−2	○	山本晃
46	5／28	千葉ロッテ	11	茂原	2:48	4−3	○	根本
47	5／30	埼玉西武	7	鎌スタ	2:47	3−9	●	メネズ
48	5／31	埼玉西武	8	鎌スタ	2:36	1−3	●	松岡
49	6／1	埼玉西武	9	鎌スタ	3:01	1−9	●	立野
50	6／4	巨人	9	鎌スタ	3:36	6−3	○	達
51	6／6	横浜DeNA	10	横須賀	3:26	8−5	○	メネズ
52	6／7	横浜DeNA	11	横須賀	2:59	0−5	●	根本
53	6／8	横浜DeNA	12	横須賀	3:26	5−10	●	山本晃
54	6／10	東京ヤクルト	7	鎌スタ	2:35	7−1	○	松岡
55	6／16	東北楽天	7	楽天モバイル	2:58	1−3	●	福島
56	6／17	東北楽天	8	楽天モバイル	2:57	2−6	●	根本
57	6／18	東北楽天	9	森林どり泉	2:38	2−11	●	山本晃
58	6／20	埼玉西武	10	カーミニーク	3:38	2−3	●	松岡
59	6／21	埼玉西武	11	カーミニーク	2:54	2−17	●	メネズ
60	6／22	埼玉西武	12	カーミニーク	3:00	12−3	○	柿木
61	6／23	横浜DeNA	13	鎌スタ	3:47	3−3	△	畔柳
62	6／24	横浜DeNA	14	鎌スタ	3:07	1−12	●	達
63	6／25	横浜DeNA	15	鎌スタ	3:11	3−7	●	北山
64	6／27	千葉ロッテ	12	鎌スタ	2:33	1−2	●	田中瑛
65	6／28	千葉ロッテ	13	鎌スタ	3:11	7−5	○	松岡
66	6／29	千葉ロッテ	14	鎌スタ	3:18	4−8	●	マーベル
67	7／1	巨人	10	ひたちなか	2:50	0−1	●	ポンセ
68	7／2	巨人	11	ジャイアンツ	3:20	3−13	●	達
69	7／4	東京ヤクルト	8	戸田	2:22	1−5	●	福島
70	7／5	東京ヤクルト	9	戸田	3:40	4−5	●	根本
71	7／6	東京ヤクルト	10	戸田	3:22	5−4	○	田中瑛
72	7／8	東北楽天	10	鎌スタ	2:13	3−2	○	ポンセ
73	7／9	東北楽天	11	鎌スタ	3:18	3−9	●	マーベル
74	7／10	東北楽天	12	鎌スタ	3:24	8−5	○	鈴木

試合	月日	対戦球団	回戦	球場	時間	スコア	勝敗	先発投手
75	7/15	巨人	12	釧路	2:52	1-4	●	ポンセ
76	7/16	巨人	13	帯広	3:27	12-7	○	根本
77	7/21	埼玉西武	13	ベルーナドーム	2:53	0-1	●	北山
78	7/22	埼玉西武	14	カーミニーク	3:49	12-2	○	田中瑛
79	7/23	埼玉西武	15	カーミニーク	3:20	2-0	○	マーベル
80	7/25	横浜DeNA	16	横須賀	3:05	5-6	●	根本
81	7/26	横浜DeNA	17	横須賀	3:29	6-3	○	松本遼
82	7/27	横浜DeNA	18	横須賀	4:02	3-2	○	松岡
83	7/29	オリックス	1	鎌スタ	2:57	3-3	△	達
84	7/30	オリックス	2	鎌スタ	3:17	0-3	●	田中瑛
85	8/1	東京ヤクルト	11	鎌スタ	4:04	4-4	△	福島
86	8/2	東京ヤクルト	12	鎌スタ	3:30	13-6	○	松岡
87	8/3	東京ヤクルト	13	鎌スタ	3:08	7-6	○	根本
88	8/5	埼玉西武	16	鎌スタ	3:01	1-6	●	達
89	8/6	埼玉西武	17	鎌スタ	2:46	7-6	○	矢澤
90	8/7	埼玉西武	18	鎌スタ	3:03	4-3	○	田中瑛
91	8/8	千葉ロッテ	15	ロッテ	2:39	0-4	●	畔柳
92	8/9	千葉ロッテ	16	ロッテ	1:45	1-3	●	松岡
93	8/10	千葉ロッテ	17	ロッテ	2:31	1-5	●	北山
94	8/12	東北楽天	13	弘前	3:18	5-3	○	福島
95	8/13	東北楽天	14	秋田	3:38	4-5	●	達
96	8/15	巨人	14	鎌スタ	3:03	3-4	●	田中瑛
97	8/16	巨人	15	鎌スタ	3:57	3-2	○	松岡
98	8/17	巨人	16	鎌スタ	4:04	9-8	○	北山
99	8/23	埼玉西武	19	カーミニーク	3:01	3-0	○	田中瑛
100	8/24	埼玉西武	20	カーミニーク	3:13	5-8	●	福島
101	8/26	千葉ロッテ	18	旭川	2:54	3-3	△	松岡
102	8/27	千葉ロッテ	19	エスコンフィールド	2:43	4-0	○	生田目
103	8/29	東京ヤクルト	14	戸田	3:16	7-6	○	金村
104	8/30	東京ヤクルト	15	戸田	2:47	2-5	●	立野
105	8/31	東京ヤクルト	16	戸田	2:35	4-0	○	鈴木
106	9/1	東北楽天	15	鎌スタ	2:49	0-6	●	矢澤
107	9/2	東北楽天	16	牛久	3:07	4-0	○	根本
108	9/3	東北楽天	17	龍ケ崎	3:21	1-2	●	松岡
109	9/5	巨人	17	ジャイアンツ	3:17	2-0	○	生田目
110	9/6	巨人	18	ジャイアンツ	3:27	5-3	○	金村
111	9/7	巨人	19	ジャイアンツ	2:08	1-2	●	田中瑛
112	9/9	千葉ロッテ	20	ロッテ	2:26	1-0	○	根本
113	9/10	千葉ロッテ	21	佐倉	2:43	0-1	●	北山
114	9/12	横浜DeNA	19	鎌スタ	3:19	6-5	○	生田目
115	9/13	横浜DeNA	20	鎌スタ	3:39	2-2	△	金村
116	9/14	横浜DeNA	21	鎌スタ	2:39	0-7	●	田中瑛
117	9/18	埼玉西武	21	鎌スタ	3:07	3-7	●	松岡
118	9/19	埼玉西武	22	鎌スタ	4:27	9-10	●	マーベル
119	9/20	埼玉西武	23	鎌スタ	2:07	2-0	○	山本晃
120	9/22	東北楽天	18	森林どり泉	3:10	3-4	●	北山
121	9/23	東北楽天	19	森林どり泉	3:18	5-7	●	田中瑛
122	9/24	東北楽天	20	利府	3:24	4-3	○	立野
123	9/26	横浜DeNA	22	横須賀	3:15	7-14	●	ロドリゲス
124	9/27	横浜DeNA	23	平塚	3:27	8-9	●	松岡
125	9/28	横浜DeNA	24	平塚	3:05	1-2	●	北山
126	9/29	東京ヤクルト	17	鎌スタ	2:33	5-3	○	金村
127	9/30	東京ヤクルト	18	鎌スタ	2:25	5-1	○	立野
128	10/1	東京ヤクルト	19	鎌スタ	2:28	1-2	●	山本晃

選手名鑑

FIGHTERS

COACHING STAFF
監督・コーチ

81 投手コーチ
建山《たてやま》 義紀《よしのり》

1975年12月26日
178cm 80kg
右投げ／右打ち
出身：大阪府
経歴：東海大仰星高～甲賀総合科学専門学校～松下電器

77 ヘッドコーチ
林《はやし》 孝哉《たかや》

1973年6月1日
177cm 80kg
右投げ／右打ち
出身：和歌山県
経歴：箕島高

1 監督
新庄《しんじょう》 剛志《つよし》

1972年1月28日
182cm 76kg
右投げ／右打ち
出身：福岡県
経歴：西日本短大付高

71 内野守備走塁コーチ
飯山《いいやま》 裕志《ゆうじ》

1979年7月13日
178cm 79kg
右投げ／右打ち
出身：鹿児島県
経歴：れいめい高

72 バッテリーコーチ
山田《やまだ》 勝彦《かつひこ》

1969年7月2日
183cm 88kg
右投げ／右打ち
出身：愛知県
経歴：東邦高

89 打撃コーチ
八木《やぎ》 裕《ひろし》

1965年6月8日
182cm 77kg
右投げ／右打ち
出身：岡山県
経歴：岡山東商高～三菱自動車水島

82 投手コーチ
加藤《かとう》 武治《たけはる》

1978年3月24日
188cm 83kg
右投げ／右打ち
出身：山形県
経歴：山形南高～東京学芸大～三菱ふそう川崎

84 ファーム投手育成コーディネーター兼投手コーチ
伊藤《いとう》 剛《たけし》

1976年12月17日
185cm 83kg
右投げ／右打ち
出身：神奈川県
経歴：日大明誠高～NTT関東

92 ファーム監督
木田《きだ》 優夫《まさお》

1968年9月12日
187cm 100kg
右投げ／右打ち
出身：東京都
経歴：日大明誠高

79 データ分析担当兼走塁コーチ
代田《だいた》 建紀《たけのり》

1974年2月11日
180cm 77kg
右投げ／両打ち
出身：神奈川県
経歴：藤嶺藤沢高～城西大～朝日生命

80 外野守備走塁コーチ
森本《もりもと》 稀哲《ひちょり》

1981年1月31日
185cm 81kg
右投げ／右打ち
出身：東京都
経歴：帝京高

75 ファームバッテリーコーチ
山中《やまなか》 潔《きよし》

1961年10月29日
178cm 81kg
右投げ／左打ち
出身：大阪府
経歴：PL学園高

90 ファーム打撃コーチ
渡辺《わたなべ》 浩司《ひろし》

1963年8月9日
180cm 76kg
右投げ／左打ち
出身：新潟県
経歴：新潟商高

87 ファーム野手育成コーディネーター兼打撃コーチ
佐藤《さとう》 友亮《ともあき》

1978年6月13日
177cm 88kg
右投げ／右打ち
出身：神奈川県
経歴：慶応高～慶応大

83 ファーム投手コーチ
島崎《しまざき》 毅《たけし》

1967年3月3日
180cm 80kg
右投げ／右打ち
出身：千葉県
経歴：東京学館高～国士舘大～NTT北海道

91 特命コーチ
金子《かねこ》 千尋《ちひろ》

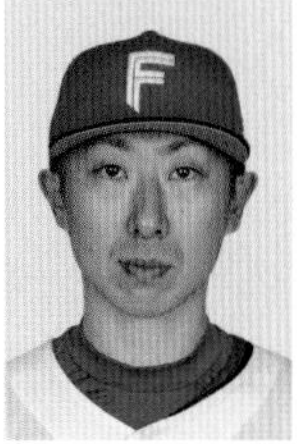

1983年11月8日
180cm 77kg
右投げ／左打ち
出身：新潟県
経歴：長野商高～トヨタ自動車

76 ファーム外野守備走塁コーチ
紺田《こんた》 敏正《としまさ》

1980年8月12日
185cm 80kg
右投げ／左打ち
出身：富山県
経歴：高岡商高～国士舘大

78 ファーム内野守備走塁コーチ
稲田《いなだ》 直人《なおと》

1979年11月6日
177cm 80kg
右投げ／左打ち
出身：広島県
経歴：広陵高～駒澤大～NKK～JFE西日本

PITCHER
投手

14
投手
加藤《かとう》 貴之《たかゆき》

1992年6月3日
182cm 90kg
左投げ／左打ち
出身：千葉県
経歴：拓大紅陵高〜新日鐵住金かずさマジック

13
投手
生田目《なばため》 翼《つばさ》

1995年2月19日
176cm 88kg
右投げ／右打ち
出身：茨城県
経歴：水戸工高〜流通経済大〜日本通運

12
投手
矢澤《やざわ》 宏太《こうた》

2000年8月2日
173cm 71kg
左投げ／左打ち
出身：東京都
経歴：藤嶺藤沢高〜日体大

18
投手
吉田《よしだ》 輝星《こうせい》

2001年1月12日
175cm 83kg
右投げ／右打ち
出身：秋田県
経歴：金足農高

17
投手
伊藤《いとう》 大海《ひろみ》

1997年8月31日
176cm 82kg
右投げ／左打ち
出身：北海道
経歴：駒大苫小牧高〜苫小牧駒澤大

16
投手
達《たつ》 孝太《こうた》

2004年3月27日
194cm 94kg
右投げ／右打ち
出身：大阪府
経歴：天理高

15
投手
上沢《うわさわ》 直之《なおゆき》
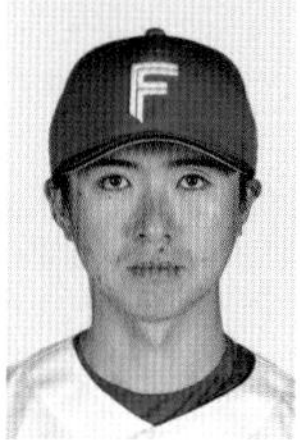
1994年2月6日
187cm 88kg
右投げ／右打ち
出身：千葉県
経歴：専大松戸高

24
投手
金村《かねむら》 尚真《しょうま》

2000年8月29日
176cm 83kg
右投げ／右打ち
出身：沖縄県
経歴：岡山学芸館高〜富士大

22
投手
杉浦《すぎうら》 稔大《としひろ》
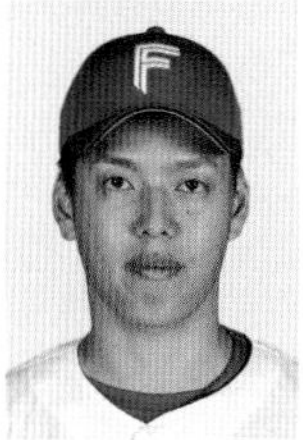
1992年2月25日
190cm 88kg
右投げ／右打ち
出身：北海道
経歴：帯広大谷高〜国学院大

20
投手
上原《うえはら》 健太《けんた》

1994年3月29日
191cm 90kg
左投げ／左打ち
出身：沖縄県
経歴：広陵高〜明治大

19
投手
玉井《たまい》 大翔《たいしょう》

1992年6月16日
178cm 78kg
右投げ／右打ち
出身：北海道
経歴：旭川実高〜東京農大北海道オホーツク〜新日鐵住金かずさマジック

29
投手
井口《いぐち》 和朋《かずとも》

1994年1月7日
175cm 75kg
右投げ／右打ち
出身：神奈川県
経歴：武相高〜東京農大北海道オホーツク

28
投手
河野《かわの》 竜生《りゅうせい》
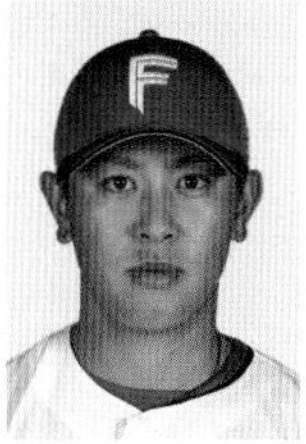
1998年5月30日
175cm 80kg
左投げ／左打ち
出身：徳島県
経歴：鳴門高〜JFE西日本

26
投手
田中《たなか》 正義《せいぎ》
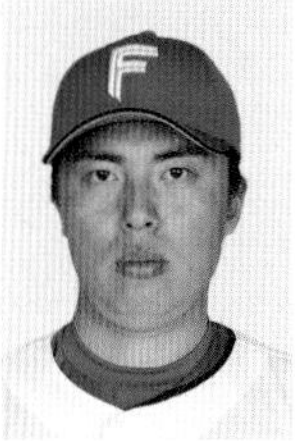
1994年7月19日
188cm 93kg
右投げ／右打ち
出身：神奈川県
経歴：創価高〜創価大

25
投手
宮西《みやにし》 尚生《なおき》

1985年6月2日
180cm 78kg
左投げ／左打ち
出身：兵庫県
経歴：市尼崎高〜関西学院大

40
投手
福田《ふくだ》 俊《すぐる》

1996年12月14日
171cm 71kg
左投げ／左打ち
出身：北海道
経歴：横浜創学館高〜星槎道都大

34
投手
堀《ほり》 瑞輝《みずき》

1998年5月10日
177cm 82kg
左投げ／左打ち
出身：広島県
経歴：広島新庄高

33
投手
立野《たての》 和明《かずあき》

1998年4月3日
181cm 87kg
右投げ／右打ち
出身：愛知県
経歴：中部大第一高〜東海理化

31
投手
ジェームス・マーベル《じぇーむす・まーべる》

1993年9月17日
193cm 97kg
右投げ／右打ち
出身：アメリカ合衆国
経歴：デューク大
※シーズン途中に入団

46
投手
畔柳《くろやなぎ》 亨丞《きょうすけ》

2003年5月3日
180cm 85kg
右投げ／右打ち
出身：愛知県
経歴：中京大中京高

45
投手
コディ・ポンセ《こでぃ・ぽんせ》

1994年4月25日
198cm 116kg
右投げ／右打ち
出身：アメリカ合衆国
経歴：カリフォルニア・ポリテクニック州立大ポモナ校

42
投手
ジョン・ガント《じょん・がんと》

1992年8月6日
193cm 92kg
右投げ／右打ち
出身：アメリカ合衆国
経歴：ワイアグラス・ランチ高
※シーズン途中に退団

41
投手
ブライアン・ロドリゲス《ぶらいあん・ろどりげす》

1991年7月6日
196cm 116kg
右投げ／右打ち
出身：ドミニカ共和国
経歴：エヴァンジェリーナ・ロドリゲス高

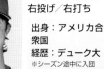

52 投手
池田《いけだ》 隆英《たかひで》

1994年10月1日
181cm 91kg
右投げ／右打ち
出身：佐賀県
経歴：創価高～創価大

51 投手
石川《いしかわ》 直也《なおや》

1996年7月11日
192cm 96kg
右投げ／右打ち
出身：山形県
経歴：山形中央高

48 投手
齋藤《さいとう》 友貴哉《ゆきや》

1995年1月5日
184cm 92kg
右投げ／左打ち
出身：山形県
経歴：山形中央高～桐蔭横浜大～ホンダ

47 投手
鈴木《すずき》 健矢《けんや》

1997年12月11日
176cm 75kg
右投げ／左打ち
出身：千葉県
経歴：木更津総合高～JX-ENEOS

57 投手
北山《きたやま》 亘基《こうき》

1999年4月10日
182cm 80kg
右投げ／右打ち
出身：京都府
経歴：京都成章高～京都産業大

55 投手
松浦《まつうら》 慶斗《けいと》

2003年7月1日
186cm 101kg
左投げ／左打ち
出身：宮城県
経歴：大阪桐蔭高

54 投手
安西《あんざい》 叶翔《かなと》

2004年11月13日
186cm 86kg
右投げ／右打ち
出身：京都府
経歴：常葉大菊川高

53 投手
長谷川《はせがわ》 威展《たけひろ》

1999年8月9日
178cm 85kg
左投げ／左打ち
出身：埼玉県
経歴：花咲徳栄高～金沢学院大

67 投手
齋藤《さいとう》 綱記《こうき》

1996年12月18日
182cm 93kg
左投げ／左打ち
出身：北海道
経歴：北照高
※シーズン途中、中日へ移籍

63 投手
北浦《きたうら》 竜次《りゅうじ》

2000年1月12日
184cm 99kg
左投げ／左打ち
出身：栃木県
経歴：白鴎大足利高

62 投手
宮内《みやうち》 春輝《はるき》

1996年5月25日
176cm 75kg
右投げ／右打ち
出身：千葉県
経歴：多古高～明星大～日本製紙石巻

59 投手
根本《ねもと》 悠楓《はるか》

2003年3月31日
173cm 77kg
左投げ／左打ち
出身：北海道
経歴：苫小牧中央高

93 投手
田中《たなか》 瑛斗《えいと》

1999年7月13日
184cm 80kg
右投げ／左打ち
出身：大分県
経歴：柳ヶ浦高

70 投手
コナー・メネズ《こなー・めねず》

1995年5月29日
188cm 93kg
左投げ／左打ち
出身：アメリカ合衆国
経歴：マスターズ大
※シーズン途中に退団

68 投手
松岡《まつおか》 洸希《こうき》
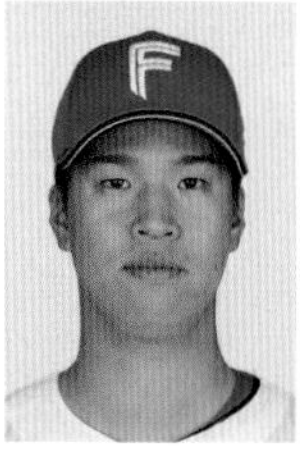
2000年8月31日
180cm 85kg
右投げ／右打ち
出身：埼玉県
経歴：桶川西高～埼玉武蔵ヒートベアーズ

67 投手
山本《やまもと》 拓実《たくみ》

2000年1月31日
167cm 80kg
右投げ／右打ち
出身：兵庫県
経歴：市立西宮高
※シーズン途中、中日から移籍

123 投手（育成）
柳川《やながわ》 大晟《たいせい》

2003年8月21日
191cm 87kg
右投げ／右打ち
出身：大分県
経歴：九州国際大付高

121 投手（育成）
福島《ふくしま》 蓮《れん》
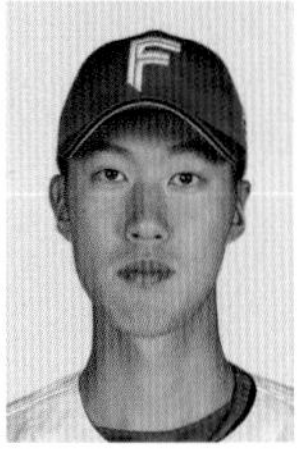
2003年4月25日
190cm 70kg
右投げ／右打ち
出身：青森県
経歴：八戸西高

115 投手（育成）
齊藤《さいとう》 伸治《しんじ》

1998年6月13日
181cm 82kg
右投げ／右打ち
出身：千葉県
経歴：習志野高～東京情報大

114 投手（育成）
松本《まつもと》 遼大《りょうだい》

2002年5月17日
188cm 89kg
右投げ／右打ち
出身：岩手県
経歴：花巻東高

161 投手（育成）
姫野《ひめの》 優也《ゆうや》

1997年4月2日
184cm 96kg
右投げ／右打ち
出身：大阪府
経歴：大阪偕星学園高

137 投手（育成）
柿木《かきぎ》 蓮《れん》

2000年6月25日
181cm 87kg
右投げ／右打ち
出身：佐賀県
経歴：大阪桐蔭高

128 投手（育成）
山本《やまもと》 晃大《こうだい》

1999年4月23日
186cm 88kg
左投げ／左打ち
出身：三重県
経歴：佐久長聖高～関西学院大～信濃グランセローズ

126 投手（育成）
中山《なかやま》 晶量《てるかず》

1999年2月8日
188cm 90kg
右投げ／右打ち
出身：徳島県
経歴：鳴門高～明治大～徳島インディゴソックス

CATCHER
捕手

23
捕手
伏見《ふしみ》 寅威《とらい》

1990年5月12日
182cm　87kg
右投げ／右打ち

出身：北海道
経歴：東海大四高～東海大

10
捕手
清水《しみず》 優心《ゆうし》

1996年5月22日
185cm　91kg
右投げ／右打ち

出身：山口県
経歴：九州国際大付高

2
捕手
アリエル・マルティネス《ありえる・まるてぃねす》

1996年5月28日
190cm　95kg
右投げ／右打ち

出身：キューバ共和国
経歴：コマンダンテマヌエルピティファハルド体育大

60
捕手
郡《こおり》 拓也《たくや》

1998年4月25日
179cm　88kg
右投げ／右打ち

出身：東京都
経歴：帝京高

30
捕手
郡司《ぐんじ》 裕也《ゆうや》

1997年12月27日
180cm　89kg
右投げ／右打ち

出身：千葉県
経歴：仙台育英高～慶応大
※シーズン途中、中日から移籍

30
捕手
宇佐見《うさみ》 真吾《しんご》

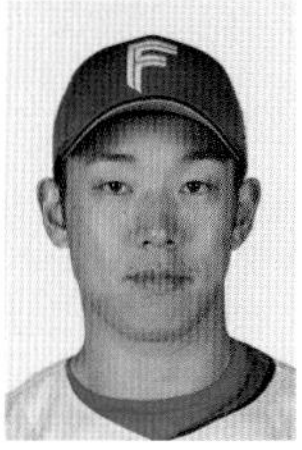

1993年6月4日
181cm　88kg
右投げ／左打ち

出身：千葉県
経歴：市柏高～城西国際大
※シーズン途中、中日へ移籍

27
捕手
古川《ふるかわ》 裕大《ゆうだい》

1998年6月19日
182cm　88kg
右投げ／左打ち

出身：福岡県
経歴：久留米商高～上武大

3
内野手
加藤《かとう》 豪将《ごうすけ》

1994年10月8日
185cm　91kg
右投げ／左打ち

出身：アメリカ合衆国
経歴：ランチョ・バーナード高

INFIELDER
内野手

65
捕手
梅林《うめばやし》 優貴《ゆうき》

1998年3月14日
173cm　81kg
右投げ／右打ち

出身：広島県
経歴：高陽東高～広島文化学園大

64
捕手
田宮《たみや》 裕涼《ゆあ》

2000年6月13日
175cm　79kg
右投げ／左打ち

出身：千葉県
経歴：成田高

9
内野手
中島《なかしま》 卓也《たくや》

1991年1月11日
178cm　73kg
右投げ／左打ち

出身：福岡県
経歴：福岡工高

6
内野手
アリスメンディ・アルカンタラ《ありすめんでぃ・あるかんたら》

1991年10月29日
178cm　85kg
右投げ／両打ち

出身：ドミニカ共和国
経歴：コレヒオプロフェソルペゲロ高

5
内野手
野村《のむら》 佑希《ゆうき》

2000年6月26日
187cm　93kg
右投げ／右打ち

出身：アメリカ合衆国
経歴：花咲徳栄高

4
内野手
上川畑《かみかわばた》 大悟《だいご》

1997年1月12日
167cm　71kg
右投げ／左打ち

出身：岡山県
経歴：倉敷商高～日本大～NTT東日本

38
内野手
石井《いしい》 一成《かずなり》

1994年5月6日
182cm　80kg
右投げ／左打ち

出身：栃木県
経歴：作新学院高～早稲田大

35
内野手
福田《ふくだ》 光輝《こうき》

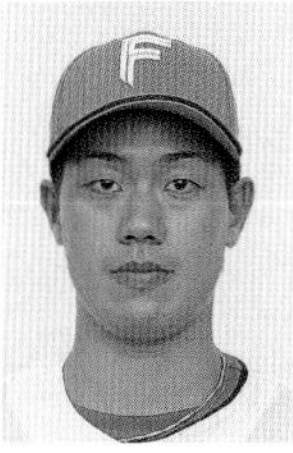

1997年11月16日
176cm　80kg
右投げ／左打ち

出身：大阪府
経歴：大阪桐蔭高～法政大

32
内野手
谷内《やち》 亮太《りょうた》

1991年2月3日
177cm　80kg
右投げ／右打ち

出身：石川県
経歴：金沢西高～国学院大

21
内野手
清宮《きよみや》 幸太郎《こうたろう》

1999年5月25日
184cm　94kg
右投げ／左打ち

出身：東京都
経歴：早稲田実高

49
内野手
山田《やまだ》 遥楓《はるか》

1996年9月30日
180cm　84kg
右投げ／右打ち

出身：佐賀県
経歴：佐賀工高

44
内野手
阪口《さかぐち》 樂《うた》

2003年6月24日
187cm　88kg
右投げ／左打ち

出身：京都府
経歴：岐阜第一高

43
内野手
水野《みずの》 達稀《たつき》

2000年7月30日
171cm　75kg
右投げ／左打ち

出身：香川県
経歴：丸亀城西高～JR四国

39
内野手
有薗《ありその》 直輝《なおき》

2003年5月21日
185cm　95kg
右投げ／右打ち

出身：千葉県
経歴：千葉学芸高

OUTFIELDER
外野手

94
内野手
アレン・ハンソン《あれん・はんそん》

1992年10月22日
183cm 77kg
右投げ／両打ち

出身：ドミニカ共和国
経歴：セナペックラ・ロマーナ高
※シーズン途中に入団

58
内野手
奈良間《ならま》 大己《たいき》

2000年5月8日
172cm 72kg
右投げ／右打ち

出身：静岡県
経歴：常葉大菊川高～立正大

56
内野手
細川《ほそかわ》 凌平《りょうへい》

2002年4月25日
174cm 73kg
右投げ／左打ち

出身：京都府
経歴：智辯和歌山高

37
外野手
江越《えごし》 大賀《たいが》

1993年3月12日
182cm 81kg
右投げ／右打ち

出身：長崎県
経歴：長崎・海星高～駒澤大

36
外野手
木村《きむら》 文紀《ふみかず》

1988年9月13日
183cm 86kg
右投げ／右打ち

出身：東京都
経歴：埼玉栄高

8
外野手
淺間《あさま》 大基《だいき》

1996年6月21日
183cm 82kg
右投げ／左打ち

出身：東京都
経歴：横浜高

7
外野手
松本《まつもと》 剛《ごう》

1993年8月11日
180cm 81kg
右投げ／右打ち

出身：埼玉県
経歴：帝京高

99
外野手
王《わん》 柏融《ぽーろん》

1993年9月9日
182cm 91kg
右投げ／左打ち

出身：台湾
経歴：穀保高級家事商業職業学校～中国文化大
※7月に支配下登録され、背番号が「199」から「99」に変更

66
外野手
万波《まんなみ》 中正《ちゅうせい》

2000年4月7日
192cm 96kg
右投げ／右打ち

出身：東京都
経歴：横浜高

61
外野手
今川《いまがわ》 優馬《ゆうま》

1997年1月25日
177cm 86kg
右投げ／右打ち

出身：北海道
経歴：東海大四高～東海大北海道キャンパス～JFE東日本

50
外野手
五十幡《いそばた》 亮汰《りょうた》

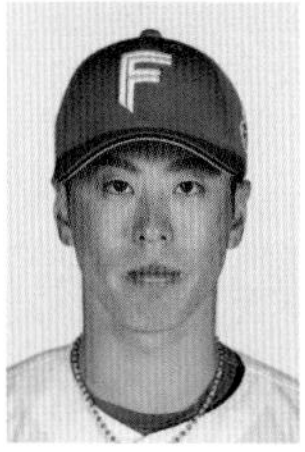

1998年11月27日
171cm 65kg
右投げ／左打ち

出身：埼玉県
経歴：佐野日大高～中央大

127
外野手（育成）
山口《やまぐち》 アタル《あたる》

1999年5月28日
179cm 89kg
右投げ／右打ち

出身：カナダ
経歴：ブリタニア高～コルビーコミュニティカレッジ～テキサス大学タイラー校（中退）

125
外野手（育成）
藤田《ふじた》 大清《たいせい》

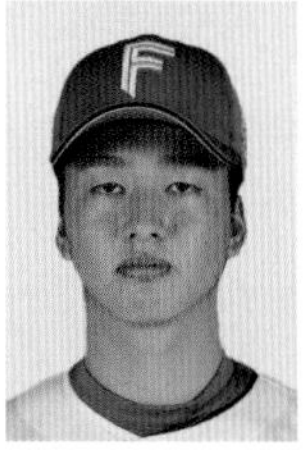

2004年8月23日
187cm 84kg
右投げ／左打ち

出身：長野県
経歴：花咲徳栄高

124
外野手（育成）
阿部《あべ》 和広《かずひろ》

2003年5月12日
170cm 62kg
右投げ／両打ち

出身：神奈川県
経歴：平塚学園高

フレップ＆ポリー＆B☆B

「中標津町魅力発信アンバサダー（大使）」を務めたB・Bが高橋牧場のミルキングパーラーで搾乳を体験する（3月15日撮影）

シャウエッセン

LAWSON

FIGHTERS GIRL

HOKKAIDO NIPPON-HAM FIGHTERS

協力　北海道日本ハムファイターズ

編者　北海道新聞社

写真　北海道日本ハムファイターズ
北海道新聞写真映像部・東京支社編集局報道センター
（村本典之、大石祐希、桶谷駿矢、玉田順一、金田翔）
道新スポーツ編集部（桜田史宏、松本奈央、小田岳史）

文　北海道新聞運動部・東京支社編集局報道センター・大阪支社報道部
（須貝剛、半藤倫明、前田健太、渡辺史哉、青山宏之）
出版センター

デザイン　木野村博人
アイワード DTP スタッフ

編集　出版センター（五十嵐裕揮、中島みなみ、祐川可奈、後藤宏実）、北海道新聞HotMedia

ファイターズ　2023オフィシャルグラフィックス

発行日　2023 年 11 月 18 日　第 1 刷発行

編　者　北海道新聞社
発行者　近藤　浩
発行所　北海道新聞社　〒060-8711　札幌市中央区大通西 3 丁目 6
出版センター　編集 011-210-5742
営業 011-210-5744

印　刷　㈱アイワード

ISBN 978-4-86721-114-4

本書は北海道新聞の取材・執筆した記事を中心に再構成して作りました。
本書の情報は 2023 年 11 月現在の情報です。